ポストメディア人類学に向けて

ピエール・レヴィ

ポストメディア人類学に向けて

――集合的知性

米山優・清水高志・曽我千亜紀・井上寛雄訳

水声社

sentier de la critique

批評の小径

水声社

目次

ミシェル・オティエ、
義《ただ》しき者たちの中の
義《ただ》しき者に

プロローグ——ノマドの惑星

アメリカで始まった《情報ハイウェイ》構想は、とんでもない騒ぎを巻き起こした。現在コミュニケーションや情報科学の領域で起こっている、一連の合併や買収、同盟にともなう動揺、未来のハイビジョンなデジタルテレビの前宣伝……、《マルチメディア》と呼ばれるようになったものが、近年、大衆の耳目を惹きつけただけの徴候がそこにはある。

この分野で評判のまとになっている出来事は、技術的背景をもつ巨大な波がもたらした、特徴的な兆しの幾つかである。データ、テキスト、イメージ、音、メッセージは、あらゆる次元でデジタル化され、ますますデジタル形式で直接生み出されるようになっている。メッセージに適用されている情報の自動処理ツールは、人間の活動分野全体の中でありふれたものとなった。コンピュータの端末やメモリを電話によって接続すること、デジタル通信網を拡大することは、日ごとに世界的サイバースペースを拡げていくことであり、そこでは情報のあらゆる要素が、他のいかなる要素とも、すべてそれぞれヴァーチャルにつながった状態にある。すでに四半世紀以上前から続いているこうした基本的な傾向は、来る数十年の間に、なおいっそうその影響を感じさせるだろう。進行途上の発展は、人類社会のためのコミュニケーションと思考と仕事のあらたな環境を築くことへと向かっている。

六〇年代からすでに、D・エンゲルバートやJ・C・R・リックライダーのような先駆者たちは、コンピュータ・ネットワークを使ったコミュニケーションの社会的潜在力に気づいていた。しかしコンピュータ化された――または情報通信の――コミュニケーションが正真正銘の経済的、文化的現象として姿を現したのは、ようやく八〇年代始めになってからである。大学教員や研究者の世界的ネットワーク、企業ネットワーク、電子メール、ローカルな基盤で発展している《ヴァーチャルコミュニティ》、データベースへの直接的アクセスといったものが登場したのだ。

八〇年代の終わりには、パソコンはますます高性能で使いやすくなり、用途も多様化し日ましに普及していった。こうして、最初は個別に成長していった諸ネットワークの相互接続と、コンピュータ化されたコミュニケーションのユーザーの累乗的増加という並行的過程に、私たちは立ち会うことになったのだった。

世界中の何千という情報中枢の《無政府主義的《アナーキズム》》協力に基づく、諸ネットワークのネットワークであるインターネット[1]を、私たちはここでサイバースペースという名で呼ぶが、それは今日、異種混在的な巨大メディアの象徴となった。《メアド》を持つ人の数は、世界で毎月五パーセントずつ増加している。一九九四年の時点で、主として若者だが、二千万人以上の人々が《接続《コネクト》》していた。二〇〇〇年には、利用者は一億人になると見積もられている。デジタルネットワークのおかげで、個人間で、あるいはグループ内で、人々はあらゆる種類のメッセージを交換するし、多数の異なったテーマについての電子会議に参加できる。ネットワークに繋がっているコンピュータにある公共の情報にアクセスし、何千キロも離れたところにある機械の計算能力を自在に操る。――純粋に遊びのヴァーチャル世界を共同で構築し、あるいはもっと真面目に、壮大な生きた百科事典《エンサイクロペディイ》をお互いに構成し、政治的計画や友情や協力を展開し……さらにはそのうえ、憎しみや虚偽にも身を委ねることになるのだ。(2)

ネットワーク文化はまだ固まっておらず、その技術的手段は未だ黎明期にあり、完成していない。これについて全体として考察し、物事の流れを変えようとするのに、遅すぎるということはない。この新しい空間の中には、もろもろの計画の余地がまだあるのだ。《情報ハイウェイ》と《マルチメディア》はスーパーテレビにしか行き着かないのだろうか？　それが告げるのは、商業的消費とショービジネスの決定的な勝利なのだろうか？　富裕層と貧困者の、あるいは排除された者と《つながった》者との溝を拡げるのだろうか？　それは実際に起こりうる未来の一つだ。だが、もし私たちが賭け金（enjeu 問題点）の重要さを首尾よく見定めるなら、創造とコミュニケーションのあらたな手段は、より大きな友愛という意味において社会的な絆の形式を根底から新しくし、今日人間性《ヒューマニティー》が議論されている諸問題を解く助けにもなり得るのだ。

マルチメディアという統合された産業のうちで、情報、報道、出版、テレビ、映画、コンピュータ・ゲームなどの遠隔伝達が混じり合うことは、ジャーナリストたちがもっとも力を込めて強調するデジタル革命の一局面である。とはいえ、そればかりではないし、おそらくそれがもっとも重要なのでもない。いくつかの商業的な反響から遠く離れて、マルチメディアの出現と結びついた、文明の大いなる賭け金（enjeu）を明らかにすることが急務であるように思われるのだ。――コミュニケーションと制御《レギュラシオン》と共働のあらたな組み合わせ《アジャンスマン》（一）前代未聞の知的言語や知的技術、時間と空間の関係の変容といったものを。サイバースペースの形式と内容は、まだ部分的に決定されていない。この素材《マチエール》には、どんな単純な技術的もしくは経済的な決定論も存在していない。政治上または文化上の根本的な選択は、政府、経済の主要な担い手たち、つまり市民の前に開かれている。重要なのはだから、ただ衝撃という語（《電子ハイウェイ》の政治的、経済的、文化的生活への衝撃が、どのようなものになるのか？）だけでなく、計画という語（どんな目的に向かって、相互コミュニケーションのデジタルネットワークを発展させたいのか？）において論じることである。実際に、技術的決定、規格や法規の選択、料金に関する政策は、望むと望まざるとにかかわらず、近い将来、グローバル化した一つの文明の下部構造を形成する、感性、知性、そして協調の、集合的設備を形作るのに一役買うだろう。私たちは本書によって、進行途上の発展を人類学的展望の中に置き、生成中のサイバースペースという迷宮の中で、政治や決定や実践が方向を決定するのに役立ちうるような、ポジティヴなヴィジョンを鍛え上げることに寄与したいのだ。
コミュニケーションのあらたな装置の発展は、大規模な変動（mutation）の一環をなしているが、その発展を加速させ、その変動を超えるものである。一言でいえば、私たちは再び遊牧民《ノマド》となったのである。

どういうことだろうか？ 娯楽としての旅行、異国でのバカンスや観光のことだろうか？ そうではない。ビジネスマンや慌ただしい人々が、空港から空港へと世界中を飛び回ることだろうか？ それも違う。携帯用電子機器という《ノマドアイテム》(objets nomades)が、今日の遊動《ノマディズム》へと私たちを一層近付けたわけでもない。動くことにまつわるこのようなイメージは、同じ意味の世界に閉じ込められた不動の旅へと、私たちを送り返してしまう。商品ネットワークの中での、終わることのない競争《レース》は、おそらく旅の最後の障害である。動くこととは、もはや地表のある点から別の点へと移動することではなく、諸問題の宇宙、生きられた諸世界、意味の諸風景を横断することである。人類の諸々の組織の中でのこのような逸脱によって、標識が設えられたコミュニケーションと輸送の回路の軌道は裁ち直されるかもしれないが、あらたなノマドたちによる横断的で異種混在の航行《ナヴィゲーション》は、別の空間を探査する。私たちは主体性の移民となるのだ。

今日の遊動《ノマディズム》は、何よりも科学的、技術的、経済的、職業的、精神的な諸風景の、連続的で急激な変化によるものである。動かなくとも、世界は私たちの周りで変わっていく。ところで私たちは動く。そして、私たちの応答のカオス的な全体は、普遍的な変化を生み出すのだ。こうした動きは私たちに、何らかの合理的、もしくは最適な適応を求めてはいないのだろうか？　とはいえ、始めて出現した、誰によってプログラムされたわけでもない布置に適した応答など、どうやって知り得るだろう？　また、そもそもなぜ適応することを望むのか（厳密に言って、何に適応するというのか）？　現実がそこ、すなわち私たちの外に先在しておらず、それが私たちが一緒になって作っているものの過渡的な結果であると分かっているのだとしたら？

予測不能で危険なこの状況は、未知の急流への降下に似ている。私たちは単に技術、経済、ないし文明の外在的な諸風景のうちを旅するだけではない。ある文化から別の文化への移行だけが問題ならば、私たちは依然として歴史的な例や指針を持つことだろう。しかし私たちは、ある人間性《ヒューマニティー》から別の人間性《ヒューマニティー》へと移行しているのである。その別の人間性《ヒューマニティー》は、曖昧で未決定なだけでなく、私たちの問い掛けさえ拒み、いまだ正面から見据えることを認めないままなのだ。

宇宙空間の征服は、別の惑星上に人類のための植民地を確立することをはっきり目指しており、つまりは人類にとっての居住様式と環境の根本的な変化を追求している。生物学と医学の進歩によって、私たちは身体、生殖、病気、死との関係を発明し直すことに足を踏み入れている。私たちは徐々に、おそらく知らぬうちに、またきっと口に出すこともないままに、遺伝学によって準備された人間の人為的選別へと向かっている。ナノテクノロジーの発展は、物塊《マス》の裡にインテリジェント・マテリアルを、我々の身体の極微の人工共生体を、今日のものとは桁違いに強力な規模の計算機を、生産することを可能にした。これらのものは、機械化の様々な局面で今までなされたよりも、はるかに容赦のないやり方で、自然な必然性や仕事と私たちとの関係を余すところなく変容させるかもしれない。認知のためのデジタル的な人工器官の進歩は、遺伝形質の変異がなすのと同じくらいはっきり、私たちの知的能力を変形してしまう。ヴァーチャル世界によるコミュニケーションの新技術は、社会的な絆についての諸問題を違った仕方で提起し直す。結局のところ、人間化（hominisation）、人類という種の創発の過程は終わることはない。それは急激に加速しているようにさえ思われるのだ。

　ただし、人類誕生の瞬間や、最初の巨大な人類学的突然変異（牧畜、農業、都市、国家、そして文字の出現が見られた新石器時代の突然変異）の頃の経緯とは逆に、この出来事を全体的に思考し、強力に働きかける可能性を私たちは持っている。

（静的な書き物《エクリチュール》に基盤を置いた）官僚制の位階序列《ヒエラルキー》、（テレビや、メディアのシステムを波乗りする）メディア的君主制、（電話やリアルタイムの技術を活用する）経済の国際的ネットワークは、人類の知性、経験、ノウハウ、智慧、想像力をごく部分的にしか動員しないし、組織だてない。本当の集合的知性（intelligences collectives）を創発させうる思考と交渉の新しい振舞いを発明することが、喫緊の課題として提起されているのは、そのためなのだ。知的な諸技術は、現代の人類学的変異のありふれた部門を占めるのではなく、潜在的にあの危機的な領域、つまり政治的な場を占めている。それを強調する必要があるだろうか。デモクラシーを、いたる所に配分され、活動的で、分子的[一]なデモクラシーを発明し直すことを抜きにして、コミュニケーションと集合的な思考の道具を発明し直すことはあり得ないだろう。この危うい方向転回、もしくは周回において、人間性《ヒューマニティー》はその未来をふたたび取り戻すことができるだろう。みずからの前途を、いわゆる知的な何らかの機構の手に委ねるのではなく、突然変異の大荒れの海のなかで方針決定できる知性的諸集合体のなかで、人間性《ヒューマニティー》が構成されるのを可能にする道具を、組織的に産み出すことによって。

あらたな遊動《ノマディズム》の空間とは、地理的な領土でも、制度や国家の領土でもなく、認識や知識や思考能力の眼に見えない空間である。まさにそのただ中で、人間の質や社会を作るやり方が花開き、変貌していくのだ。それは、権力の組織図でも、諸学科の境界でも、商人の統計でもなく、みずからの世界を生み出すことによって自己を発明しつつある、質的でダイナミックで活気ある人間性《ヒューマニティー》の空間である。

この絶えず変化する空間の動く地図はどこで読めるのか？　未踏の地（Terra incognita）においてだ。たとえあなたが不動状態に達したつもりでも、風景は絶えずあなたの周りを流れ、渦巻き、絶えずあなたに浸透し内部から変容させるだろう。それはもはやエクリチュールや都市や過去を参照する歴史の時間ではなく、未来からもやってくる流動的で逆説的な一つの空間なのである。私たちは時間を一つの継起としては捉えないし、その点については、危うい錯視ゆえに伝統というものを疑うばかりである。まるでもろもろの起源に先行するかのように、時間はさまよい、横断し、複数的で、非決定である。

あり得べからざるキャンプへと移動していく難民の群れ……。定まった住所のない諸国家……。内戦の蔓延……。グローバルな巨大都市《メガロポリス》のざわめくバベルの塔……。帝国の間隙で生き延びるための知の横断……。一つの街を築くことはできないし、今後はどこであれ、一つの秘密や権力や地面の上に居を定めることはできない……。記号が、今度は、移住者となる。——この腐植土は、震えること、燃えることをやめない……。諸宗教や諸言語のうちでの目の眩むような滑走、声と歌の間の切り替え《ザッピング》、そして突然、地下回廊の曲がり角で、未来の音楽が湧き起こる。衛星の巨大な目の下で、地球は小さな玉のようである……。

最初の遊牧民は、季節や雨に応じて、それら自体みずからの糧を探す動物の群れの後を追っていた。今日、私たちは人類の生成変化（devenir）を追いながら遊動している。それは私たちを貫く生成変化であり、私たちが為す生成変化である。人類はそれ自体みずからの気候となり、果てしない回帰することなき季節となった。雑漠とした一団や群れは、道具や私たちの歩みと緊密に結びついた世界からますます離れがたくなっていき、私たちは日々あらたな草原を広げているのだ。

ネアンデルタール人は、氷河期のツンドラでの驚くべき狩りにうまく適応していたが、気候が急激に湿度を増し高温になった際に、絶滅してしまった(3)。彼らの普段の獲物が、死滅してしまったのだ。唸るだけで口のきけなかった彼らは、その知性にもかかわらず、自分たちの間でコミュニケーションするための声も言語能力も持っていなかった。そんなわけで、あらたな問題に対してそこかしこで発見された解決が、広められることは不可能であった。周りで世界が変様していくのを目の当たりにしながら、ばらばらのままだったのだ。世界とともに変異することがなかったのである。

今日、ホモ・サピエンスは、環境の急激な変化や変様に直面している。それは当のホモ・サピエンスが、望まずして集団的な作用因《エージェント》となった変化である。人類が絶滅の危機に瀕しているとか、「世界の終わり」が近いなどとほのめかすつもりは毛頭ない。ここで問題となっているのは千年王国説ではないのだ。代案を見つけられれば、私は満足である。

あるいは、言語能力と同じくらい本質的な、しかしより上位の階層における人類の何らかの属性を発明することによって、人間化（hominisation）のあらたな敷居を越え、あらたな段階へと私たちは踏み込もうとするのか。あるいはまた、メディアによって《コミュニケーションし》続け、互いに切り離され、諸知性の抑圧と分裂を組織するもろもろの体制のなかで、思考し続けるのか。後者の場合、私たちはもはや、生き延びることと権力の問題にしか、ぶつからないことだろう。とはいえ、もし集合的知性という道へと歩みを進めるならば、もろもろの技術や、記号のシステム、社会組織や制御の諸形態を、私たちは徐々に発明していくことになろう。それらは、ともに思考すること、私たちの知的で精神的な力を集約し、私たちの想像力や経験を多様化させ、リアルタイムにあらゆる規模で、私たちが立ち向かっていかねばならない複雑な諸問題に対する実践的な解決《ソリューション》について、交渉することを可能にするだろう。

激変し浮動しつつある新しい宇宙《コスモス》の中で、自分たちの位置を知ること、できるだけそのコスモスの作者になること、種としての自分たちを集合的に発明することを、私たちは少しずつ学習していくだろう。集合的知性が目指すのは、人間の共同体によってなされる自己の制御よりも、むしろアイデンティティの観念そのものや、支配と闘争勃発のメカニズムや、独占されたコミュニケーションの打開や、孤立した思考たちの相互活性化に関わる、本質的な放棄である。

そんなわけで私たちは、それぞれのメンバーが優れた記憶力を持ち、観察者であり抜け目なかったが、はっきり発音される言語能力を欠いていたために、文化という集合的知性にまでいまだ到達しきらなかった種（ネアンデルタール人）と、似たような状況にあるのだ。これまで会話をしたことがなく、先祖が誰も言葉を口に出したことがなく、言語があり得るという例や考えをこれっぽっちも抱かずに、どのようにして言語能力《ランガージュ》を発明するのだろうか？ アナロジーはさておき、問題は現在の私たちの状況だ。——自分たちが何を創り出さなければならないのか、おそらくすでにぼんやりと素描しはじめているのが何なのかを、私たちはわかっていない。とはいえ、何千年かをかけて、ホモ・ハビリスはサピエンスになってこうした敷居を乗り越えたのであり、未知のものに身を投じ、《大地》、神々、意味の果てしない世界を発明したのだ。

ところで言語《ラング》は、《人間的階層の》小さな共同体の中でコミュニケーションするために、また多分そのような諸集団のうちでの関係を保証するために、作られたのである。書き物《エクリチュール》によって、私たちはあらたな段階に踏み込んだ。コミュニケーションの効率と、単なる言葉《パロール》がなしえたよりもずっと多くの人間の諸集団の組織化を、この技術は増大させることができた。しかしながら、一方に書き物《エクリチュール》によって機能する情報処理の官僚機構、そして他方に《統治された》人々というふうに諸社会が分断されることと引きかえに、このことはなされたのであった。集合的知性の課題とは、書き物《エクリチュール》の彼方を、言語能力の彼方を、発見すること、あるいは発明することである。それは、情報処理が至る所に配分され、至る所で組み合わせられるようにするためであり、情報処理が別々の社会的諸機関の専有物ではもはやなく、自然に人間のあらゆる活動へと統合され、それぞれの手の中に再び戻ってくるようにするためなのだ。

コミュニケーションのこの新しい次元は、明らかに、私たちの知識を相互化し、お互いに指摘しあうことを可能にするにちがいない。これは集合的知性の基礎的な条件である。その先に、社会生活の根本的な骨組みを、徹底的に変形してしまうような二つのおもな可能性を、この次元は開くだろう。第一に、私たちが全体としてやっていることを知るための、単純で実践的な方法を、私たちは整えるだろう。第二に、今日書いているよりももっと容易な仕方で、集合的表明（l'énonciation collective）を可能にするような道具を、私たちは操ることになろう。このことは、旧石器時代の部族といった規模でも、国家や《領土》という歴史的制度といった規模でもなく、今日私たちに影響を与えている巨大な渦の、脱領土化の過程の、そして人類学的遊動《ノマディズム》の広大さに相応しい規模で、起こることになる。もし私たちの社会が知的に導かれることだけで満足するなら、みずからの目的に達することがないのはほぼ確実だ。よりよく生きるための何らかのチャンスを得るために、社会は集団《マス》において知的とならなければならない。メディアの彼方で、軽やかな装置（machineries aériennes）が多なるものの声を聴かせるだろう。未来の霧に霞んだ、みずからのつぶやきに浸っているもうひとつの人類、私たちは、いわば超言語《シュールランング》と邂逅したのだ。

イントロダクション

経済

諸国家や、地域、企業、個人の繁栄は、智慧の空間を航海する能力にかかっている。これから先、権力は、技術的、科学的なものであれ、コミュニケーションの次元のものであれ、あるいは、他人との（倫理的な）諸関係の領域に属するものであれ、知識の最適な管理運営によって与えられる。人類の集団が知的な集合体、すなわち自発性を持ち想像力と反応を素早く発揮しうる、開かれた認識の諸主体（sujet cognitifs）から構成されるようになればなるほど、そうした集団は私たちのものである高度に競争的な環境において成功をさらに確実なものとするだろう。世界に対する私たちの物質的な関与は、認識に関わり、またソフトウェア的でもある膨大な下部構造によって支えられている。——教育制度、研修制度、コミュニケーションの回路、デジタル的な支持体の知的技術、ノウハウの絶えざるヴァージョン・アップと普及……。すべては長期的にみると、智慧の生産や取り引きや交換といった、私たちのネットワークの柔軟性と活力に依存しているのだ。

知識の時代への移行を、経済の第三次産業化とただただ同一視することは、還元主義的な単純化であろう。第三次産業化もまた、それ自体、工業生産活動からサービスへという純粋で単純な置き換えには還元されない。実際、サービス業の世界は次第に技術的対象《オブジェクト》によって占拠されている。――自動販売機、情報通信サーバ、教育ソフトウェア、エキスパートシステムなどによって《産業化されている》。

逆に、工業に携わる人々は、次第にみずからの活動をサービスと見なすようになってきている。経済生活のあらたな条件に応えるために、企業はイノヴェーションのネットワークによって全体が点検されるように組織されることを目指すのである。このことは、例えば、ある大企業において、協議という形式化された手続きの外で、情報の、そしてスタッフの、絶え間ない交換によって、一つのサービスがいつでも他のどんなサービスとも結びつきうるということを意味している。関係を作ることと現代のイノヴェーションのネットワークは、横断的であり、とりわけ企業横断的である。パートナーシップや提携の展開が増加しているのは、このことの明白な証拠である。あらたな諸能力があらゆる部門において休みなく（リアルタイムで）採り入れられ、生産され、注入されねばならない。組織というものは、科学的、技術的、社会的、さらには美的でさえあるノウハウの、連続的で常に刷新される循環に開かれねばならない。スキル・フローがキャッシュ・フローを左右するのだ。この刷新が遅れるや否や、企業や組織は硬直化する危険に、そしていずれ死の危険にさらされる。ミシェル・セールが言うように、智慧はあらたな下部構造になったのだ。

いわゆる共産主義の体制の経済は、どんな理由から七〇年代に急激に傾きはじめ、ついに九〇年代の転機において崩壊してしまったのだろうか。この複雑な問題を徹底的な仕方で扱おうとは思わないが、少なくとも、知識の時代についての私たちの議論をとりわけ照らすであろう一つの仮説[1]に言及することはできる。官僚機構的な計画経済は、六〇年代までは何らかの成果を出すことができたのだが、技術と組織の現代的な発展によって課された労働の変化についていくことができなかったのだ。全体主義は、諸能力の可動的で共働的な行使という新しい形態に直面して挫折した。それは集合的知性を可能にしなかったのである。

問題は、西欧諸国の経済が、第三次産業へと雪崩を打ったということだけではない、さらにいっそう深淵な動き、人類学的次元に属する動きもまた重要である。七〇年代から、ブルーカラーやホワイトカラーの労働者、エンジニアにとって、ある《職能》という伝統を相続し、ほとんど変えることなく受け継いで伝授すること、職業的なアイデンティティに長期にわたって身を置くことが、段々と難しくなってきた。単に諸技術が加速したリズムで変化していただけでなく、みずからの活動を比較し、調整し、伝え、再構成することを修習する必要が出てきたのである。自己のあらゆる知的潜在能力を、休みなしに鍛えなければならなくなった。そのうえ、経済生活のあらたな条件は、各メンバーが上から来る計画に任せるのではなく、むしろ適切に調整のイニシアティヴを取ることのできた組織に、競争における優位を与えていた。ところで、こうした認知的で社会的な諸能力の不断の動員は、必然的に強い主体的な関わり合いを前提とする。今後は、ある一つのカテゴリー、職能、仕事のコミュニティによって受動的にみずからのアイデンティティを見出すだけではもはや十分ではなく、職業生活にみずからの独自性、みずからの個人的なアイデンティティをもっと関わらせねばならない。そして、官僚主義的で全体主義的な世界が出現させることができなかったのは、まさしく、一方で非常に個人的であるが他方で倫理的でも調整的でもある、この二重の主体的動員なのである。

一種の主体的かつグローバル社会的な参加《アンガジュマン》において、余暇と文化と仕事とが相互浸透していくことは、おそらく今日でも相変わらず、企業主、非常に有能な管理職、いくつかの自由業、研究者、芸術家といった者たちにしか見られない特性である。しかし、複数の指標が、こうしたモデルが社会のあらゆる階層に拡がって、毛細血管のように《降りていく》見込みがあると予想させている。もし、職業生活と個人的発展の間で境界線がかすんでいくならば、それこそが、ある種の経済主義の終焉である。経済的要請と技術的効率性は、もはや閉じた回路を廻ることはできないのだ。真の主体的参加《アンガジュマン》が人類というアクターに求められるや否や、経済的目的性は広い意味での政治を、つまりは倫理と都市での暮らしぶりを参照せねばならなくなる。それはまた、文化的な意味作用とも響きあうに違いない。純粋な経済、むきだしの効率性は、その効果を失ってしまう。文化的で道徳的な目的性、または美的経験と折り合うことだけが、企業のアクターたちの主体性に、顧客というアクターたちの主体性に対してと同様に影響力を持つことを可能にするのだ。企業というのは、古典経済学のアプローチが望んでいたように、ただ財やサービスの消費者であったり生産者であったりするのではない。組織にまつわるあらたな認知的アプローチが示すように、企業はノウハウや知識を実践したり、練り上げたり、分配したりすることだけで満足するわけではない。その上さらに、企業が、他の諸機構とともに、主体性を受け入れ、作るものだということを認めなくてはならない。主体性は、他のあらゆるものを条件づけるものなのだから、絶え間なく主体性を産出することは、おそらく次世紀（二十一世紀）には、根本的な経済活動と見なされるようになるだろう（本書の第二章を見よ）。

個人は、賃金制度のもとでは、量的で計測し易い方法で、みずからの労働力や労働時間を売っていた。ところで、この制度はまもなく、独立した生産者たちや小集団によってなされる、個人の活動の――つまりは、質的に分化した個人たちの能力の――直接的な価値評価に、席を譲ることになるだろう[2]。実際、個人や小企業は、大企業よりも、今日成功の条件となっている絶えざる再編や個別的査定の最適な価値評価に向いている。そんなわけで、経済生活はもはや本質的には、量的で匿名な労働を自分たちの旗印のもとにかき集めるような、大企業間の競争によって動かされるわけではなかろう。私たちはむしろ、あやふやで、脱局所化され、あらゆる独自性を活用し、連携と交換と競合の絶えざる分子的運動によって動かされるような諸能力の領域のあいだで、競合的な相互依存という複雑な形態の発展に立ち会うことになるだろう。グローバル化された経済空間内での競争において、知的集合体を迅速に形成し再形成する能力は、ノウハウの地域的な貯蔵庫という、決定的な武器となるだろう。それゆえ、割り振られるアイデンティティの絶え間ない創出と再定義は、もはや企業という制度的枠組の中だけでなく、国際的なサイバースペースの中での調整的なインタラクションの際にも演じられることになろう。

人類学

知というものが第一の動因となるなら、私たちの眼前には、未知の社会の風景が聳え立つだろう。そこではソーシャル・ゲームの規則とプレイヤーたちのアイデンティティが、定義し直されている。あらたな一つの《人類学的空間》、すなわち《智慧の空間》が、今日開示されているという仮説を私たちは立てている。この空間は、《大地》、《領土》、《商品の空間》という先行する諸空間を首尾良く俯瞰することができるであろう。この書物の第二部全体（第七章から第十五章まで）は、こうした諸空間とそれらの関係についての詳細な地図作製に当てられている。

人類学的空間とは何であろうか。それは、（人類学的）人間世界に固有な近接性のシステム（空間）である。それゆえこの空間は、技術、意味、言語《ランガージュ》、文化、慣習、表象、人間的な情動に依拠したものだ。例えば、《領土》という人類学的空間に従うなら、国境の両側に位置している二人の人物は、同じ国に属する人々よりも互いにより《遠い》のである。たとえ、自然地理学の空間ではその関係が逆転するとしても。

《大地》は、私たち人類によって拓かれた最初の巨大な意味作用の空間であった。それは、ホモ・サピエンスを特徴づける三つの本源的な特性に基づいている。すなわち、言語能力《ランガージュ》、技術、そして社会組織の複雑な形態（もっとも広い意味で捉えられた《宗教》）である。ただ人類のみが、《大地》に生きている。動物は生態的地位《ニッチ》にしか棲息していない。宇宙《コスモス》との関係は、今日私たちが想像的《イマジネール》と形容する面（アニミズム、トーテミズム）においても、非常に実際的なパースペクティヴにおいても、この最初の空間の軸を形成している。というのも、《自然》との接触がそこではきわめて緊密であるからだ。この第一の人類学的空間に特有の認識の様態は、神話であり、儀礼である。《大地》の上でのアイデンティティは、コスモスとの結びつきに刻みつけられるのと同時に、他の人々との血族関係や同盟関係にも刻みつけられている。私たちの履歴書の最初の項目は、一般に私たちの名前である。すなわち、一つの系譜の中への象徴的な登録なのである。

　第二の空間である《領土》は、新石器時代以降になって、農業や都市、国家や書き物《エクリチュール》と共に発明された。この第二の空間は、ノマド的で広大な《大地》を消し去りはしないが、それを部分的に覆い隠し、また、定住させようとし、飼い慣らそうとする。富はもはや採集や狩猟ではなく、農地の所有と開拓に由来する。この第二の人類学的空間で支配的な認識の様態は、書き物《エクリチュール》に基づいている。つまり、体系的で理論的で解釈学的な、知の歴史と発展が始まるのだ。ここでの存在の軸は、もはや宇宙への参画ではなく、国境によって確定される《領土》的なものとの結びつき（所属、所有など）である。今日もなお、私たちは皆、名前の後に一つの《住所》を持っている。それは実際のところ、定住民族としての、そして納税者としての、《領土》上での私たちのアイデンティティなのである。私たちがその中で生きている諸制度もまた、ヒエラルキー、官僚制、規則の体系、国境、所属と排除の論理と共に、領土であり、あるいは領土と同列なものである。

十六世紀以降、第三の人類学的空間が発展する。私が《商品の空間》と呼ぶものである。それはおそらく、ヨーロッパ人によるアメリカ大陸征服をきっかけに、グローバルな市場の最初の開始と共に姿を現し始めた。そのあらたな空間の組織原理はフロー（flux 流れ）である。すなわち、エネルギーの、原材料の、商品の、資本の、労働力の、情報のフローである。近代の黎明期に発展し始める脱領土化という大きな運動は、諸領土を消し去るには至らないが、それら領土を転覆させ、経済的なフローへ従属させるに至っている。《商品の空間》は、先行する諸空間を消し去りはしないが、急速にそれらをはみ出していく。これが進化のあらたな動因である。

富はもはや国境の支配によってではなく、フローのコントロールから生まれる。これ以降は、非常に広い意味において、素材《マチエール》と情報を扱う産業が君臨する。近代の実験科学は、フローのあらたな空間についての典型的な認識の一様態である。しかしこの古典的科学は、それ自体、脱領土化しつつある。第二次世界大戦の終結以来、研究と経済革新《イノヴェーション》の絶えざる推進力によって動かされる《テクノサイエンス》に、古典的科学は席を譲っている。古典的科学の理論／実験という対は、認識論の慣習的な図式を再問題化し、第四の空間の閃光を垣間見させてくれるシミュレーションとデジタルモデル化の潜在的な台頭によって、競争にさらされている。アイデンティティを持つこと、商業フローの空間上に存在することは、経済的な生産と交換に参与することであり、製造や取引やコミュニケーションのネットワークの結節点《ノード》に位置を占めることである。《商品の空間》上で失業者であることは危険である。というのも、そこでの社会的アイデンティティは《労働》によって、言い換えれば、実際に大部分の人々にとっては、賃金を支払われるポストによって、定義されるからである。私たちの履歴書上では、名前（《大地》上の位置）と住所（《領土》上の位置）の後に、一般的には職業（《商品の空間》上の位置）が見出される。

たとえ《職業》を持たなくとも、人がその中で社会的アイデンティティを持ちうるようなあらたな空間を生じさせることは可能だろうか。おそらく、同定《アイデンティフィケーション》の社会的な規準と様式にまつわる現在の危機は、あらたな人類学的空間、すなわち知と集合的知性の空間の、未だうまく見えてこない不完全な出現を示している。そしてその決定的な到来は、そもそも何らかの《歴史法則》によって保証されているわけではない。先行する人類学的諸空間と同じように、《智慧の空間》は、それ以前の諸空間を消滅させることではなく、俯瞰することを使命とするであろう。実際、経済ネットワークが《領土》的な権力に依拠したのと同じように、今後それが依拠するのは、以前の諸空間に住んでいる人類の迅速な修習（apprentissage）と集合的な想像という能力なのである。そしておそらく、巨大なノマド的《大地》の存続についても同様であろう。

人類の知性とノウハウは、常に社会的機能の中枢にあった。私たち人類という種は、まったく正当にもサピエンスと呼ばれてきたのである。そもそも私たちは、種の持つ知識の様式が人類学的な各空間に対応していることを示したのであった。しかしそれでは、なぜ私たちの文明の新しい地平を《智慧の空間》と呼ぶのであろうか。この領域における新しさは、少なくとも三つある。それは、知の進化のスピードと、あらたな知識を修習し産出するよう求められている人々の多さ《マス》と、あらたな道具（サイバースペースという道具）の出現とに関わっている。このあらたな道具は、情報の霧の中で、斬新ではっきりした風景や、この空間に固有の特異なアイデンティティや、歴史－社会的な新しい諸形態を出現させる力を持っている。

速度――科学と技術は今まで、日常生活、労働、コミュニケーションの諸様式、身体や空間との関係などに、これほど直接的な結果をもたらして、これほど急速に進化することはなかった。今日、加速がもっとも強く、布置がもっとも流動的なのは、知とノウハウの世界においてである。ここにこそ、（もっとも広い意味で解された）知が社会生活の他の諸次元を巻き込んでいく理由の一つがある。

多さ《マス》――知識も、知識の運動すらも、専門家《スペシャリスト》という特権階級《カースト》専用にしておくことは不可能となった。私たちが生きていく複雑でカオス的な世界の中で、より良く生きるために、このさき適応し、修習し、発明せねばならないのは、人類の集合体の総体である。

道具――流通するメッセージの量は、今までこれほど多くはなかったが、私たちはほんの僅かの装置しか使うことが出来なかったので、直接に関わる情報をフィルターにかけ、常に主観的な意味と必要とに従って関連づけをし、情報のフローの中で自分の位置を定めていた。《智慧の空間》が証明書の対象であることをやめ、一つのプロジェクトとなるのは、ここにおいてなのである。《智慧の空間》を作り上げること、それはとりわけ制度的で技術的で概念的な装置を備えることであろう。それは情報を《航海《ナヴィゲーション》しうる》ようにするため、各人が自分自身で自分の位置を見定め、他人たちをあらたな空間上で、関心、能力、計画《プロジェクト》、手段、相互的なアイデンティティに応じて認めるためなのだ。《智慧の空間》の表現システムの確固たる樹立は、きわめて重要な多くの問題を正しく立てること、そしておそらくはそれらを解決することを可能にするだろう。これらの問題は、先行する諸空間を表現していた諸々の概念や道具では、今日、もはや十全には定式化できないのである。

　生き生きとした認識、人類の持つノウハウや能力は、他のすべての富の資源として認められようとしている。だとすれば、どのような目的がコミュニケーションのあらたな道具にあてがわれるべきなのだろうか。社会的にもっとも有益なそれらの道具の使い道とは、おそらく、集合的知性体や集合的想像体を構築するために、人類の精神的な力を共有する装置を、人類の集団に提供することであろう。このとき、伝達しあうコンピューティングは、集合的脳、すなわち生きている共同体のハイパーコーテックス(3)（超脳髄）の技術的下部構造として現れるだろう。コンピュータとデジタル媒体によるコミュニケーション技術の果たす役割は、《人間に取って代わること》でも《人工知能》という不確かなものに近づくことでもなく、むしろ、各人の社会的で認知的な潜在力が発展し相互に増幅されうるような知的集合体の構築を促進することであろう。

こうしたアプローチに従えば、二十一世紀の主たるアーキテクチャの計画は、サイバースペースというインタラクティヴで動的な空間を構想し、作り上げ、整備することになるだろう（第六章を見よ）。おそらくそのとき、ポストメディアの時代に近づき、スペクタクルの社会を越え出ることが可能となろう。そのポストメディア時代においては、コミュニケーション技術は、膨大な情報を運ぶよりもむしろ、知識のフローにフィルターをかけ、知の中を泳ぎ回り（naviguer）、共に思考するのに役立つことになろう。残念なことに、そして、問題は垣間見られているにもかかわらず、《電子ハイウェイ》の喧伝者たちは、伝達能力以外の事柄をいまだにうまく語れていない。人が私たちに語るようなビデオオンデマンドの配信に関わる全世界的な巨大システムは、おそらく、サイバースペースの芸術やアーキテクチャについての想像力豊かな大胆さや熟考の極み（nec plus ultra）などではない。

社会的な絆と智慧への関わり

なくてはならない技術的な機器であることを超えて、《智慧の空間》の計画《プロジェクト》は、相互的な修習や、能力の相乗効果《シナジー》、集合的想像力と集合的知性といったものをめぐる社会的な絆を、ふたたび発明させる。集合的知性が、純粋に認識的な対象ではないことが、理解されるようになるだろう。知性はここで、《折り合い良く働く（travailler en bonne intelligence）》というような表現において、あるいは《敵と通じる（intelligence avec l'ennemi）》という意味において理解されるべきなのだ。大切なのは、社会における生活と、そのあり得べき未来へのきわめて全般的なアプローチなのである。本書で問われている集合的知性は、その倫理的で美的な次元が、技術や組織作りの観点と同じように重要であるような計画《プロジェクト》なのである。この倫理的なアプローチは、おもに第一章と第五章において展開されることになろう。ことさら展望に欠ける時代にありながら、ここで私は一つの指針、一つの方向、一つのユートピアのようなものを提案するリスクを冒してみる。将来に関するこのヴィジョンは、相補的な二つの軸をめぐって編成される。――智慧への関わりによって社会的な絆を革新するという軸と、本来の意味での集合的知性という軸である。

　社会的な絆を作ったり、作り直したりすることは、人類の集団が内部分裂したり、癌化したり、みずからの指標を見失ったり、アイデンティティの崩壊を経験したりするとき、とりわけ身につまされる問題である。今や珍しくなりつつある、賃金労働による人々の《囲い込み》、こうしたものとは別の道を模索することが、急を要する課題なのだ。よく知られているように、民族や国家や宗教といった帰属によって共同体を形成することが、血まみれの袋小路へと至るならば、別の道を切り開くことが何よりも必要である。知への関わりに基づいて社会的な絆を打ち建てることは、結果として、脱領土化された市民性（civilité 作法）の拡大を推進することになるが、これは主体性のもっとも内奥の部分に入り込んでいる潜勢力という、現代的な力の源泉にとってもまったく格好のものなのだ。

モノたちとの相互作用《インタラクション》の中で、私たちは能力を発展させる。記号や情報との関わりによって、私たちは知識を得る。他者との関係においては儀礼や伝承によって、私たちは智慧を養う。(同一の諸対象《オブジェクト》に関わりうる)能力と知識と智慧は、認知的な取り引きにおいて相補う三つの様態であり、その一つから他へと絶え間なく移行している。それぞれの作用、それぞれのコミュニケーション行為、それぞれの人間関係が、一つの修習を結果としてもたらす。かくして、生の行程においては常に、修習というものが内に含んでいる諸能力と諸知識によって、交換という回路が養われ、智慧の社会性が培われうるのである。

人間関係の媒介としての相互的修習を、はっきりと、率直に、公的に提起しよう。(4)それによって、アイデンティティは智慧のアイデンティティとなる。主体性のこの新らしい組織の倫理的な影響は甚大である。他者とは誰か。それは、知っている者である。さらに言えば、私が知らない物事を知っている者である。それはもはや恐ろしい、脅かすような存在ではない。私と同じように、他者も多くのことに無知で、いくらかの知識を修得しているのである。とはいえ、私たちの未経験の領域が重なり合わない以上、それは私自身の知を豊かにしうる、一つの源泉を表しているのだ。他者は私の存在の力を増大させうるし、他者が私と異なっていればいるほど、ますますそうなのだ。自分の能力と他者の能力を結びつけることが出来るなら、別々でいるより一緒にいる方がうまくやれる。《能力の樹》は現在、企業や学校や地域で使用されているが、もはや名前、住所、職業、社会的地位としてではなく、《智慧の空間》上での、知識の束としての他者に出遭うことを、今からすでに可能にしている。[5]
とはいえ、透明性が全体的なものになることは決してないし、またそうなるべきでもない。他者の智慧は、結果やデータの総和に還元されうるものではない。私たちがここで奨励しようとしている意味での智慧とは、生きる作法（savoir-vivre）でもあり、一つの世界を作りあげ、そこで暮らすことと不可分であり、生の長い時間を溶け込ませている。それゆえ、たとえ私が他者から情報を得たり、対話せねばならず、他者から何かを修習しうるのだとしても、彼が知っていることのすべてを知ることは決してないだろう。他者を傾聴する（écoute）ことの必要性は、その他者にまつわる智慧を編み出すことや、その他者の持つ専門技術や情報を、純粋かつ単純に取り入れることには帰着しえないのである。強い意味での修習は、他者の世界の不可解性や非還元性との邂逅でもあり、それが他者に対して私が抱く敬意の根拠となる。私の力の可能な源泉である他者は、あくまでも謎のままでありながら、どこから見ても望ましい存在となるのだ。
もし他人が知識の源泉であるならば、ただちにその逆も言える。私の世を忍ぶ仮の社会的立場がどうであろうと、私について学校制度が言い渡した所見がどんなものであろうと、私もまた他者たちにとって修習の一つの機会なのだ。知は生活と同じ拡がりを持っているのだから、自分の人生の経験によって、職歴によって、社会的で文化的な実践によって、私は知識の資源を共同体に提供する。たとえ私が失業者で、お金がなく、免状も持たず、郊外でその日暮らしをして、字が読めなくても、だからといって《無》であるわけではない。私は交換不可能な存在である。一つの姿、一つの位置、一つの尊厳、個人的で積極的な一つの価値を、私は《智慧の空間》上で持っている。すべての人間には智慧のアイデンティティを認めてもらう権利があるのだ。

人々が、能力に応じて個人を価値評価し、相違を集合的な富へと効果的に変換し、智慧の交換という社会的でダイナミックな過程に溶け込んでいくという、倫理的な諸原理に基礎を置く人間関係を体験するや否や、《智慧の空間》は活動しはじめる。そこでは、各人は何から何まで独自な人格として捉えられ、その修習の道のりにおいて、予定や前提条件によって拒まれたり、高尚なものであれ低俗なものであれ、智慧についてのアプリオリな分類や先入見によって拒まれたりすることはない。

集合的知性とは何か？

集合的知性とは何か。それはいたる所に分配され、絶えず価値評価され、リアルタイムで調整される一つの知性であり、諸能力の効果的な動員へと至るものである。私たちの定義に、次の不可欠な帰結を付け加えよう。集合的知性の根拠と目的は人々を相互に承認し合い、豊かにし合うことであって、物神《フェティッシュ》化されたり実体化されたりした共同体を崇拝することではない。

いたる所に分配された一つの知性。これが出発点となる私たちの公理である。誰もすべてを知っているわけではなく、誰もが何かを知っており、智慧の全体は人類の中にある。智慧とは、決して超越的認識の貯蔵庫などではなく、人々が知っている事柄以外の何ものでもない。精神の光は、そんなところに知性などないと人が信じさせようと試みるまさにその場所ですら、輝いているのである。――《落ちこぼれ》《指示待ち人間》《後進国》などのうちに。無知という包括的な判断は、そうした判断を下す者に跳ね返ってくる。もしあなたが誰かを無知と見なす過ちにとらわれるならば、どんな文脈《コンテクスト》でその人の知っていることが黄金になるか探求してみていただきたい。

絶えず価値評価される一つの知性。知性が至る所に分配されているということ、これは事実である。しかし今こそ、事実から計画《プロジェクト》に移行しなければならない。なぜなら、かくもしばしば蔑ろにされ、黙殺され、使われず、侮辱されているこの知性は、正当に評価されていないからである。経済的あるいは生態学的な浪費を避けようとますます人々は心を配っているのに対して、もっとも貴重な資源が無造作に乱費されているように思われる。この資源が存在する至る所で、この資源を考慮に入れたり、発展させたり、使用したりすることを拒むことによってである。成績表から企業における資格一覧まで、マネージメントの旧態依然たるやり方から失業による社会的な排除まで、今日私たちは人々の知性についての無知を、大真面目に組織化してしまっているという事態、経験やノウハウや人間的富の恐ろしい無駄づかいという事態に立ち会っている。

リアルタイムでの諸知性の調整は、ある一定の量的限界を超えると、情報のデジタル技術にしか基礎を置くことのできないようなコミュニケーションの組み合わせ《アジャンスマン》を仲介させる。コミュニケーションのあらたな諸システムは、一つの共同体のメンバーに、知識の同一のヴァーチャルな宇宙の中で彼らの相互作用を調整する手段を提供することであろう。それゆえ、単に通常の物理的世界をモデル化するだけではなく、意味作用の動的な風景の内部で脱局在化された集合体のメンバーが相互に作用しうるようにすることも重要となろう。出来事、意志決定、行動、そして個人たちは、共有された一つの文脈のダイナミックな諸地図の上に位置づけられるであろうし、その内部でみずからが意味を持つようなヴァーチャルな宇宙を連続的に変形していくであろう。こうした展望のもとでサイバースペースは、脱領土化された知的集合体の認識と認識者の間の相互作用という流動的な空間となるであろう。

　諸能力の効果的な動員へと至ること。もし諸能力を動員したいのなら、やはりそれらを特定《アイデンティファイ》しなければならない。諸能力を探し当てるには、あらゆる多様性のなかでそれらを承認しなければならない。今日、公式に妥当と認められている智慧は、活躍しているごく少数の者しか連想させない。この承認の問題はきわめて重要である。なぜならこの問題は、企業や集団一般における諸能力のよりよい管理だけを目的としているのではなく、政治－倫理的次元をも兼ね備えているからである。知識の時代にあって、知性の中で他者を認めないということは、他者に社会的な真のアイデンティティを与えることを拒むことであり、他者の恨《ルサンチマン》みと反感を買い、そこから暴力が生ずるような屈辱や欲求不満を養うことである。反対に、知の多彩な幅に従って他者が価値評価されるならば、他者は新しい積極的な仕方で自己のアイデンティティを確立することができるし、他者を動員したり、「そのように積極的に評価される」お返しとして他者のうちに承認の感情を育んだりすることになる。その感情は、〔その感情を持つ者から他の所へと〕跳ね返ってゆくことによって、集合的な計画の中へと他の人々を主体的に巻き込むことを助けるだろう……。

集合的知性の理想は、諸能力の承認と動員の積極的な推進力を始動させるために、至る所に分配されている技術的、経済的、法的、人間的な価値評価をすることを前提としている。十八世紀末、ヨーロッパの経済的飛躍《テイクオフ》に必要だった条件の一つは、知的財産の効果的な法的保証を創始することであった（著作権、営業免許、特許、等々）。こうして発明家たちは、自分の努力を時の権力によって奪われる心配をすることなく、自分の時間や知的エネルギーや財源を費やすことができた。法が独占と経済的特権を廃止しはじめ、技術的な手順に関する一個人の物質的あるいは倫理的な証を公的に取り消せない仕方で登録する手段を提供するや否や、イノヴェーションは魅力的なものとなった。このような諸規則がイノヴェーションの賭けに与えられることで、またそれを合法的で、社会的に奨励され、経済的に報われる営みとすることで、途方もない影響力を持つ科学技術と産業の推進力が引き起こされたのだった。ところで、集合的な諸能力と集合的な知性の秩序の中で、私たちは同じタイプの跳躍を完遂する必要性に直面している。それら集合的な諸能力や集合的な知性は、たとえ力の現代的なあらゆる形態の源泉に属しているとしても、今日、その名に値するいかなる測定システムも、いかなる経理も、いかなる表現も、いかなる法的制御も持っていない。

思い出しておきたいのだが、集合的知性とは至る所に配分され、リアルタイムで絶えず価値評価され、調整され、動員される知性である。あらゆる誤解を避けるために、このイントロダクションを締めくくる前に、今度は集合的知性が何ではないかを明確にすることにしよう。くれぐれも集合的知性を、超越的で物神《フェティッシュ》的なコミュニティに個人を従属させる《全体主義的な》計画《プロジェクト》と混同してはならない。蟻塚では、個体たちは《愚か（bêtes）》であり、いかなる包括的ヴィジョンも持っておらず、自分たちのすることがどのように他の諸個体の行動と結び合うか知ってはいない。しかし、個々の蟻が《馬鹿（stupides）》であっても、蟻同士の相互作用は全体として知性的な行動を生み出すのである。蟻塚が絶対的に固定した構造を持っており、蟻が厳格にカーストに分かたれ、各カースト内で取替え可能であることを付け加えておこう。蟻塚は、本書で理解されている意味での集合的知性とは反対の例なのである。《智慧の空間》を目指すどころか、蟻塚は《大地》より前のものであり、ただ単に前-人類的である。社会の機能を多少なりとも蟻塚のそれへと近づけるためのあらゆる試みは、憎むべき野蛮なものであると見なされるだろう。

集合的知性は文化と共にしか始まらないし、文化と共に発展するものである。私たちは確かに、共同体から受け取った観念や言語《ラング》や認知的技術を用いて考える。しかし文化的な事柄を知った知性は、もはや白蟻や蜜蜂の巣の知性のようには、繋がっていたりプログラムされたりしていない。伝達や発明や忘却によって、共有財産は各人の責任のもとで受け継がれていく。集合体の知性は、もはや盲目的で自動的な行為の結果として機械的に生じるものではない。なぜなら社会の思考を永続させ、発明し、作動させるのは、ここでは人々の思考だからである。しかしながら、本書で目指されている知的集合体は、単にありふれた文化の状態と同一視されるものではない。ある知的集合体の中で、コミュニティは明示的に、事物の秩序や言語《ランガージュ》能力や各人の役割についての絶えざる協議、自分の対象の切り分けと定義、記憶の再解釈を目的として与えられる。何も固定されていないが、だからといって無秩序や絶対的な相対主義なのではない。なぜなら諸行為は、多くの基準に従ってリアルタイムで調整され価値評価されるのだが、その基準そのものも文脈に応じて絶えず再評価されるからである。[6] 白蟻の巣の《見えざる手》は、拡大しつつあるヴァーチャル世界の目に見える手と想像しうる推進力に置き換えられる。様々なコミュニティと相互作用しながら、《智慧の空間》を活性化する個々人は、不動のカーストの取り替え可能なメンバーとなるどころか、同時に特異でも多種多様でもノマドでもあり、絶えざる変身の（あるいは同じことだが修習の）途上にある。

　このプロジェクトはあらたな人文主義《ユマニズム》を召喚する。それは、《汝自身を知れ》を含み、《共に考えるために私たちを知ることを学ぼう》へと拡大し、《私は考える、故に私は在る》から《私たちは集合的知性を形作っている、故に私たちは卓《すぐ》れたコミュニティとして存在している》へと一般化するものである。デカルト的な私は考える（cogito）から、私たちは考える（cogitamus）へと移行するのだ。個人的な諸知性を一種の曖昧なマグマへと溶解させることにはほど遠く、集合的知性は特異性の増大、差異化、相互活性化の一つのプロセスである。集合的知性のメンバーが《智慧の空間》で維持する諸々の能力や計画《プロジェクト》や関係から浮かび上がる動くイメージは、同定《アイデンティフィケーション》の新しい仕方を、開かれ、生き生きとした積極的な仕方を、集合体のために構築する。古典的な代議制の諸形態より、もっと現代の諸問題の複雑さにうまく適合するデモクラシーのあらたな諸形態が、ここから日の目を見ることになるだろう（第四章を見よ）。

本書の第一部は、知性的集合体を生かし、人間の諸々の美質の多様性を最大限に価値評価する技術である《社会的な絆の工学》にあてられている。集合的知性という計画《プロジェクト》は次のようなすべての観点のもとで様々に変化する。すなわち、倫理的観点（第一章、第五章）、経済的観点（第二章）、技術的観点（第三章）、政治的観点（第四章）、美的観点（第五章、第六章）である。社会的な絆の工学の中枢は、人間の諸性質の経済《エコノミー》である。メッセージや機械や自然な多様性が最終的には、順番にこの主体的経済に従って価値評価され、探査され、記録されること。事物の価値が人々のアイデンティティと同じ記号によって表される（その逆ではない！）こと。私たちの環境の全体が再び《人類的》となること。このようなことこそ、社会的な絆の工学が点描するユートピアの中のユートピアである。

本書の第二部「《智慧の空間》」は、イントロダクションで予告された四つの人類学的空間の理論を展開する。《大地》《領土》《商品の空間》《智慧の空間》という最初の紹介（第七章）の後、人類学的空間の概念が定義され（第八章）、ついでアイデンティティの問題（第九章）や意味の問題（第十章）や時空間の問題（第十一章）を検討してから、知識の問題をさらに詳細に扱うことになる（第十二、十三、十四章）。第二部は、人類学的空間内での関係理論として捉えられる政治哲学の素描で終わる(第十五章)。たとえテキストの線形性が私たちに時として時間的継起の秩序に従って事物を提示する制約を課したとしても、「《智慧の空間》」は、歴史というよりむしろ、地図作成術、概念の道具箱、人類学的変異のポータブルガイドであることを望んでいる。私は、進行中の変化についての取扱説明書を提示するために、障害を探し当て、探査の方向性を指し示すために物語を使う。私は、歴史的で科学的な厳密さではなく、哲学的で実践的な豊かさを強く望んでいるのだ。

第一部　社会的な絆の工学

第一章　義《ただ》しき者たち――集合的知性の倫理学

『創世記』第十八章、十九章。ソドムとゴモラを、その罪ゆえに訴える大きな叫び声があがる。神は、多くの不義が犯されているこれらの町を滅ぼすことを決心され、まずはアブラハムにそのことを話そうと決意された。神の御前では塵芥でしかないとはいえ、その族長は永遠なる者との途方もない取引に巻き込まれていく。「もしあの町に義《ただ》しき者が五十人いるとしても、あなたはソドムを滅ぼされるのですか。義《ただ》しき者を悪人とともに殺してしまうのですか。」もしそこに義《ただ》しき者が五十人いるならば、町を救済しようと神はアブラハムに同意された。しかし族長は、四十五人、それから三十人、二十人、最後にはたった十人の正しい者がいれば町が救済されるよう、辛抱強く交渉し続ける。

夜になって、二人の天使がソドムの町の門に辿り着いた。見たところでは、その二人が神から遣わされたことを示すものは何もない。皆にとって、二人は通りすがりの者、見知らぬ旅人である。町の入口に座っていたロトは、歓待の掟に従って、この異邦人たちを自分の家に招き入れ、食事を供し、申し分なくもてなす。ソドムの者たちが皆、ロトの家を取り囲み、異邦人たちを「もてあそぶために」要求するのは、彼らがまだ床につかないうちであった。ロトは客人たちを引き渡すのを拒み——その代わりに、怒った群集に対して自分の娘たちをさえ提供しようとする。しかし群集は聞く耳を持たない。この試練によって、ソドムにいる義《ただ》しき者たちの数がわかった。一人しかいないのである。天使たちはロトとその家族が逃げられるよう手はずを整える。彼らが出発するや否や、町は破壊される。天使たちが禁じたにもかかわらず、ロトの妻はソドムとゴモラを焼き尽くす硫黄と火の雨の方を振り返る。彼女はすぐさま塩の像に変わってしまった。

さて、今からソドムとゴモラの破壊という聖書の物語を《世俗的》に解釈することを試みよう。テクストそのものが私たちをそこへと誘っている。実際、この物語が演出しているのは、善と悪との超越的な原理というよりもむしろ、生きて活動している個人の力、《義《ただ》しき者たち》によって、人類の世界の存在が維持されうるということなのである。

もし私たちがロトの妻を彼の《半身》と見なすならば、有名な彼女の顛末は、他者を迎え入れるよりも、裁きに拘泥する義《ただ》しき者の心持ちを描き出していることになる。ロトの妻にとっては、ロトは生きた義《ただ》しき者であり続けているというよりは、裁きに、また正義の抽象的な原理にすら同一化している。ロトの妻は町の住人たちが死に瀕している猛火を振り返り、そうすることで、実践を超越的な《価値》へと物象化する。義《ただ》しき者たちは生き、裁き手たちは石化する。どんな瞬間にも義《ただ》しき者はみずからを見失い、正義として硬直した塩の像に変化しうるのである。

神とアブラハムの間の取引は、どんなときも、どんな町でも行われていると考えねばならない。人間の世界が今日まで存続してきたのだとすれば、それはつねに十分な数の義《ただ》しき者たちがいたからである。歓迎、援助、開放、心遣い、承認、構築といった実践は、結局のところ、排除、無関心、無視、恨《ルサンチマン》み、破壊……といった実践よりも多いし、強いからである。もし親が子を愛さなかったら、もし人々が互いにねたみ合い、だまし合い、殺し合うことだけに時間を費やしてきたら、単純に言って人類は生き延びてこなかっただろう。実際は、ソドムとゴモラを焼き尽くす硫黄と火の雨は、天から降るのではなく、町そのものから湧き上がるのである。それは、反目と戦争と暴力の炎であり、住人たちはそこに身を投じている。しかしすべての町が破壊されたわけではなかった。《大地》の上に私たちがいるということは、今に至るまで全体として、「善の量」が「悪の量」を上回っていたことを証明している。こうした価値評価は、最終的に獲得される「善」によって人類の苦しみや堕落を正当化しようなどということは微塵も目指していない。それは単に一つの事実、一つのあるがままの結果を考察することで、悪へと誘う喧伝を相殺したいだけである。私たちはまだここにいる。人間のメガロポリスは未だ破壊されていないのだ。

実際、悪は至る所にあるし、いつだって目につく。それに対して善（義《ただ》しき者たちの活動）は、厳密な推論の末、その場での入念な調査（天使たちはソドムを訪れるのだ）あるいはその間接的な結果によってしか明るみに出ない。聖書のテクストはこの点について非常に明解である。すなわち、神はソドムとゴモラに対して湧き上がる非難や叫びや不満を聴いている。まずは不正を知らされるわけである。批判（critique 批評）こそはまず最初にその声を聞かせるものなのだ。内戦、殺人、独裁などあらゆる種類の不幸がテレビニュースの実体をなしており、日刊紙の第一面をこれ見よがしに飾っている。神は悪について完璧に知らされているのだ。その反面、アブラハムが町を救いうるであろう義《ただ》しき者たちの数について交渉し始めるとき、神でさえ五十人いるのか、四十五人なのか、三十人なのか、二十人なのか、十人なのか、それとももっと少ないのかを知らないということが分かる。神の知（すなわち、私たちの世俗的解釈によれば、人類の知）は、そこまでは及ばないのだ。悪が明白であるのに対し、義《ただ》しき者たちの人数、ましてや（a fortiori）彼らのアイデンティティなどは知られておらず、不確かである。悪はメディアにのせられるが、義《ただ》しき者たちは隠れており、目立たず、匿名的で、知られていない。しかしそれでは、正しい者たちは何によってそれと分かるのだろうか。この聖書のテクストは、大法廷や最後の審判や、何らかの究極の天秤の上での魂の計量を表現しているのだろうか。いや、そうではなく、それが描くのは、世界中どこにでも行き、ある夜、道の土埃をかぶって、町の入口に現れる移民たちである。義《ただ》しき者たちがそれと分かるのは、各国を旅しながらでしかない。超越的な《正義》も、選別を許すような全知もありはしない。遊牧民《ノマド》たちに倣わねばならないのである。彼らは世界を支えている見えない者たちを迎えに行く。目立たずに社会的な絆を織りあげている義《ただ》しき者たちを、彼らは見つけだすのだ。

ソドムの罪とは何だろうか。歓待の拒絶である。ソドムの人々は異邦人たちをもてなすどころか、彼らをもてあそぼうとした。ところで歓待とは、何よりも社会的な絆の作法を、相互性という形態に基づいて理解された一つの社会的な絆を表している。主人（hôte 客）とは、迎える人でもあり迎えられる人でもある。そして、誰でも次には、異邦人となりうるのだ。歓待とは、旅をする可能性、他者に出会う可能性を普遍的に維持するものである。歓待によって、切り離され、異なっており、風変わりな者は、ある共同体の中に、迎え入れられ、組み込まれ、含まれるようになる。歓待とは、個人を一つの集団に縫い合わせる行為である。これは排除という行為とは何から何まで相反する。義《ただ》しき者は社会的な織り物を含み、彼は《挟み込み》、継ぎを当てる。義《ただ》しき者たちの社会においては、相互性のかたちに則って、各自は他者を含もうと努めている。すべてが動き、みなが変わるよう仕向けられている世界では、歓待というノマドや移民の道徳が、至高の道徳となるのである。ただし、ノマドという集団を組み立てることに努めているということから、義《ただ》しき者が何はともあれ統一性、一様性、全員一致を育むのだと結論づけてはならない。反対に、ロトは少数派であることの危険を引き受ける。彼は異邦人たちをみなに反対したたった一人で守るのだから、あたう限りもっとも少数派である危険を引き受けるのである。こうして彼自身が異邦人という立場に身を置く。もっとも中にいる者はもっとも排除される者になりうる。異邦人を組み込むことで、今度は自分が排除され、他者たちを横断させ、自分自身も境界を越えることで、義《ただ》しき者は至高の通過《パッサー》させる者となるのだ。

なぜアブラハムは交渉（九人の正しい者、七人、三人……）をさらに続けようとしないのだろうか。町が救われるためには、なぜ少なくとも十人の義《ただ》しき者たちが必要なのか。なぜロトはソドムを救うに至らないのか。集団を維持するためには集合的な力が必要だからである。三人ならば周知の三人であろうし、いずれ有名となるだろう。そのうちの一人は遅かれ早かれ、最終的には他の二人から離れるだろう。しかしながら、芝居や見世物とは違い、このテクストは、一つの町というものが、皆が一人のためという関係にも一人が皆のためという関係にも、実際には基づいていないことを示したいのである。義《ただ》しき者には、統治する使命もいけにえの役目を果たす使命もない。町は集団と集団の間の関係によってのみ維持される。理想的には、町は自己自身への関係によって、皆によって皆が包摂される労働によって、育まれる。ところで、十人というのは本当の意味での集団を形成しはじめる。十人は匿名の始まりである。少なくとも十人の義《ただ》しき者が必要であるのは、彼らが義しき者たちの社会という試練を乗り越えなければならなかったからである。義《ただ》しき者たちは、共に生き、支え合い、助け合い、それぞれの行為を互いに強め、立て直し、価値評価することができなければならない。義《ただ》しき者たちは、集合的知性を構成することによって初めて効果を発揮し、共同体の存在を維持するに至るのである。

ここまで、私たちはなぜ、そしてどのように、義《ただ》しき者たちが人類の共同体を創り上げ持続させるに至っていたのかを見てきた。正義の有効性によって共同体の存在が維持されたり、あるいはその崩壊が遅らされたりすると示すことで、この聖書のテクストは善一般の性質について重大な指摘を私たちに与えている。善は存在を呼び求め、人間の質を価値評価する。社会的な生を創造し保存する諸力は、その多様な現れすべてにおいて、善である。もし義《ただ》しき者が破壊を防げるとすればそれは、善が存在の側にあり、さらには存在する能力、つまり潜勢力（puissance）の側にもあるということだ。そしておそらくさらに言うなら、身体的でも、道徳的でも、知性的でも、享楽的でも何でもよいが、潜勢力の増大の側にあるということである。それゆえ、人類を成長させるものはすべて、まず何よりも道徳的に見て良いと判断されるであろう。すなわち誇り、承認、コミュニケーション、集合的知性といったものである。義《ただ》しき者たちは潜勢力《ピュイサンス》を助長する。これと対称的に、人類を衰えさせ、極端な場合には損なうような諸力は、悪いと判断されるだろう。すなわち、屈辱、過小評価、分離、孤立である。もし潜勢力《ピュイサンス》が良きものであれば、権力（pouvoir）というものはむしろ悪となるであろう。というのも権力は、潜勢力《ピュイサンス》を制限する能力や破壊する可能性によって評価されるからである。権力は怖がらせる。権力は〔妨害のための〕物音を立てて、多数からなる集合体がそれら同士でコミュニケーションすることを妨げる。権力は、自分の周りにある存在の質を貧しくすることによってのみ、確立され、維持されるのだ。義《ただ》しき者たちは権力から距離を置く。

存在と潜勢力《ピュイサンス》に関して言えば、義《ただ》しき者たちは、人間世界を満たすあらゆるものを生産し維持するよう共働する。その名が決して挙げられることはない義《ただ》しき者たちのおかげで、物事は真にうまく進み、実際に創られ、保存される。――気配りを惜しまない母、陰で執筆するゴーストライター、家政婦、秘書、エンジニアの計画に逆らって工場をうまく動かす労働者、そして、機械を修繕し、夫婦を和解させ、中傷の鎖を断ち切り、ほほえみ、ほめたたえ、耳を傾け、私たちが理解し合って生きられるようにする彼ら、彼女らすべて。ところでアブラハムはとりわけ義《ただ》しき者である。彼は自分で善をなすだけでは満足せず、さらに、他の義《ただ》しき者たちによって成し遂げられる行為に、可能なかぎりもっとも大きな影響力を与えようと努める。たった十人の義《ただ》しき者だけで町を救えるよう神と交渉することによって、アブラハムは善の可能性を最大限に引き出し、増大させるのだ。彼は他の人々の善への関心を組織する。神とのアブラハムの駆け引きは、効果を最適化し、人類の集団の内にひそむほんのわずかの積極的な質を最大限に活用する最初の技術である。アブラハムは社会的な絆の工学を発明しているのである。

第二章　人間の質——集合的知性の経済

情報社会というのは幻想である。農業、そして工業（素材《マチエール》の加工）が中心となったあと、経済は今や情報の処理加工によって導かれるのだと仄めかされてきた。しかし、多くの職員や管理職が苦い経験を経て気づいたように、情報の処理や伝達ほど自動化がうまくいき速くなされるものはない。農業や工業やメッセージの処理が機械化されたら、何が残るだろうか。経済は決して完全には自動化されることのないものや簡略化できないものの周りを巡るであろうし、すでに巡っている。社会的な絆の形成や《関係づけ》がそれである。私たちはたんに知識の経済について語っているのではなく、知識の経済をその部分集合として含んでいる、より一般的な人間の経済について語っているのである。

原則として、財やサービスを産み出す活動は、人間を豊かにすることや、私たちが先にこの語に与えた意味における、潜勢力を増大させることを目的とすべきであろう。例えばこのようにである。個人やグループの能力を高め、社会性や相互承認を助長し、自律のための手段を与え、多様性を創り出し、楽しみを多彩にする、など。ところで、古典経済の諸目的にとってはおそらく道徳的命法でしかなかったもの、それゆえ随意的命法でしかなかったものが、強制的な義務、成功の条件となる傾向にある。実際、技術や市場や経済状況の絶え間ない変化は、硬直し階級《ヒエラルキー》化された組織形態を放棄し、メンバーの自主性と共働の活発な能力を発展させるよう、諸集団を駆り立てる。ところで、個人の主体性を実際に巻き込み動員しないかぎり、こうしたことはすべて不可能である。企業や行政といった規模においても、地方や国家といった規模においてさえも、集合的知性を目指すことは、人間それ自体に向けられるあらたな関心を想定している。人々の情動的であったり知性的であったりするあらゆる資源に助けを求めるとき、他者に耳を傾け、関心を向ける能力を呼び覚まさねばならないとき、もし世界的規模の相互接続《インターコネクション》と社会的遡及《フィードバック》作用によって、相手が得をすれば私たちもいっそう得をするようなゲームが生み出されるならば、そのとき競争は倫理の領域へと移るのである。

ところで、汚職やマフィアによって腐敗した社会のように、官僚的で全体主義的な世界は、そもそも経済的成功のあらたな条件というものを土台から掘り崩す。平等な物的資源、同等の経済的制約の下では、メンバーが楽しんで働き、速く学び、約束を守り、互いに人として尊重し合い、承認し合い、領域《テリトリー》を支配するよりも、領域を越えたり越えさせたりするようなグループが勝利を得る。

勝つのは、もっとも義《ただ》しき者たちであり、集合的知性を共に形成するのにもっとも適した者たちである。こうして、もう一度繰り返すが、実際にそして主体的に生きられる人間の豊かさは、もはやたんなる経済活動の理論上の目的ではなく、その明らかな条件となるのだ。経済的な必要性は、倫理的要請へとつながる。ただし、これが人間の質の経済を求めさせる唯一の理由ではない。

技術の変動、科学の進歩、地政的な騒乱、市場の不確実性は、職業を解体し、コミュニティを粉砕し、地方を変容させ、人々を移動させ、場所や国や流儀や言語を変えさせる。脱領土化は、大抵の場合、排斥を生み出したり社会的な絆を断ち切ったりする。脱領土化は、ほとんど常に、アイデンティティを、少なくとも所属や《根《ルーツ》》に基づいていたアイデンティティをかき乱す。そこから、すさまじい混乱が起こり、集団や絆や承認やアイデンティティが大いに必要とされる。こうした素地の上に、人種差別、原理主義、ナショナリズム、マフィアがはびこるのである。これら諸悪を食い止めるために、また、原子力が放射性廃棄物のリサイクル産業を生みだしたのと同じように、加速した脱領土化は、社会的な絆を修復し、排斥された人々を再び組み入れ、になった個人や共同体のためにアイデンティティを改鋳する真の産業を呼び起こす。それゆえ、絆を生みだす分野（人間の質の経済《エコノミー》の主要な活動のうちの一つ）が発展するよう求められているのは、たんに経済的競争力のためだけではなく、真の社会的な緊急性をもつ圧力によってでもある。そしてあらたな経済を促進する諸条件は、これからも長い間存続することだろう。

しかし人間の質の経済の台頭と、それに呼応する社会的な絆の工学の発展を必要とする第三の理由もある。現代では、利用できる技術によって必要以上のものを皆に供給することが可能である。したがって希少性というものは、社会的に作り出されたものであり、貧困や排除は、たとえ故意に追求されたのでなくとも、組織化されたものだと今日では結論せざるを得ない。失業は、たとえ古典的な経済学では多かれ少なかれ納得のいく避けられないものと見なされるとしても、人間の質の経済にとっては、富の構造的《システマティック》な破壊とみなされる。人間の質の経済の原則をはっきりと認める社会は、このような質を生み出し維持するあらゆる社会活動を、市場経済の流通に直接入ってこないものでさえ、承認し、促進し、それに対して報酬を与えるであろう。そうすることによって社会は、賃金労働に就いていない人々が、それでもやはり集団との相互作用において一つのアイデンティティを形成できるようにするであろう。さらには、社会はこのように間接的に、商業分野の活動力《ディナミズム》を養うようなノウハウと人間の潜勢力のストックを充実させるであろう。

ところで知識の経済も、人間の質という意味で拡張された経済も、計画経済のように発展してはならない。というのも、このような経済は結局、目指される目標に根本的に反する手段を用いるようになるだろうからである。非商業的とは必ずしも、国家的とか、官僚的とか、独占的といったことを意味しないし、民間主導に反対するわけでもなく、価値評価のいかなる形態にアレルギーを起こすわけでもない。社会的な絆の工学の課題は、普遍化されたリベラリズムを調整する諸様式を発明し、維持することにある。この拡大されたリベラリズムによれば、《市場》や状況《コンテクスト》の大いなる多様性に基づいて、各人は人間の質の個別の生産者（および需要者）となるであろうし、誰かが《生産手段》を我がものとし、他の者たちが奪われるということは決してないであろう。未来の経済において、資本とは人類の全体になるだろう。

モノを作る人々は稀になり、設備が整い拡充された彼らの労働はますます機械化される。情報処理技術職は、その消滅が宣告されている。というのも、知性を組み込まれたコミュニケーション・ネットワークは、やがて、みずからのタスクのほとんどを自己自身で完遂してしまうだろうからだ。最後のフロンティアとして、私たちは人類それ自体を、自動化されえないものを発見する。すなわち、感覚的世界への通路、発明、関係、集団の絶え間ない再創造。

現代の職業は、その多様性にもかかわらず、ほとんどすべて、活発な共働、関係、育成、絶えざる修習といった主要な活動において共通している。実業家たちは物品を生産するのだろうか？ もちろん生産してはいるが、顧客の話を聞き、顧客と交渉し、顧客を組織し、パートナーシップを確立し、自身の能力を更新することに、彼らは時間の大部分を費やしている。警察官たちは犯罪の防止や抑止を課せられているのだろうか？ そのとおりだが、父親の不在を埋め合わせたり、民生委員《ソーシャルワーカー》や社会文化的な指導者や心理学者にもならなければならない。看護師や医師は身体の治療をするのだろうか？ おそらくそうだろう。しかし、人間関係において寄り添っていることが次第に大きな位置を占めるようになっている。患者がまた個人でもあるような、人間的な病院の方が癒されるものだ。食餌療法、衛生管理、症状の細かな識別、つまり衛生の自律一般を患者に教えることによって、より効果的な治療が行われるのである。

人間生産の未来の諸分野は、切り離すことのできない二本の足で歩んでいる。すなわち、人間の質によってなる文化――とりわけその能力の文化――と、暮らしやすい社会の整備とである。すべてはまるで人類が、みずからの拡張と多様性の総体によって、あらたな第一質料になったかのような具合なのだ。ところで、私たちはここで、集合的知性が完成品になるためにとりわけ不可欠なことを主張しよう。集合的知性、それは、別種の富の源泉であり目的であり、開かれており、仕上げられておらず、内的で、質的で、主体的であるがゆえに、逆説的にアウトプットなものである。集合的知性、それは、人類のあらたな経済の無限の未完成品である。

二十世紀半ばに終わりを迎えた偉大なる新石器時代の間、多数派である農民は大地を耕していた。十八世紀末に始まり、まもなく終わろうとしている工業時代には、ブルーカラーが原料を加工し、ホワイトカラーが情報を処理していた。ところで今日、国家の豊かさとは、国民による研究能力、技術改革《イノヴェーション》能力、迅速な修習能力、倫理的な共働の能力によって保証されている。それゆえ、人々の知性を育成するものは、あらゆる繁栄の源泉である。今日、あらたな労働者はもはや記号や事物に対してではなく、生身の人間の集塊《マス》に対して働きかけるのである。この労働者は、大きな突然変異の嵐の只中を通過しつつある人々に寄り添う。この労働者は、集合的な身体や精神や振舞いといったものを人間化する。闘いのうちにあってすら、この労働者は、めくら滅法に、不器用に、自律の武器を鍛える。それゆえ社会を支えるあらたな人々が、ショービジネスの煌《きら》びやかさとほど遠いところで豊かさの条件を生み出す、隠れた人々が、まさしくここにいるのだ。彼らの仕事は、もっとも過酷で、もっとも必要で、もっとも報われないものだ——あらゆる種類の教育者たち、教師たち、教授たち、養成者たちの一団など。指導者、ソーシャルワーカー、警察官……そして、やむことなしに看守である者たち、これらの割合は、増大してくる。さらには、補助者たちの集塊《マス》も忘れられてはならない——結社、非政府組織、慈愛会、あらゆる困窮に対する援助者、教育の落伍者の背後で後始末し、脱領土化の犠牲者たちを救済するつつましい人々。こうしたあらたな労働者たちは、集塊《マス》の関係、強度のある社会的な絆を最前線で引き受ける。彼ら義《ただ》しき者たちは、とり残された人々をまるまる取り込む役を担う。フローの流動性と加速によって、誰もが排除の瀬戸際で生きており、外へと転がり落ちる危険があるのだ。

　あらたな労働者は、次のようなことがなされて初めて自由になる。——結集し、脱カテゴリー化され、その仕事が自分のものと縁続きであるような人々と手を組み（繰り返すがほぼ全員である）、影で行われる作業に光を当て、包括的、中心的に、表立って集合的知性の産出をまた担ってもらい、社会的な絆の工学の探究に熱心に打ち込んで、人間というものを、素手で、ほとんど情動のレヴェルで作り上げる人々に可能な限り設備を整えること。あらたな労働者が自分自身に意識的になった暁には、階級としてのみずからを廃止することを決断するだろうし、教育や養成や人間的質の生産が、広く社会化されることになるだろう。ああ、個性的になる（se singulariser）代わりに、類型化に甘んじる（se particulariser）〔自分のカテゴリーだと思っているものを守る〕その誘惑の何と大きいことか！　古風《アルカイック》なイメージと安定したアイデンティティにしがみつくことは、（短期間に限って言えば）ダイナミックで突然変異の主体性を滲み出させるより容易である。ネットに乗るという反応は、あらたなノマドたちが往来する滑らかな空間を拓く努力よりも、早く生じるのだ。

さて厳密に言って、人類学的な遊《ノマディズム》動の時代において（ある地理的な領土を移動するというよりむしろ）世界から世界への移動が行われるとき、伝承（伝達）や同化はもはや、たんに家系や学校の制度によってなされるわけではない。妥当な知識が大々的かつ継続的に変動しているさなか、伝達すべき安定した智慧がそれほどないときに、伝達の方向を誘導することは、――別の時代にはそれが有効であっても――ブレーキとなりうるし、むしろ抑圧という致命的な障害にさえなりうる。それゆえ、経済や人間や情報のフローの脱領土化や、人類学的な遊《ノマディズム》動の出現に際しては、奥義《イニシエーション》の伝承と人間化といったものそれ自体を、脱領土化するという対応が提案されるだろう。自由のためには、自律を強化し、自由を行使する人々の潜在力を強めるやり方が、従属に慣らすやり方よりもむしろ必要なのではないか。社会的な絆を伝達し、教育し、統合し、再開発することが、ばらばらの活動であることをやめねばならないのはそのためである。それらは、社会の総体であることから社会そのものへと、みずからを実現して行くに違いない。またそれは潜在的には、流動的な社会のどの点から、別のどの点へも、前もって誘導されたり、何かの特殊な組織を経由したりすることなく、実現されるのである。このような成果が獲られる、格好な技術があるだろうか。台頭する人間の質の経済に相応しい工学とは、いかなるものなのだろうか？

第三章　モル的なものから分子的なものへ——集合的知性のテクノロジー

人間ほど稀有なものはない。それは他のもろもろの豊かさの源泉であり、基準であり、あらゆる価値の生きた運搬者である。人類のいかなるメンバーにも享受されず、評価されず、想像されないような財とは何であろうか。人間存在は、宇宙の必要条件であると同時に宇宙に価値を与える余剰であり、存在の土壌とその奢侈の頂点を作り上げる。すなわち、知性、感情、世界のもろい保護膜であり、それなくしてはすべてが無に帰してしまう。したがって、それは節約せねばならないし、人間を浪費し、破壊し、忘却し、気配りも承認もなく死なせてしまうよりもむしろ、人間を育み、価値評価し、多彩にし、増やすべきだと私たちは主張するのである。とはいえ、原理の表明にとどまることはできない。人間の経済へと向かう進歩を、感覚でき、測定でき、組織できるようにする、一言でいえば、実行可能にする道具——コンセプト、方法、技術——をまた、鍛える必要があるのだ。

おそらくこの経済は新機軸を打ち出す。それは将来にねらいを定め、進行中の突然変異に密接に結びついている。しかし、それはまた、始まりのとき以来、他の諸経済の古くからの台座でもあって、その経済の目に見えない収支決算表《バランスシート》が国民の衰退と繁栄を決定する。社会的な絆の工学は、決してタブラ・ラサの上に打ち立てられるものではない。宗教がもつあらゆる手管《てくだ》——麻薬、香水、音楽、図像、惹起される夢想、恍惚状態《トランス》、物語、祈り、儀礼、巡礼、集会、寺院、神学、道徳……、聖職者の、このきわめて古い社会的な絆の工学者の道具箱を満たしているのは、かくも多くの道具たちである。法律、その法規、その憲法や判例、古典的な経済学、その会計や諸モデルは、合理的な評価や単位の通約性や関係しあう出来事の調整に役立つような、概念的、解釈学的あるいは計算的な諸技術を開発した。どうしてこれらの膨大な基盤を、否定できようか？　しかし、宗教も法律も古典的な経済学も、集合的知性の開かれかつ内在的な力学、人間の質の最適な価値評価、存在の潜勢力の増大と多様化をはっきりとは目指さなかった。その一方で、現代の諸技術の進化——とりわけコミュニケーション技術のそれ——は、数十年前にはまだ考えられもしなかったアプローチを暗示している。それゆえその進化は、社会的な絆の運営や人間的諸性質の最大化の問題に対して、可能な解決《ソリューション》の幅を根底から刷新するものなのだ。社会的な絆と人間的諸性質の工学という考えには何ら革命的なものはなく（人文科学の大部分は、《応用《アプリケーション》》を行うものである）、私たちの主張の独自性はむしろ、この工学が諸最終目的と諸様態を持つというところにある。

事物を大雑把に、集塊《マス》として、盲目的に、エントロピー的な仕方で捉える《モル的》な諸技術とは対照的に、《分子的》な諸技術はきわめて精緻に、みずからが操作する対象とプロセスへと向かってゆく。それは、集塊化《マス》(massification)からかけ離れている。超高速で、きわめて正確である分子的諸技術は、常温核融合から超伝導まで、ナノテクノロジーから遺伝子工学まで、対象のミクロ構造のレベルで作動し、無駄や廃棄物を最小限におさえる。私たちは、人間のそれとは別の工学、別の技術を含めた、《繊細さ(finesse)》へと向かう諸技術の広汎でかつ深い運動の中に、ここで提起される政治的な工学を加えておきたい。こうした《分子的》にものを扱う傾向は、三つの領域において非常に顕著となっている。すなわち、生命の制御、素材《マチエール》の制御、そして情報の制御である。人間の活動のもっとも重要なこれらの部門における、分子的な諸技術へと向かう進化をざっと描写した後で、私たちは、もろもろの集団を組織し価値評価する政治的な諸技術が、どのようにそれらの諸技術から着想を得ることができるのか、またその対象が持つオリジナリティという事実によって、どのようにそれらの諸技術と異なりうるのかを見ていくことにしよう。

生命

自然淘汰は、生命が自己自身に適用したテクノロジーと考えることができる。モル的であったり、分子的であったりする以前に、純粋な《力への意志》としての自然は、前もって定められた目的や理由なしに、種を作り、保存する。人間存在のレベルから見れば、その活動は限りなく緩慢である。

人為淘汰は、第二のバイオテクノロジーである。自然淘汰と同じ基礎的手法を用いながら、諸々の種の形成を目的づけ、加速することで変革をもたらす。新石器時代の偉大な《革命》(何千年にわたって続いた革命!)の時点で、人々は意図的に選別し、植物と動物を飼い慣らし、あらたな種を創造し始める。――小麦、大麦、米、トウモロコシ、犬、羊、牛、鶏といったものを。とはいえ、たとえこの過程が自然淘汰よりずっと速いとしても、それはなお、植物や動物の幾世代にも亘って行われるだろう。種畜の交配と選択によって生物集団のレベルで影響を及ぼすとしても、人為淘汰は極めて間接的なやり方でしか、つまり、ほとんど統計的なやり方でしか、生物の諸特性を操作しない。緩慢にして曖昧、それは《モル的》な技術である。

分子生物学は私たちに、有機体の形と機能を支配する根本的な表記(ゲノム)のレベルで、生命を支配する技術を切り開いた。たとえ、直接に諸特質を制御することがいまなお不可能だとしても、少なくとも、遺伝子それ自体を操作することが始まったのである。理屈の上では、あらたな種を数日の内に生じさせることが可能になる。何らかの種や血統の創造は、地質学的な時間性に属していたが(自然淘汰は何千年という時間で計算する)、次いで歴史的な時間性に属し(人為淘汰は世代で計算する)、そして今日、それはリアルタイム、即時性へと移行している(バイオテクノロジーは、人月《にんげつ》で、設備で、そしてドルで計算する)。バイオテクノロジーは分子的である。それが行なわれるレベルによってだけでなく、その精神においてもそうなのだ。なぜなら、バイオテクノロジーは、有機体とその生殖のメカニズムのミクロ構造の精密な理解をもとにして、生命体とその生産の実行可能なモデル化を約束するからであり、はっきりと分子の受容体を対象にするからであり、界面《インターフェイス》の細部や、種の組み合わせや、顕微鏡的なネットワークのうちでの反応の活動力（dynamiques）に働きかけるからである。現代のバイオテクノロジーを一言で表現するなら、こんな風になるだろう。

――遺伝子ごとに、あるいは、分子ごとに。

素材《マチエール》

素材《マチエール》を制御するための技術《テクニック》は、次の三つの大きなカテゴリーに分類することができる。すなわち力学的な技術、熱い技術、冷たい技術である。先史考古学の現在のデータによれば、力学的技術はその最初のものとして現れた。火の制御に数十万年ほど先立つ、石斧《チョッパー》、握斧、ナイフ型石器、燧石《すいせき》の鏃《やじり》や掻器《スクレーパー》がそれを示している。力学的技術は、人間や動物や自然の力の作用点（道具、武器、耕作道具、帆など）、これら力の伝達（車輪、滑車、車軸、歯車……）、材料の単純な組み合わせ（結び目、織物、原始的な建築物など）を操作する。

熱い技術《テクニック》はというと、エネルギーを生みだし、素材《マチエール》の内的な質を変容させる。火をつけ、その火を維持する技法を入念に追っていくなら、おそらく料理が熱い技術のうちで最古のものであろう。つぎに、新石器時代になると、土器と金属器が現れる。しかし熱力学的技術の偉大な発展は、議論の余地なく、蒸気機関の使用の増大や、石炭と鉄鋼の文明の出現とともに、十八世紀末の産業革命に始まる。ここ二世紀の間では、確実に化学産業が熱い技術の最大の利用者であった。化学産業は、熱したり、混合したり、集塊《マス》において反応させたりすることで、完成した製品を得る。化学産業は、大量に、統計的に、流動するものとして、外的な素材を変容させる。素材を加工する熱学的技術に基づく産業は、一般に、エネルギー面で非常に高くつき、汚染的で、多くの廃棄物を出してしまう。熱い技術はモル的である。

　素材の分野では、冷たいテクノロジーはまだその初期段階でしかない。――通例、乳剤や界面化学や結晶化やあらたなセラミックスや《インテリジェント素材《マチエール》》(一)といったものの進歩である。固体の物理学における最新の発見を、私たちはようやく産業化し始めたところである。将来は、素材についての超‐微細な技術《テクニック》が、力学的技術の古典的な諸操作を完成させるだろう。すなわち、力の作用点と伝達のコントロール、組み合わせである。力学的手法が原子的および分子的レベルに適用されるという、重要な相違はあるものの、その結果として古くからの熱い技術と同じようなものがもたらされるだろう。すなわち、素材の内的な質の変容である。ただし今度は、その変容はほとんど欠損なく、ごくわずかなエネルギー消費しか伴わず、それが必要な場所と時に応じてのみ、行われるであろう。物理学と化学と素材の科学の交錯する点において、ナノテクノロジーは素材のミクロ構造のコントロールを予告しているように思われる。ナノテクノロジーは、めいめいの分野での精妙な成果について、情報科学やバイオテクノロジーを羨んでいるわけではなく、却ってお互いに補い合うことさえ可能なのであるあらたな化学の工学の極度の精密さ、大規模なかたちでの分子的な目標設定、原子ごとのマクロ分子の産業的な製造の展望《パースペクティヴ》は、熱したり混合したりすることによる古い産業化学を、おそらく数十年後には廃することになるだろう。そればかりか、当代の研究者の思索(1)は、分子的レベルでのナノセンサー、ナノコンピュータ、ナノロボットへの展望《パースペクティヴ》を垣間見させている。それは、未来のマテリアルに、生産の能力や自律的な再生産能力を与え、環境の変容へのプログラムずみの反応能力を与えることで、臨機応変な知性を詰め込んでいくであろう。《集塊《マス》においてインテリジェントな》マテリアルが何に利用しうるか、想像できるだろうか？　ナノテクノロジーによって予告された物質文明の変化は、経済や社会や文化についての尽きることのない再検討をもたらすかもしれない。それに比べれば、情報化が生じさせた経済や社会や文化の問題など、たぶん無視しうるほどのものでしかないだろう。

情報

メッセージをコントロールする技術《テクニック》は、三つの主要なグループに分類されうる。すなわち、身体的技術、メディア的技術、デジタル的技術である。身体的技術は、記号を作りだすにあたって、身体の効果的な現前や、参加や、エネルギーや感性といったものを前提としている。たとえば、言葉《パロール》やダンスや歌や器楽の、活き活きとしたパフォーマンスなどである。全体の状況からそれだけ区別するのが難しい、身体的なメッセージは、本質的に多－様態的（plurimodal）である。言葉《パロール》は身ぶりや顔の表情を伴い、舞踏はその音の画面（écrin sonore）の中でしか、本当には観ることが出来ない。ある身体的メッセージは、身体的技術《テクニック》によって決して正確に再生産されない。それが概して、伝統や系譜の領域に属しているにしても、変動する状況の文脈と切り離せないために、つねに一期一会なものである。身体的メッセージの生産者は、状況の推移やみずからの意図の調整に従いながら、彼自身がその源泉をなす記号の流れを間断なく調節し、順応させ、多様なものとする。

　メディア的な（モル的な）技術《テクニック》は、より強い影響力を、時空間のうちでのさらなる拡散を確かなものにするために、メッセージを固定して再生産する。それが恒久的もしくは移送可能なセマフォ〔平行プログラミングにおいて、アクセス制限を可能にする機構〕を作りだす限りにおいて、彫刻家、宝石細工師、画家、絨毯職人はすでに、原－メディア的な活動を行っているのだ。送り手の生きた身体がなくなっても、メッセージは発信され続ける。本来の意味でのメディア（すなわちマスメディア）への移行は、記号や印を再現する技術《テクニック》と共に起こる。印璽、検印、鋳造、貨幣への刻印……。書き物《エクリチュール》は、それが表意文字的であるという側面では（紋切型のイメージで観念を表記するもの）、文様に、つまり原－メディアに似ている。しかし、その体系的で、コード化され、コピーや再コピーが可能であるという特徴によって、書き物《エクリチュール》はその始まりから完全なメディアを目指している。アルファベットのシステムは、読み書きする個人とともに、言葉《パロール》の複製の本当の機構へと踏み込むことになる。これが音声の録音と再生の最初の技術《テクニック》である。文書や絵を大量《マス》に再生産したり配給したりすることを可能にした、印刷術はメディアの時代を創始する。十九世紀半ばから二十世紀半ばにかけて、写真術、録音装置（蓄音機、レコードプレーヤー、テープレコーダー）、電話、映画、ラジオ、テレビのおかげで、メディアの時代は絶頂期を迎えた。

メディアは、身体的な手段が決して到達しえない規模で、メッセージを固定化し、再生産し、伝達する。しかし、そうすることによって、メディアはメッセージを脱文脈化し、メッセージからは活き活きとした身体によって発信されていたときに持っていた、状況に適応するという能力が喪われてしまう。電話という部分的な例外はあるものの（しかし電話には受信者が一人しかいない）、メディア化されたメッセージはもはや、それが意味を持つはずの状況との絶え間ない相互作用をしていない。このことから、このようなメッセージによってもたらされる意味は、受信者の大多数によっては、わずかな割合においてしか受け取られないことになる。受信する側では、解釈という活動（再－創造の集中的作業としての読《レクチユール》み）を繰り広げることによって、この欠陥を改善することができる。発信の側では、《視聴者》を構成する人々をもっとも小さな共通分母に限定することができる。それは、モル的技術である。それは、外側から、大まかに、大量《マス》にという形でのみ、メッセージに作用するのだ。

実際、メッセージの産出に強い遡及作用をもたらすとしても、古典的なメディアは概して記号の生成についての技《テクニツク》術ではない。古典的メディアは、身体的に産出されたメッセージを凝固させ、複製し、移動することで満足している。版画は身ぶりを記録する。写真と映画は、物の状態、描かれた舞台装置、役者の演技を光学的に保存することに基礎を置いている。レコードの元にあるのは、音楽家が実際に楽器を響かせることであったし、歌手が声を出すことであった……。しかしオリジナルと複製のこうした見事な区分は、その始まりから映画によってはっきりと疑問視されていた。なぜなら、もしイメージや生の音が確かに記録されたものに由来するのなら、全体としてのメッセージ、つまり映画というものは、フィルムの編集から生じるということになるからだ。それゆえ、記録と伝播の技術《テクニック》であるメディアは、《オリジナル》の身体的メッセージとそのメディア化のあいだの、あらゆる単純な関係を危うくするような、生成の潜在性（potentialités génératives）もまた隠し持っているのだ。六十年代の終わり以降、スタジオで生産されたレコードのうちの幾らかは、アンプとミキシングの技術《テクニック》に大いに依存していたために、生演奏で曲を再生することが出来ない。原型的なメディアである書き物《エクリチュール》は、ずっと前から、編集《モンタージュ》やミキシングや空間的な組み合わせ《アジャンスマン》の実践に依拠している。書き物《エクリチュール》は、独自の表現とコミュニケーションの諸様態の記号的な支えを提供しており、決して言葉《パロール》の単純な再生であるにはとどまっていない。

　かくして、デジタルなものはずっと以前から、メディアにまとわりついてきた。というのも、デジタルなものは編集《モンタージュ》の極限なのだ。編集《モンタージュ》は、メッセージのもっとも微細な断片を対象とし、記号の結合やミキシングや再構成を際限なく、つねに再開しながら自在におこなうことだからだ。デジタルなものの語彙では、編集《モンタージュ》の代わりに、コンピュータの操作、計算、あるいは情報処理というものが語られる。機械によって加速されつつあるとはいえ、それらはいまだに書き物《エクリチュール》の昔からある操作でしかない。情報科学は分子的技術《テクニック》である。なぜなら、それはメッセージを再生し伝播すること（もっとも、古典的メディアよりもそれを立派にやってのけるのだが）だけに満足せず、そのミクロ構造を全般的にコントロールすることによって、とりわけメッセージを産み出し、思いのままに変形し、鋭敏な反応能力をメッセージに与えることを可能にするのだからだ。デジタルなものは、メッセージの作成やその変形だけでなく、メッセージ間のインタラクション、つまり情報の原子と原子、ビットとビットのインタラクションさえも可能にする。この声、あるいはこの楽器の響きを保存せよ、しかしそれに別のメロディーを奏でさせよ。高音域になってしまうことなく曲のリズムを加速させよ。映画のすべての画像で、この花の色を変えよ。形は保ったまま、対象の大きさを一二八パーセント拡大せよ。視点が左へ九度向きを変えたとき、風景のパースペクティヴ表示を再計算せよ……すぐにだ。

　伝統的な書かれたコミュニケーションにおいては、編集《モンタージュ》のあらゆるリソースは執筆の際に使用される。ひとたび印刷されれば、物質的なテキストはある程度の安定性を保つ……読者が身を委ねるであろう意味の分解（démontage）と再編集（remontage）を待ちながら。デジタルなハイパーテキストは、読解のこれらの操作を自動化し、物質化し、その範囲を著しく拡張する。再編成しようとする際にはいつでも、デジタルなハイパーテキストは蓄積《ストック》を、そこからナヴィゲーターや読者や使用者が必要に応じて特定のテクストを生み出すことのできる動的な母型《マトリックス》を提供してくれる。データベース、エキスパートシステム、表計算、ハイパードキュメント、インタラクティブ・シミュレーション、その他のヴァーチャルな諸世界は、特定の状況に応じて様々な仕方でアクチュアル化される、テキストのポテンシャルであり、イメージや音のポテンシャルであり、触れられる質のポテンシャルですらあるのだ。かくしてデジタルなものは、メディアが持つ記録と伝播の力をまったく維持しながら、身体的技術《テクニック》の文脈《コンテキスト》における感応性を、再び見出すのである。

これらのことは、もっぱら情報科学の諸可能性を、実際に活用するにあたって価値を持つ。録音された音楽を保存しているCDは、たとえデジタルにコード化されているとしても、メディアの領域に属し、分子的技術《テクニック》の領域には属していない。いみじくも《マルチメディア》と呼ばれるものは、いまだメディアのうちに留まっている。CD－ROMに焼き付けられてしまえば、ハイパードキュメントは、たとえ完全にデジタルなものに特有の《相互的《インタラクティヴ》》な特徴のうちのいくつかを維持しているとしても、ネットワーク上で著者たちと読者たちの共同体によってリアルタイムに豊饒化され、再構成されるハイパードキュメントよりも、文脈の進展に対して、乏しい可塑性、活動力《ディナシズム》、感応性しか見せないだろう。情報の分子的な処理は、デジタル化されたあらゆるメッセージをヴァーチャルに相互接続し、センサーとセマフォを増加させ、リアルタイムでのインタラクションと計算を一般化するサイバースペースを切り開くのだ。メディアがメッセージを隔離して固定化する前に、サイバースペースは、記号が記号どうしで結びつくように記号と身体を互いに結びつけていた平滑平面（le plan lisse）、公共的連続体（le continuum indivis）、活き活きした流動する水槽（bain）を、より大きな規模で再編成することを目指すのだ。分子的な技術《テクニック》は各々、他の分子的な技術《テクニック》の条件となっている。情報科学の進歩がなければ、遺伝子工学はきっとこれほど強力なものとはならなかっただろうし、ナノテクノロジーは企図されることさえなかったであろう。逆に、物質的なものにかかわる科学技術は、デジタルなものの進展を大いに必要としているのである。

人間の集団

繊細で、室温である分子的技術《テクニック》は、大量で、燃えるように熱いか凍えるように冷たい、モル的技術《テクニック》と対立する。つまり、区別することなく母集団の全体を対象とし、みずからを再編成するのに時間がかかる旧来の手法に対立するのだ。この手法は、不確かな選別、粗雑な混合、加熱、大量の放射線を用い、それゆえ廃棄物やごみを蓄積させる。生きるものたちを統御するにあたって、私たちは素材《マチエール》や情報の制御と同じように、目的と状況の絶え間ない進展にぴったりと寄り添いながら、繊細で、目標が定められ、正確で、迅速で、経済的で、質的で、離散的で、計算され、《非常に正確に》ピンポイントで実行される行動様式を採ることに腐心している。ところで、私たちが提案するのは、人間的な問題を導くにあたっても、同じ流儀が勝利して進展するようにしたらどうか、ということである。

そんなことが可能だろうか？　素材《マチエール》の加工における分子的技術の進歩は、人間の労働生産性のかつてない向上、経済的な突然変異の加速を約束している……それなのに、諸個人の社会的アイデンティティや心理的生存は、モル的技術《テクニック》の極みである、十九世紀に固められた労働形態（とりわけ賃金制度）のもとに置かれ続けるというのか？　何だって？　サイバースペースのはじまりによって、集合的知性とその多様性における人間の価値評価を中心とした、経済的かつ社会的な組織のもろもろの形態を検討することが出来るようになっている……それなのに、《誰がマルチメディアの市場を席巻するのか》などと相変わらず真面目に考えている！　何だって？　記号とモノの取り扱いで、私たちはこれほどの細やかさ、これほどの正確さ、これほどの経済性に達するかも知れない……にもかかわらず、人間存在が賭けられているのに、正しい相互作用と関係の諸様式を体系化したり拡大したりすることを配慮しないのか！

どんな新しいゲームの規則が社会にあれば、概していかなる能力も、いかなる人間の質も無駄にならないことになるのか。女と男が、そのカテゴリーの中で交換可能なもののように扱われ、エントロピー的なやり方で、粗雑に、集塊《マス》として扱われるのではなく、逆にそれぞれ独自な個人と見なされるためには、どのようにしたらいいのか。他者というものが、ノウハウと創造性の特異な保持者だということを、万人に明白にするにはどうしたらいいのか。知的に管理される組織が、現状の複雑さにもはや対処できないとき、どのようにして総体（マス）において知的な組織に移行していったらいいのか。以上が、社会的な絆の工学に向けられたいくつかの問いであるが、この政治の分子的技術《テクニック》はまだこれから考案すべき段階に留まっている。

政治的技術《テクニック》の多様性の中では、三つの主要な理念型を区別することができる。家族、氏族、部族は有機的な集団である。国家、学校、教会、大企業、それにまた革命的《大衆《マス》》も、組織された集団、モル的な集団である。これらの集団は、超越性もしくは外部性を通じて構成され、維持されている。最後に、自己組織化された集団、または分子的集団は、突然変異と脱領土化という状況の中で、非常に大規模な共同体において、直接民主主義の理想を実現する。

　各メンバーが他のメンバーの名前を知っている場合しか、有機的な集団はありえない。この種の集団においては、人々は規則に従い、伝統を守り、法を尊重することができる。とはいえ、組織を形成する諸原理は、集団を離れては定まっていないし、物化されてもいないし、登録されてもいない。というのも、それらを担っているのは一丸となった共同体だからである。有機的な集団のあるメンバーが何かの行動をやり遂げると、他のメンバーは即座にこの行動がどのように自分たちの状況に影響してくるのか判断する。ここでは、人々は何を一緒にするのをおおよそ心得ている。それぞれが、仲介や組織化の専門家を必要とすることなく、皆と相互作用することができる。持続可能な直接民主主義の実例の大部分は、有機的集団に属するものである。

　集団の人数が多くなりすぎ、個人どうしが名前を知り合い、一緒にやっていることをリアルタイムで理解することが出来なくなると、超越性という政治的技術《テクニック》が必要になってくる。こうして、様々なリーダー、長、王、代表者といったものが、集団の空間を統合し、集中させることになる。学校はその集団の空間に連続的時間を作りだす。官僚制が、情報を管理し取り扱うために選別された集団の機関になる。労働を厳密に分業し、とりわけ実行と構想とを断絶させることが、もろもろの活動の最善の調整を保証すると見なされる。超越性という技術《テクニック》は中心、高所を介し、この外在性によって、集団を選別し、組織し、統合する。これこそはまさに、モル的技術《テクニック》である。というのも、人間の大衆《マス》を管理する必要に従うために、個人たちはそこでは、彼ら自身が何であるかとか、全体に対して何であるのか（というのも、彼らは実際には名前を持っていないからだが）によって考えられるのではなく、彼らどうしがその中では交換可能であるカテゴリー（カースト、人種、位、階級、職業、分野）への帰属によって考えられているからである。この帰属のアイデンティティにおいては、個人たちはみずからの分子的な豊かさと関係なく、ひと括りに、大雑把に、《番号》として捉えられる。モル的な集団は、ある種の人間の熱力学、個人たちの質をほとんど無駄にしてしまうような態度であり、性格である外部的な方向づけを組織する。工場労働者、一兵士、メディアの視聴者、失業者、貧しき者、排斥された人たち、狂人、抑圧された少数派《マイノリティ》（あるいは多数派《マジョリティ》も！）……大量《マス》処理から廃棄物、屑、瓦礫の山へはほんの一歩である。超越性や選別もまた、モル的技術であり、熱いか冷たいかのどちらかである。なぜなら、それらが組織する集団においては、コストがかかり、乱暴で、しばしば破局的な仕方で変化が生じるからだ。——クーデター、革命、暴動といった具合にである。このような暴力的な移行期にあっては、反乱や熱狂や、カリスマ的リーダーへの一体化といったものに憑かれて、集団は融合し始める。このとき集団は、仲介《メディアシオン》の専門家が搾取するエネルギーの源となってしまうのである。

それに対し、分子的政治についてどうかというと、集団はもはや労働させるためのエネルギーの源とも、搾取するための力とも、見なされない。みずからの計画《プロジェクト》や潜在能力《リソース》を練り上げ、練り直し、みずからの能力を絶え間なく洗練し、みずからの質を限りなく豊饒にすることを目指す諸々の集合的知性と見なされる。リアルタイムでみずからを組織し直し、遅れや延長や軋轢を最小限にすることによって、分子的集団は、急激な断絶なしに、常温状態において発展していく。人間の行為の多様性と豊饒さにとって、選別と超越性の政治は、天然資源と環境にとってのかつての重工業に等しい。つまり、容赦なくそれらを搾取し、結果としては、創り出す以上に破壊するのだ。個人の生活と人間関係を分子的なレベルで観察するならば、モル的な集団の秩序は、混乱しており、盲目的な濫費であるように見えるだろう。逆に、新しいマネジメントである《無軽視（zéro mépris）》の姿勢を一般化すれば、分子的政治、もしくは超微小政治《ナノポリティクス》は、もっとも繊細に、もっとも公正に、時宜にかなったかたちで、社会的なものの実体それ自体に価値を付与することになろう。それは人間のあらゆる行為を活用し、それぞれの質に価値を付与するのだ。それは共に仕事をさせ、諸々の創造性、主導の才、能力や個人の質の多様性を、相乗作用《シナジー》に関わらせる社会的な絆の工学を推進する。アプリオリなモル的カテゴリーや構造によって、それらを閉じ込めたり限定したりはしないのだ。繊細な政治はもちろん、集団を前もって立てられた計画にのっとって型にはめようとはしない。それでは明らかに、マステクノロジーの最悪なものに逆戻りすることになってしまう。繊細な政治は、おのおのから全員に向けられた関係から生まれた、内在的な社会の絆を出現させるのだ。

　分子的な集団の増殖は、集合的諸知性を受け容れるサイバースペースのために、メディア的コミユニケーションが相対的に衰退することを前提としている。このサイバースペースは分子的技術《テクニック》の総体が低コストで操作でき、自由にできるものであればあるほど、ナヴィゲーションしやすく、またアクセスしやすいものとなる。それゆえ、集合的知性はリアルタイムかつ大規模に、それに適した技術的下部構造を必要とするのだ。

もし何らかの権力が人々や諸集団を《質ごとに》コントロールしており、私たちがモル的テクノロジーのうちにいると仮定すると、いまだに超越性に頼っているであろう。素材《マチエール》やメッセージの分子的テクノロジーの中で、突出した主体が、外的な対象に行っているあらゆる操作は、社会的な絆の工学における関わり合いのプロジェクトや、みずからに対する作用や、自由な相互作用となる。人間という領域では分子的テクノロジーは、集団や個人たちに、質ごとに彼ら自身に価値付与すること を可能にする道具を提供してくれる。この分子的テクノロジーは、相互的承認と人間の質の相乗《シナジー》作用を奨励する。物質を扱う技術《テクニック》にふさわしい用語では、ミクロ構造のコントロールが語られるのだが、分子的政治を経由して、こうした着想は内省的で、主体的で、人間に敬意を払う独特の表現に翻訳されることになろう。すなわち、特異性を積極的に表現することへの誘い、創造性や能力の徹底的な活性化、相違から社交性にいたる変質……。

一つの脳が思考するに際して、みずからを導く中心や超‐頭脳《スーパーブレイン》を必要としないように、分子的集団は結束するために超越的な媒介を必要としない。技術の発展は、超越性を陳腐なものにしてしまったのだ。ナノテクノロジーが分子を原子ごとに組み立てるように、超微小政治《ナノポリティクス》はあたう限りもっ

技術の著しい進展についての一覧表

	古風な技術《テクニック》	モル的技術《テクニック》	分子的技術《テクニック》
生物種の コントロール	**自然淘汰** 目的性の不在 地質学的規模 母集団への作用	**人為淘汰** 合目的化 歴史的規模 母集団への作用	**遺伝子工学** 合目的化 リアルタイム 遺伝子ごとの作用
材料の コントロール	**力学** 力の伝達と作用点をコントロールする組み合わせ	**熱力学（熱）** エネルギーの産出，加熱や混合によって素材《マチエール》の性質を変化させる	**ナノテクノロジー（冷）** 力の伝達と作用点を顕微鏡レベルでコントロールする 〈原子ごとの〉組み合わせ
メッセージの コントロール	**身体的** 生きた身体による産出，文脈次第のメッセージの多様性	**メディア的** メッセージの固定，複製，脱文脈化，伝播	**デジタル的** 文脈の中での産出，伝播，インタラクション 〈ビットごとの〉メッセージのコントロール
人間集団の 調整	**有機性** ある有機的集団のメンバーは互いのアイデンティティと行動について相互的認識を持つ	**超越性** モル的集団のメンバーは，カテゴリーによって組織されるか，リーダーや制度によって統合されるか，官僚機構によって管理されるか，もしくは熱狂によって連合する	**内在性** 自己組織化における主要な集団は分子的グループである 繊細な技術のすべてのリソースを使用して，質ごとに人間の豊かさを価値評価する

とも繊細で、もっとも的確で、もっとも個性化されたやり方で、共同体的ハイパーコーテックスを養う。それは、人間の豊饒さのどんな浪費をも避けるようにして、認識にまつわる能力と、自発性や想像力の脆い源泉との繊細なつながりを、質ごとに促進することによってなされるのだ。サイバースペースの諸メッセージが、脱領土化された平滑平面（le plan lisse）の端から端へと相互に作用し呼びかけ合うように、分子的集合のメンバーたちは横断的に、相互的に、カテゴリーを外れて、ヒエラルキー的な手段を介することなく、折っては折り返し、縫っては縫い直し、静かな都市という変貌していく大きな織物に心ゆくまで手を加えながら、コミュニケーションを行うのだ。

第四章　知的《インテリジェント》都市(一)の活動力《ディナミック》——分子的政治のためのマニフェスト

加速化された脱領土化という状況にあって、どのように統治はなされるべきだろうか。政治的で社会的な調整《レギュラシオン》のあらたな諸様式の発明は、もっとも喫緊なものとして人類に課された務めであるかに見える。倫理的に望ましいのは、この発明が、私たちの時代の深刻で複雑な諸問題を解決する条件となるにあたって、この発明が民主主義の深化という方向へと進み、さらには公共の安全によってひきたてられることである。ここで私たちは、コンピュータを援用した直接民主主義——あるいはヴァーチャル・アゴラ——という《ユートピア的》な仮説を展開する。これは人類学的突然変異の逆巻く水流を私たちが渡るにために、現行の代議的システムよりも適したものだ。

技術《テクニツク》と政治

コミュニケーションの下部構造と知的テクノロジーはつねに、経済的で政治的な組織の形態と、密接な関係によって結ばれている。こうした主題について、よく知られた例を思い出してみよう。書き物《エクリチユール》の誕生は、ピラミッド型のヒエラルキーを持った最初の官僚的諸国家や、中央集権化された経済行政機構の最初の形態（税、大規模な所有農地の管理、など）に結びついていた。古代ギリシアでアルファベットが登場したのは、貨幣や古代都市の出現、とりわけ民主主義の発明と同時代である。——これは読むこと《レクチユール》の実践が普及したことによって、おのおのが法の知識を得て、それについて議論することができたからである。印刷術は、広範な書物の伝播を可能にし、世論の基盤である新聞の存在さえも可能にした。それなくして、近代民主主義は生まれていなかっただろう。その一方で、印刷術は最初の大量《マス》生産を代表するものであり、それによって促進された科学技術の発展は、産業革命の原動力の一つとなったのだった。二十世紀の視聴覚メディア（ラジオ、テレビ、レコード、映画）は、スペクタクル社会の出現に寄与したのだが、このスペクタクル社会は、市場（広告）におけるのと同様、都市においてもゲームの規則を一変させた

コミュニケーションの技術《テクニツク》と統治の機構との強いインタラクションは、近年の幾つもの政治的な事件によって立証された。独裁的な体制は、一方向的で、中央集権的で、領土化された諸々のメデ

ィアにはうまく順応したが、電話網、テレビ衛星、ファクス、コピー機といった脱中心化され、横断的で、ヒエラルキーなきコミュニケーションを活発にする道具に対しては、およそひとたまりもないのだ。現代のマスメディアは、あらゆる種類の考えや表現を幅広く伝播することで、硬直した組織のあり方や、閉ざされた、伝統的な文化に再び疑問を投げかけている。こうして、古風なもの《アルカイスム》への情熱というお決まりの反作用や回帰はあったものの、マスメディアはその途方もない批判力を示したのである。しかし、彼らが感情を伝播し、イメージを発散させ、文化的な孤立集団を見事に解体させるとしても、人々が彼らの問題に対する解決を集合的に練り上げ、ともに考える助けとしては、マスメディアはあまり頼りにならない。古典的なメディアの批判的で脱領土化的な諸々の力の影響を強く受けたあとでは、私たちの社会が、集合的知性に向かうコミュニケーションの機構が秘めている調整的な修習の能力や、社会的な絆を織り上げ、再編成する能力を、身をもって知っていないはずがあろうか。

　技術の革新は、社会的な行為者《アクター》たちが無視し、抑圧していた諸可能性のあらたな領野を切り拓くのだが、そこにはいかなる機械的予定説（prédétermination mécanique）もない。壮大な政治的かつ文化的な領野が、ほとんど手つかずのまま私たちに開かれている。私たちは、ある文明が決然とみずからを作り出す類稀な時期の一つを生きるのかも知れない。しかしその序曲はおそらく長くは続かない。それゆえ、後戻りできない道にがむしゃらに飛び込む前に、コミュニケーションのあらたな空間の中で、民主主義の深化に向かう組織の構造や意志決定の方式を、想像し、実験し、促進することが喫緊の課題である。サイバースペースは、もろもろの問題を探究し、多元論的な議論をし、複雑なプロセスを可視化し、集合的な決定を下し、関連するコミュニティにもっとも近いところで成果を価値評価する場となるかも知れないのだ。

現代の政治的問題に対する統治構造の不適合

現行の統治の諸形態は、技術的、経済的、社会的変化が今よりもずっとゆるやかであった時代に固まったものである。現代の世界の政治的な大問題は、軍備縮小、エコロジー的均衡、経済や労働の突然変異、〔南北問題における〕南側諸国の開発、教育、大いなる貧困、社会的な絆の維持などに関するものだ。これらを解決する単純で最終的な解決案など誰も持っていない。このような問題への真剣なアプローチには、おそらく、非常に多様な能力の動員と情報の膨大な流れ《フロー》の連続的な検討が求められる。そのうえ、件の諸問題はすべて、グローバル化された空間の中で多少なりとも相互に連結している。結局これらの問題の解決には、その大きさやその文化やその短期的な利益に関して異質な、非常に多くの行為者《アクター》間の交渉が要求される。[1] ほとんどいかなる現代の統治システムも、このような要求に応えるためのものとは考えられていなかった。

今日使用されている決定や価値評価の手続きは、比較的安定した世界のために、単純なコミュニケーション環境《エコロジー》の中で確立されたものである。ところが、情報は今日、急流あるいは大洋といった性質を帯びている。メッセージの流れ《フロー》の氾濫性と、決定と進路決定の伝統的なやり方との間のギャップは、ますます大きく開いている。(2) 統治システムの大半は、いまだにモル的なコミュニケーション技術《テクニック》を使っている。行政機関は、大抵の場合、静的な文書による古典的な――時間がかかり硬直した――管理方法に頼っている。一般に、行政機関は官僚的な働き方を合理化したり、加速化したりする目的でしか情報科学を使わない。それを使うことで、組織化や情報処理についての、革新的で脱中心化された、より柔軟でインタラクティヴな形態を身を持って知ることは滅多にない。政治家について言えば、彼らのコミュニケーションや思考の空間は、ほぼ完全にマスメディア、すなわち新聞、ラジオ、テレビに一極集中している。

しかしながら、変化の加速化に対応するためには、シミュレーションや、リアルタイムに情報へアクセスすることや、インタラクティヴなコミュニケーションといったデジタル技術の大規模な使用が非常に有益であることは、あらゆる市民の手の中で明らかになってくるだろう。流動的な状況の中で、互いに結びついた諸問題に関する膨大なデータの集積《マス》は、どのように扱われるべきなのだろうか？　おそらく、たちまち競争になったり、行き詰ったり、時代遅れだったり、状況から切り離されていたりするおそれがある別々の決定機関に処理されるよりはむしろ、本当の意味での問題解決の共有化を推進するような組織の構造を採用することによって扱われるべきであろう。調整的で難題に寄り添った処理をするためには、データの知的な管理や、情報の閲覧や、複雑なシステムのシミュレーションや、横断的なコミュニケーションや、活動や智慧に応じた個人や集団の相互探知といったもののための道具を構想することが要求される。インタラクティヴな構成をおこなったり、現れてくる意味の空間を可視化したりするようないくつかの技術が、こうした方向へと進むことを可能にしてくれると予想することもできるだろう。このような《ヴァーチャル広場《アゴラ》》の使用が一般化されれば、異質で離散的な諸集団のうちでの、問題の練り上げや交渉や決定は、著しく改善されるだろう。

社会的な諸能力を動員することは、分かちがたく技術的かつ政治的な要請である。民主主義を進展させることは、現代のコミュニケーションの道具をもっとも有効に利用することによってしかなされえないだろう。それと対称をなすように、集合的知性という意味において民主主義を掘り下げることは、社会的に有益であると同時に（そう信じたい）サイバースペースの調整者たちを熱中させる、合目的性にもなるだろう。コミュニケーションの情報技術の社会的にもっとも豊かな使用はおそらく、人間の集団に彼らの精神的な力を共有させる諸々の手段を提供し、それによって知性的集合体を形成して、リアルタイムの民主主義を生きさせるということなのだ。

ヴァーチャル広場《アゴラ》はエリート専用のものか？

こうした技術－政治的な主張に対して、サイバースペースの中でナヴィゲーションする道具は高価すぎるし、操作も難しいと反論されるかもしれない。実際、電子広場《アゴラ》はエリート主義的な贅沢であり、裕福で教育を受けた人々専用のものなのだと。こうした議論は、私たちにとっては根拠あるものとは思われない。費用に関して言えば、このようなシステムは、《電子ハイウェイ》といったかの有名な光ファイバーに助けを求めずとも、現存する物質的な下部構造に基盤を置くことができるだろう。データの圧縮と解凍のシステムの改良、コミュニケーションやナヴィゲーションやシミュレーションや可視化のソフトウェアの設計に必要な開発費は、軍事費や無駄な部署を設けて濫費される金額に比べれば些細なものだろう。端末を開発するのに、どんな特別な投資も必要ではあるまい。ただ単に市場で手に入るマルチメディアのマイクロコンピュータを利用すればいいのだ。使用に関する障壁《デジタルディバイド》について言えば、現在のデジタル機器は徐々に使いやすくなっている。自分の仕事でコンピュータを使用し、一つか二つのソフトウェアを使いこなす人々は増えてきている。若い世代にとっては、習得の困難など存在しないも同然だ。(一般に、四十歳以上の人々にとって、現時点でSFのように思われているものは、約三十年後には平凡な日常になるかもしれない)ここで問題となっているのは、コミュニケーションのデジタル機器の使用を習得することであって、そのような機器を組み立てたり、プログラムすることではないことに注意しよう。比較として、普通選挙が市民の識字教育を前提としていたことを思い起こそう。ところで、読み《レクチュール》の実践は、集団にとって専門的で非常に費用のかかる制度(すなわち学校)の中で、三年ないしは四年(もしくはそれ以上)のたゆまぬ訓練の末、かろうじて身に付くものである。残念ながらどんな国においても、ある一定の人々はこの制度に入ることができない。普通選挙が恵まれた読み書きのできる選ばれた人々《エリート》専用だからという口実をもって、普通選挙を拒否する理由とできるだろうか。それどころか、普通私たちは、教育を受けることを普通選挙と同様に権利と見なすのである。サイバースペースの中でナヴィゲーションする最低限の能力は、おそらく、読み方を習得するのにかかるよりもかなり少ない時間で身につくであろう。そして識字教育のように、この能力は、市民権を獲ること以外の社会的、経済的、文化的利点とも結びつくことだろう。

　電話とテレビは今日、工業化された国々においては、もっとも質素な人々の家でも、普通の家庭備品の一部となっている。テレビは、一対多の放射状の図式にしたがって機能するコミュニケーション装置の端末である。そこではメッセージは、唯一の中心から発せられて、お互いに切り離された多数の受像機からなる周辺部に達するわけだ。電話はと言えば、一対一のネットワーク図式によって組織化されたコミュニケーション装置の端末である。そこにおいて接触は相互作用的《インタラクテイヴ》だが、ただ二人の使用者（あるいはごく少人数）の間でのみ、同時にコミュニケーションすることができる。数年後には、ほとんどの家庭が、全対全の空間図式によるコミュニケーション装置の端末（サイバーゲイト）[3]を備えているかもしれないと予想することは、あながち的外れではない。そのとき、大きな諸集団がそれら自身とリアルタイムでコミュニケーションすることを可能にするような、新しいジャンルの社会-技術的な設備《アジャンスマン》に、市民は参加することができるだろう。調整的なサイバースペースは、真の公共サービスと考えられねばならない。このヴァーチャル広場《アゴラ》は、知識の中の航行《ナヴィゲーション》と針路決定《オリエンテーション》の助けとなるだろう。つまり、知の交換を容易にするだろうし、意味の集合的な構成に応じるだろうし、集合的状況のダイナミックな可視化を提供するだろう。結局、ヴァーチャル広場《アゴラ》は、進行中の多数の提案や情報や過程をリアルタイムで多様な基準によって評価することを可能にするだろう。サイバースペースは、大規模な直接民主主義というあらたな形態の場となりうるのだ。

代表民主制と直接民主制

私たちは、前例のない諸問題に対処するために、歴史的経験や伝統に頼ることはできない。当然のことながら、政治哲学がこれまでに、サイバースペースにおけるリアルタイムの直接民主制について、調査したり議論したりすることはできていない。というのは、その技術的可能性はたかだか八十年代半ば以降に現れたにすぎないからである。アテナイの民主制は、徒歩で赴くことのできる公共の場において互いに出会い共に議論する幾千もの市民を集めていた。近代民主制誕生の時には、何百万もの市民が広大な領土に散らばっていた。それゆえ、大規模に直接民主制を存続させることは、現実的に不可能であった。代表民主制は、調整の困難に対する技術的な解決として考えることができる。しかし、よりよい技術的解決が現れている以上、それを真剣に検討しないいかなる理由もない。確かに、古典的な、複数主義的で議会制的な政体は独裁者よりも好ましいし、普通選挙は納税額に基づく制限選挙よりも優れていよう。しかしながら、特定の社会技術的な手続きを偶像化してはならない。民主制の理想は代議士の選出にあるのではなく、市民生活への国民の最大限の参加にある。古典的な選挙は一つの手段でしかない。なぜ、現代的技術の使用に基づく他の諸手段を検討しないのだろうか。投票箱に投ぜられた票数についてとやかく言い合うような市民参加のあり方よりも、質的に優れた参加を可能にするような他の手段を検討しないのだろうか。

実際のところ、今日、共同体の活動以外には、市民生活への市民の実質的な参加は、主として投票という形態を取る。有権者が自分の票をある一つの計画、一人のスポークスマン、一つの政党に与えるとき、彼は小さな分銅をはかり皿に加えるか、ほんの小さな力を一つの提案に加えるわけである。投票は市民を、その行為が量的な効果しか持たないモル的な社会的調整《レギュラシオン》のプロセスに関わらせる。たとえ彼らが非常に異なる諸問題に直面していて、彼らの議論や立場が多くのニュアンスに分類されようとも、投票所で同じ投票用紙を入れた諸個人は、実際のところ相互に交換可能である。実効のある政治的アイデンティティは、いくつかの単純なカテゴリー、それどころか二項的なカテゴリーへの帰属に還元される。世論調査も、おおよそ同じ原理にしたがって機能している。すなわち、回答者は個別に、「はい」か「いいえ」で他人によって立てられた過度に単純化された質問に対して答えねばならないし、その回答は最終的に一つの統計的効果しか持たない。投票によって許される表現の方式は、極めて粗雑であるばかりでなく、断続的で、市民の側からの主導権《イニシアティブ》はほとんど許されていない。――重要な選挙は普通、四年あるいは五年ごとにしか行われないのである。

それに対して、サイバースペースにおけるリアルタイムの直接民主制というからくりは、各自が絶えず共通の諸問題を練り上げ洗練すること、あらたな問いの口火を切ること、議論を鍛え上げること、多種多様な主題について相互に独立した立場を表明し取り入れることを可能にするだろう。市民は質的に、政党間でのモル的な大分割によって予め制約を受けることなく、望むかぎりの多様性を持った一つの政治情勢を共に描き出すようになるだろう。市民の政治的アイデンティティは、絶え間なく動いている政治情勢の形成への貢献によって、（優先されるべきだと自分が判断する）何らかの問題や（自分が賛同する）立場や（自分が採用する）何らかの論拠に自分が与える支持によって、定義されるだろう。その結果、各自は、似通ったあるいは相補的な立場を持つ人々と、あれこれのテーマについて、ある時点で協議し合う可能性を持ちながら、全く独自で他の市民と異なる政治的なアイデンティティや役割を持つだろう。もちろん、政治的アイデンティティの匿名性を保護する予防策が取られるだろう。それゆえ、私たちはもはや《集塊《マス》をなす》こと、一つの政党に重きを置くこと、一人のスポークスマンに過大な正当性を与えることによってではなく、多様性を創造し、集合的思惟（pensée collective）を活気づけ、共通の諸問題を練り上げて解決することに寄与しながら、市民生活に参加するのである。

表現の集合的な主体を作ること

代表者たちを経由しないで、多元的な言葉を発する方法を集団に与えること。これがサイバースペースにおける民主主義の技術《テクノ》－政治的《ポリティック》な目的である。この集合的な言葉は、たとえば、ひとつの複雑な映像、ダイナミックな空間、集団の実践と理念の動的な地図として表現されうるだろう。各自が、自分たちのコミュニケーション行為によって、皆が豊かにし彫琢することに貢献している、あるヴァーチャル世界に身を置くことができるだろう。集合的ということは必ずしも、群集的や画一的と同義であるとは限らない。サイバースペースの発展は、多数性と多様性を称揚するような組織化と調整《レギュラシオン》の集合的な諸様式を実験する機会を、私たちに与えるのである。

表現の集合的な主体を作るという問題は、哲学と政治的実践にとって最大の難事の一つである。どんな条件でなら、正当に《私たち》と言いうるのであろうか？　そして、この《私たち》は集合的なものとして、多様性を侵害したり還元したりすることなく、正しく何を表現できるのだろうか？《私たち》と言うとき、失われるものは何なのか？

　あるデモの参加者が、皆同じスローガンを叫ぶとき、彼らはおそらく表現の集合的なアジャンスマンを実際に形成している。しかし彼らは、こうした手段によって無視することのできない代償を支払う。――共有される提議は少なく、きわめて単純なのだ。それらは意見の相違を覆い隠してしまい、個人たちを際立たせる諸差異を同化しない。そのうえスローガンは通常、デモより先に存在している。参加者の各自がスローガンのすり合わせや、その確定に貢献することは稀である。デモは、投票と同様に、個人に一つのカテゴリーへの帰属（《同じスローガンを繰り返す者たち》あるいは《ある政党の方針に自分の考えを見出す者たち》など）によってしか、政治的主体性を形成することを許さない。ある集合のメンバー全員が同じ提議を唱えるとき（または述べると見なされるとき）、集合的な表現のアジャンスマンはそこでは独唱《モノディ》もしくは斉唱《ユニソン》といった段階にある。哀れな《私たち》が表現するのは、単調《モノトーン》な提議である。というのも、《私たち》を語るやり方は、もともと色々あるのだからだ。

ある種の形式に収まることで、複雑な最終的な表現において、他とは際立ったかたちで登録されることが可能になる。――複数の著者による書物や論文、各々の貢献がそこに記載されるクレジットタイトルをともなう映画、戯曲、新聞といったもの。政治の分野でそれに相当するのは、議会で討議され、変更され、修正され、採択される法律文書であろう。しかしこの場合の表現は、仕上げられた完成品が読まれるのであって、諸々の声の組み合わせや諸々のメッセージのすり合わせという開かれた活動力《ディナミック》が読まれるわけではない。そのうえ、表現のアジャンスマンのこのようなタイプは、概して一人の著者、一人の監督、一人の主要な編集者、一人の《オーケストラの指揮者》といったものによって支配されている。ここにあるのは、すでにポリフォニーの段階にある表現の機構である。とはいえ、このシンフォニーはまだ充分に、活き活きした、多元的な、不確定なものではない。それは、過去のある起点によって予め確立され（préétablie）⁽¹¹⁾、進展の途中における休止点によって固定され、その過程を導く《超越点》によって上から統率された調和《ハーモニー》である。ところで、完全に自由であるためには、集合体の言葉はみずからの息吹に耳を傾けねばならず、不断に溢れ出し、リアルタイムに発明されねばならないだろう。

サイバースペースは、活き活きとした政治的シンフォニーを生み出す、表現のアジャンスマンを受け容れることができるだろう。こうしたアジャンスマンは、人間の諸集団が絶え間なく複雑な表現を発明し、表すことや、特異性や相違の幅を拡げることを可能にするが、だからといって予め強制された諸形態のうちにみずからを登録することはない。リアルタイムの民主主義は、その音楽的なモデルが即興的なポリフォニック・コーラスでありうるような、もっとも豊かな《私たち》を作り上げることを目指している。諸個人にとって、その実行はすこぶるデリケートなものだ。なぜなら各自は同時に、(1)他の合唱隊員の声に耳を傾けること、(2)別の仕方で歌うこと、(3)自分自身の声と他者たちの声の間に調和《ハーモニー》的な共存を見つけること、つまりアンサンブルの効果を上げること、が求められているからである。そんなわけで、あまりに大きな声で歌って隣人の声をかき消したり、沈黙したり、ユニゾンで歌ったりするよう個人をそのかす三つの《悪しき誘因(attracteurs)》には、抵抗しなければならない。このシンフォニーの倫理において、礼儀《シヴィリゼ》にかなった会話や、作法やマナーの規範が見受けられよう。結局のところそれは、わめかず、他者たちの話に耳を傾け、言われたばかりのことを繰り返さず、彼らに応え、会話の状況を考慮に入れて的確で興味を惹く人物であろうとすることに尽きるのだ。サイバースペースにおける直接民主制は、コンピュータによって補強された市民性を実行するだろう。この新しい民主主義は、一大集合的ゲームという形態を取りうるだろう。そこでは、もっとも調整的で、もっとも都市的で、もっとも見事に協和音の多様性を産み出す者たちが(常に暫定的であるが)勝つであろう……権力をつかみ、他者たちの声をかき消し、モル的カテゴリーにおいて匿名の大衆を巧みに取り込むことに長けた者たちではなく。

計算や総合的な視覚化《ヴィジュアル》や直接的コミュニケーションといったサイバースペースに特有な能力は、政治的シンフォニーもしくはポリフォニーのこのような装置が大規模に機能するにあたって必要不可欠なものである。社会的集団の構成は、たしかに媒介というものの必要性から決して逃れることはできない。私たちの仮説は、単にこの媒介が超越的というよりもむしろ内在的でありうる、というものである。超越性の側に立てば、媒介者は神々であり、神話であり、ヒエラルキーであり、代表者である。内在性の側に立てば、無数の手によって維持されている電子の道具が、集団とそれ自身の間の媒介の役を務める。この道具は多様な画像－テキスト、無数の眼によって観察され、進行中の討論や市民たちの関わりによって組み立てられている動的地図《シネカルト》を絶えず生産し、また再生産する。ここでのヴァーチャル広場《アゴラ》の役割は、人々の代わりに決定することではなく（《統治する機械》というグロテスクな計画とは何の関係もない）、生きている人々によって活性化された、表現の集合的アジャンスマンを産み出すことに寄与することである。技術的媒介者は、個々人の表現の特異性ができるかぎり歪曲されないように、グループの言説－風景をリアルタイムに計算し、また再計算する。

ほんの少し前まで、集団の媒介者の大多数は、人間以上の存在、半神（王、国家や政府の首長、英雄、メディアのスター）か、さもなくば人間以下の存在、贖罪のいけにえ、社会における見えない暴力を一身に引き受ける敵に、役割を変えた人間であった。他律性、超越性、神格化、迫害の人類学的宿命など存在するのだろうか？　組織や法律に関する秩序の進歩に結びついたあらたな技術的な諸可能性は、超越性や他律性を永久に消し去るとまではいかないにしても、少なくともそのようなものに遺憾な懐古主義《アルカイスム》という地位を与えうるだろう。今日の読者の目にはきっと、人間の犠牲、奴隷制、海賊行為、拷問、アパルトヘイト、完全に計画された経済、独裁体制がこのような懐古主義《アルカイスム》の属性であると映るはずだ。しかしながら、今日私たちが野蛮だと判断するものは、他の時代や他の場所では、場合によっては、《当然の》慣行として、あるいは、人間本性によって課せられた慣行、ひいては望ましい慣行として、評価されていたのである。集合的表現の行使に本質的に内在する技術－法的媒介は、一つの集団のまとまりに形を与えるために、神的な媒介や、あまりに人間的な媒介が恒久的に必要であると結論づける、あまりにせっかちなある種の人類学を、おそらく陳腐なものにしてしまうだろう。犠牲者たち、神々、超越的権力、つまり他律性一般が、集団を接合するために避けられない手段だと、誰が確実に主張しうるだろうか？[4]　また、これに関して、現状確認として現れてくる予言の自己－実現的効果とはどのようなものであろうか？

知的都市の活動力《ディナミック》

知的な集合体とは、民主主義的都市のあらたな形態である。この理想を宿した《分子的政治》は、領土的権力の支配を緩め、このようにして勝ち取られた空虚の中で、グローバルな経済の脱領土化されたネットワークの活動を一時中断して、リゾーム的プロセス、集合的知性の襞や折り目を戯れさせるのだ。

ここで重要なのは、プログラムを作成したり、リアルタイムの民主主義に《内容》を与えたりすることではなく、単に一つのやり方を示し、新しいゲームのルールを描き出すことである。とりわけ、肝心なのは自律的運動、自己創出的なプロセスであるのに、集合的知性が一つの目標のために凝固すること、自分の内的行為のあるものや自己の活動力《ディナミック》のある位相を物化することは避けられねばならないだろう。知的都市は、それ自身の成長、その濃密化、その拡張、みずからへの回帰、世界への解放をその究極目的としている。政治的な展望《パースペクティヴ》において、集合的知性の活動力《ディナミック》の大いなる位相とは、傾聴、表現、決定、価値評価、組織化、結合、ヴィジョンであって、各々が他のすべてを参照しているのである。

この輪の中に入って傾聴すること（l'écoute）から始めよう。知的都市は、自分の周囲に耳を傾ける（傾聴）だけではなく、自分自身やみずからの内なる多様性への傾聴にも没頭する。すでに何度も主張したように、ポスト－メディア的コミュニケーションの機構は、効果的な実践を組み立てるための多様性を復元することができる。傾聴とは、現実社会を織りなす、数え切れない考え、議論、事実、評価、発明、関係、つまりは現実の社会問題、社会問題の全容《マス》を、そのもっとも漠とした深層において、浮かび上がらせ、見えるようにし、聞こえるようにすることだ。――構想、特異な能力、関係や嘱託の独創的な様態、組織化の実験などといったものを。流動的な状況においては、公用語とか固定された枠組みといったものは、妨害や隠蔽や当惑しかもたらさない。社会問題の透明性をみずからに対して増大させる(権力に対しての個人の透明性ではなく)ために、そのなかで暮らしている諸々の特異性には、ア・プリオリな規範を押しつけること抜きで、自分の言葉で表現し、自己‐記述し、構想を生み出すことが認められねばならない。

もっとも、充実した傾聴には、話を蒸し返したり、返事をしたり、突っ込んだりといった局面が含まれており、対話(dialogue)もしくは多‐話(multilogue)が前提となっている。超越的な審級が果たすことや、差異がただ受動的にのみ承認されることとは大いに違って、傾聴は、それじたい集合体に内在する過程であり、創造的な循環である。そんなわけで、各自が理解したことを集合体に差し戻すことは、集合体にみずからを理解するための、もっと言えば、みずからを聴き取る(entendre理解する)ための諸方法を与えることになる。私たちは、社会的な絆の誕生から離れたところにはいない。――みずからを聴く(理解する)こと……。集合体を傾聴する機構が、リアルタイム民主主義に果たす役割は、トンネル効果を利用した顕微鏡が、ナノテクノロジーに果たす役割と等しい。分子的な知覚なしに繊細な行為はありえないのだ。だから私たちは、モル的メディアという含みがあまりに強い《コミュニケーション》や《情報》について語るよりも、創発的プロセスとしての諸集合体の、分子的な傾聴について語るほうを好むのである。傾聴という用語は、コミュニケーションよりも好ましい。なぜなら前者は、経路を満たすことよりも隙間を掘ることを想起させるし、情報提供したり談話を並べることよりも需要や提議への関心を表すものだからである。傾聴はメディ

集合的知性のダイナミズム

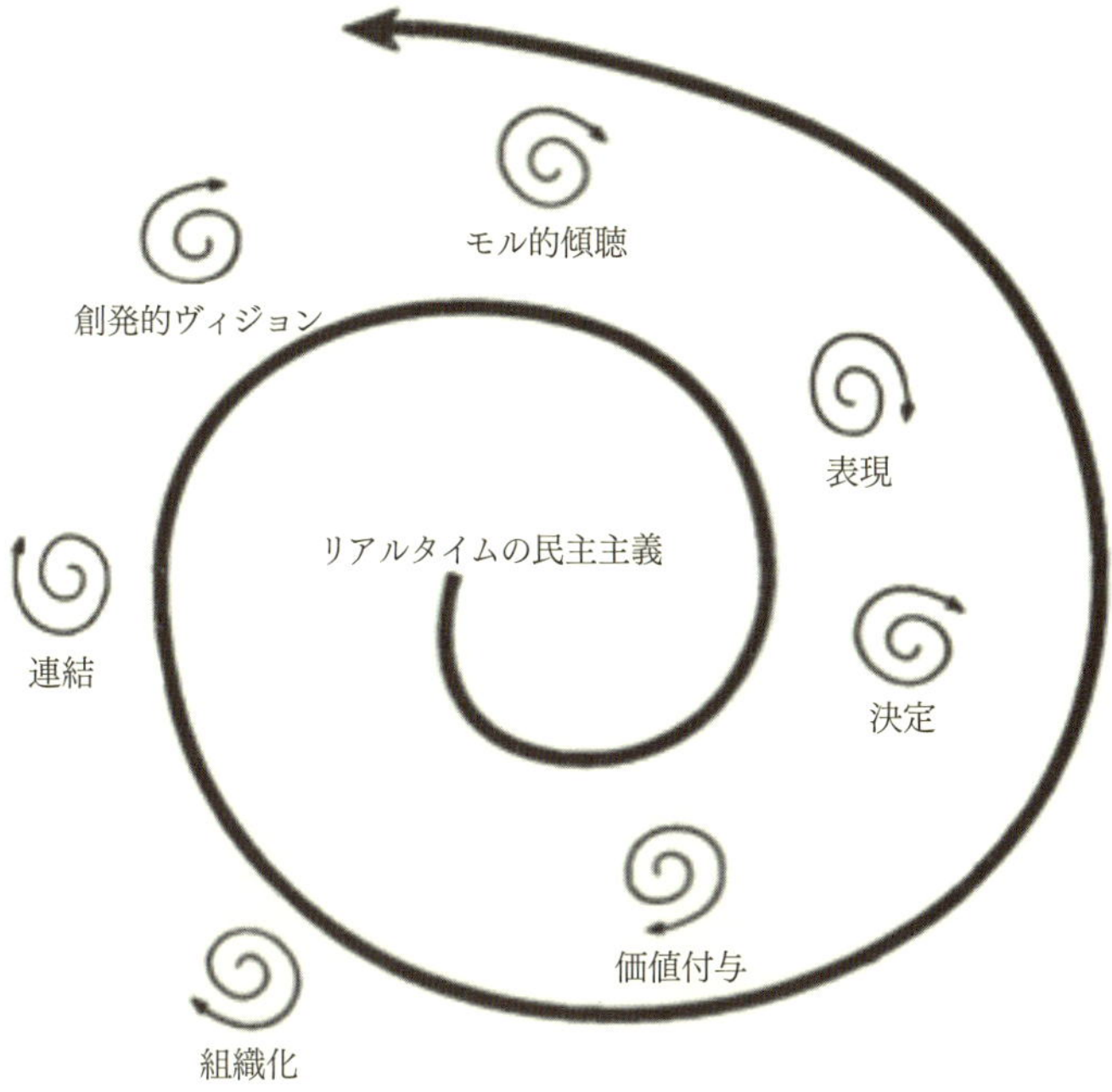

ア的な運動をひっくり返す。それは、代表者たちに発言権を与えるよりむしろ、集合体による無数のつぶやきを高揚させる。メディアは、どれだけ大惨事を報じ続け、権力者たちの映像を流し続けることか。リアルタイムの民主主義はポスト・メディア的な機構、もろもろの積極的な実践、情報資源、智慧、発想についての分子的なコミュニケーションのネットワークを拠りどころとするのだ。

　こうした間断のない傾聴によって、知的都市を活気づける個人や諸集団は、集合的な生活にとってもっとも重要だと思われる問題を表現しうるし、そうした問題についての立場を明らかにし、自分の立場に基づく議論を述べることもできる。繰り返すが、そんなわけで個人の実効的な政治上のアイデンティティは、もはやあるカテゴリーへの帰属によってではなく、問題や立場や議論に関して解放された空間、すなわち各自がリアルタイムに形成し、また再形成するのに寄与するような空間上での特異で暫定的な分布によって示されるようになるのだ。したがって、多数派も少数派も、複数形で活用されるのでなければならない。というのもそれらはもはや、モル的な政府による一つのプログラムを参照するのではなく、創発的で多かれ少なかれ持続的な諸問題《プロブレム》を参照するのだからだ。多数派は、特定の問題について、文字通り集団的な鋳直しによってのみ形成される。少数派は、彼らの計画《プロジェクト》がリアルタイムの民主主義の機能の仕方自体を上訴せず、多数派を脅かさないのなら、自分たちの見解を実地に試す可能性を持つ。したがって、少数派がイニシアティヴを持ち、実地に試すことは、もしそれが評価されるなら、確かにリアルタイムの民主主義の本質的な意義をなすだろう。というのも、そうしたものがあってこそ、都市の諸問題について、別の解決策が探求されるようになるからだ。

いったん決定が下され実行に移ると、それらの決定は当然、リアルタイムに集合体それ自身によって、多様な判断基準にしたがって評価されることになる。それらの評価のやり方が、そもそも永続的な討議の対象となり、それじたい評価されるのだ。リアルタイムの民主主義は、次々と決定を下し、その結果を引き受け、その正当性について判断を下すよう市民に求め、その責任を最大化する。評価は、公共サービスの利用、あるいは法律の適用といった運動そのものの中でなされなければならない。民主主義の拡張には、責任の進歩が前提となる。ところで、個人や公共による諸決定の集合的効果を可視化することが、責任の感情とその実践を強化する性質のものであるのは明らかである。したがって、市民権の行使は、市民権の教育とともにしかなされないのだ。

集合的知性の次なる活動である組織化は、都市のただ中において、諸機能と諸機関を配分し、仕事《タスク》を割り振り、力と能力を再編成するところにある。組織化は先行するもろもろの活動から生じるものだ。

実際、役割の付与と資源《リソース》の割り当ては、それが効果的であるべきならば、つまり領土を強化するだけでなく、プロセスを活性化するものなら、必然的に、傾聴、表現、決定、評価という恒常的なサイクルの中に浸っていなければならない。先行する諸活動から切り離されてしまうと、組織化は人為的な分離、生気を欠いた形式的な再編成、単純な権力奪取に終わってしまう。分子的な政治は、選別というやり方で組織化を行うという誘惑に抵抗する。それは、組織化のモル的形態を集合的知性のサイクルの中に深く潜らせるのである。こうした観点から、国家および政府の現行の機構は、その機能を再定義しさえすれば、保存されうるだろう。――それらは、集合的知性の守護者、保証人、管理者、実行者となるのだ。組織化は、社会問題がみずからへの可視性を高めるのを手助けする。というのも、それは区別と評定をより容易なものにするからだ。とりわけ、能力と情報資源《リソース》の中心を明確に特定できるということは、市民には、明快さと方針決定のための重要な要素となる。それゆえ、そうやって組織化は、横断的な連結と調整を促進するが、みずからを再検討したり、絶えず脱組織化したりするにあたって、それが役に立つことになるのだ。集合的知性のサイクルの中の単なる一局面であるとはいえ、組織化は実際には自己‐組織化になるのである。――あるいはむしろ、それはより包括的な自己‐組織化が、組織化する契機として現れてくるのだ。

実際、知的都市の領域においては、それを補足する脱組織化――横断的な連結――がない組織化というものは考えられない。諸々の意味の近接性と人間の諸関係の空間において、循環が口火を切ると、その襞（pli）や、折り返し（repli）、襞の展開（dépli）が、リアルタイムの民主主義を尽きることなく活気づけ、駆けめぐるのだ。共有された意味によってなる諸々のヴァーチャル世界は、代表者たちを経由せず、斜めの連結や自由な交渉のあらゆる形態を庇護するであろう。外部の視点からはこの契機は、脱組織化の瞬間として、確立された諸々の区別や境界を、単に否定する混乱の契機と映るかもしれない。しかし、このような横断的な接触は、やみくもになされたわけではない。内発的な諸循環は、傾聴、表現、決定、評価という活動の結果、直ちに生じたものである。予想を裏切る再編成、共働や移動や交換への欲望が明らかになるのは、もっぱら社会的な諸分子がみずからの特異性において互いに位置を知りえたからこそ――そして、進行中の諸プロセスが可視化されたからこそ――である。都市のカードはこうやって切り直されるのである。

分子的な民主主義のヴァーチャル広場《アゴラ》は、人々や集団がお互いに認め合い、出遭い、交渉し、契約を結ぶのを支援するものだ。こうした観点からすれば、政治的、社会的、制度的、法律的な複雑性のなかで、方針決定し位置評定するための道具を開発することは、道具それ自体が、市民の現実的な要求と実践を絶えず傾聴することに基づくものであるならば、不可欠であるように私たちには思われる。リアルタイムの民主主義の目的の一つは、理念、議論、計画《プロジェクト》、イニシアティヴ、専門家による鑑定、情報資源《リソース》に関する可能な限り透明な市場を確立して、なるだけ迅速かつ安価に、適切な連結が生じ得るようにすることである。ブラウン運動やランダムな攪拌とは大いに異なり、知的都市の内部では、諸反応についての抜け目のない目標設定と分子的なプロセスが奨励される。この都市は、みずからを活気づける人間的質になるだけ高い価値を与えるのだ。

だからといって、沸き立つ分子的なプロセスは、全体的なヴィジョンのいかなる創発をも阻みはしない。ここでヴィジョンという用語は、将来についての固定したイメージ、よそからやって来た未来図もしくは魅惑的な徴候として解されてはならず、むしろ、よく見るという行為、集合的ヴィジョンの開花、変転しつつある自己のヴィジョンとして解されるべきである。ヴィジョンは先行する諸活動からやってくる。――傾聴、表現、決定、評価、組織化、連結から。絶えざる遡行が、ついには一つの活動力《ディナミック》を浮かび上がらせる。ヴィジョンは上からやって来るものではないし、集合的知性から選別された機関の事案でもない。ヴィジョンは諸々の相互作用や連絡から生ずるものであり、共通の計画《プロジェクト》、循環、遭遇において鍛えられるものなのだ。ヴィジョンとは、分子的なプロセスがある全体的な形態を素描し、物語るもので、何らかの巨大重力源について深く掘り下げる、その契機のことである。

　このヴィジョンの道具の中では、サイバースペースによって供給された、集合体の今働きつつある活動力《ディナミック》のヴァーチャルなイメージが、重要な役割を担っている。これらのイメージは、総合的または地図作成的（cartographiques）なものであるが、ハイパーテキスト的な様態において、際限なく探査され、拡げられ（dépliées）るものでもある。これらのイメージによって、集合体のうちに個人の表現が書き込まれるのと同時に、各自（個人、集団、協同組合、学校、地方自治体、企業）が、自分たちの未来に備えて、全体についての共通のヴィジョンを統合することも可能になるのだ。適切に共有されることで、全体的なヴィジョンは、個人の計画《プロジェクト》や戦略に反映し、回折して、分子的なプロセスを方向づけ、集中させる。多様性についての統合的なヴィジョンは、もっぱらそれが即座に分配され、社会的な当事者《アクター》たちによって自律的な仕方でふたたび引き受けられ、分子的な戦略や実践の情報を与え、それによって逆に集合的活動力《ディナミック》のイメージの変動が促されることによって、集合的知性の活性化に寄与するのである。ヴィジョンとは、傾聴の創発的で包括的な側面なのだ。

リアルタイムの民主主義

リアルタイム民主主義の展望《パースペクティヴ》は、いくつかの問題、とりわけ、都市の統一性、その政策の連続性と不変性に由来する問題を惹起する。記憶を喪失したり、不規則に変動たり、群衆の運動が制御不能になる恐れはないのか？ それでもなお、長期的展望《パースペクティヴ》のうちに身を置くことができるのか？ これらの問題にすぐさま手をつける前に、政治的な時間性という最重要な主題について、全体的な見解を持っておく必要があるだろう。順を遂って、二つの問題に取り掛かることにしよう。まず始めに、情報処理だけではなく、もろもろの社会的なプロセス一般に適用されたリアルタイムとは何だろうか？ 次に、より直接的に政治的な構想に関して、《リアルタイムの民主主義》という表現におけるリアルタイムとは、厳密には何を意味するのだろうか？

分子的技術《テクノロジー》がモル的技術よりも迅速であるということを私たちは見た。この技術はリアルタイムを追い求める。言い換えれば、結果の獲得までの期間をゼロにする。演算や伝達のリアルタイムと、人間に関する事柄のリアルタイムとの間にある違いとはどのようなものだろうか？ 第一の違いは、量的なものである。コミュニティが問題であるとき、リアルタイムの概念は情報処理の場合と同じ尺度を持たない。デジタルシミュレーションは即座に変数の変化に反応するが、個人は自分のメンタルモデルや行動の様式をそれほど迅速に変えることがない。集団に関して言えば、個人よりもさらにずっとゆっくりと学ぶのである。第二の違いは質的なものである。人間にとって、期間を短縮することは、もはや目的それ自体ではありえない。何かであることの潜在力をきたえ、人間の諸々の質を享楽することは、時間を豊かにする。その時間を削減しようとすることははばかげているだろう。主体性という観点から言えば、重要なのは時間を短縮することではなく、豊かにすることなのである。もし処理速度の加速が生きられた時間の貧困化となって現れるのであれば、人間の経済学用語で言えば、それは利益であるよりはむしろ損失である。質的な違い（時間の主体性）と量的な違いを組み合わせることで、なぜ集合体において新しいものたちとの交渉や順応が《ゆっくりとした》リズムに従うのかを、私たちは理解する。新しいものは、多くの慣習と行動様式、アイデンティティの調整と関係の均衡を、少しずつ動かし、覆す。集合的な修習もまたなかなか進まない。それは自律的な存在の間での相互作用と交渉を機能させるが、そうした存在はノンと言うことができ、その各々はひとつの世界の中心にいる。人間ほど知的でも自由でもない分子やビットは、比較するとそれほど《変化に対する抵抗》を示すことはない。だからそれらはより容易にリアルタイムで扱われるのだ。緩慢さと集合的プロセスに特有のリズムは、人間の気高さの証拠である。共同して学び、考え、革新し、決定するためには、時間が必要である。判断を共に形成し、言語《ランガージュ》を調整し展開し、コミュニティを織り上げるためには、さらに時間が必要なのだ。

集合的知性の旗印のもとに位置づけられたリアルタイムの民主主義が、直接民主制での民衆扇動や群衆の直接的影響とは完全に対立するものであることを今すぐ強調するために、私たちの説明の続きを先取りしておこう。実際、知的な集合体についての二つの時間性を区別しなければならない。知的集合体の形成の時間性と、ひとたび形成された知的集合体の行動様式の時間性とは別ものであるということである。前者（すなわち時間化する時間性）は、必然的に《ゆっくりとしたもの》であり、即座に現れるものではありえない。せき立てれば、この時間性は逃げてしまう。それはまさに自律的だからだ。おそらくこの時間性は、分子的技術とデジタルネットワークのリアルタイム性を用いるだろうが、内的で、主体的で、隠され、多元的で複雑なリズムによりいっそう従うので、時計でもカレンダーでも測ることができない。

それに対して、知的な集合体はたしかに、有機体的あるいはモル的な人間の集団よりも《迅速》である。実際のところ、知性とは、この修習と発明の能力とは、加速する潜勢力でなかったら何であろうか。ある発明は大抵、ある目的へより素早く到達することを可能にする。ホモ・サピエンスは、生物的進化よりも迅速に進む文化を出現させる。一般に、技術、言語、思想は、加速器である。それゆえ知的な集合体は、できる限り、みずからの修習速度を上げ、再編成能力を増大させ、技術刷新の期間を縮めたり、発明の潜勢力を増やしたりする。より知的な集団はまた、より迅速な集団でもある。しかし知的な集団がこのような認識の速度に到達するのは、その集団を構成する自律的主体性を外的時間に従わせることによってではなく、むしろもっぱらその自律的主体性を動員すること、つまり尊重することによってなのだ。集合的知性のリアルタイムは一つの創発でしかありえず、思考や修習や生命の諸々の強度を同期させるものなのである。

それでは私たちの問題の核心に入ろう。リアルタイムの民主主義という考えには、民主主義というものが本来リアルタイム性を持つ以上、何も逆説的なところはない。実際、もっとも普通の意味において、民主主義は僭主による専制（僭主制）にも少数派の支配（寡頭制）にも対置される。その代わりに、全員に効力を持ち、全員によって（あるいは少なくとも、多数派によって）決定された法を立てるのである。これはつまり、市民の集団の自律性を現実化し保持するのが、民主主義の目的であるということだ。――都市は、それ自身の法をみずからに与えるわけである。ところで自律性とは、今日私たちが理解するところによると、既成事実の甘受とは相容れないものである。それは、変化や再検討や修習の能力を前提としている。自律的な存在はみずからの過去から脱却する能力を持っているのであり、厳密に限定されることを拒絶する。主権者、それは制定された法を改正したり、別の法を与えたりすることができるものだ。さてここで、エマニュエル・レヴィナスを信じるなら、超越性とはまさしく絶対的に過ぎ去ったもの、つねにすでに過ぎ去ったもの、それゆえ、いかんともしがたいものである。ある集団が、祖先を統制してきたものとは別の法や別の組織形態をみずからに与えようと決断するとき、その集団は、共同体についての現在の利害を目指したり、あらたな目的を設定したがために、伝統の重圧や超越性の縛りから逃れる。このような都市は、こうして自律的なものとして確立されるのだ。民主主義は、過去や超越性（他律性）によって支配された、硬直した現在とは対照的なものであり、とりわけ《将来のための現在》の政治体制である。それゆえ、民主主義が本質的に現在に対する集合的な決定や、諸法規の恒常的な再評価を目指している以上、《リアルタイムの民主主義》という表現は冗語的なのだ。

繰り返すが、もし今日、市民の討議や決定に助けを求めることが間を置いてしかないとすれば、それはまったく民主主義の原理に即していない。定期的に代表への委任が刷新されるというのは、集合的知性を絶えず活気づけることができないときの、次善の策でしかない。ヴァーチャル広場《アゴラ》によって、コミュニケーション、交渉、集合的な言葉の創発、リアルタイムの決定の諸空間が切り開かれうる以上、代表の任命による細分化した専制政治を永続させるための《技術的》な論拠は、だんだんと乏しくなってきている。

今や私たちは、リアルタイムの民主主義体制においては、長期的で継続的な政策が欠如するのではないかという懸念に答えることができるだろう。まず最初に、マスメディアの短い間隔で細かく刻まれた時間に従うのは、現在の政府、言い換えれば、まさしく選ばれた代表者たちであることに注意しよう。長期的なヴィジョンと政策の欠如は、代議員制（モル的な政治形態）とテレビ（モル的なコミュニケーション装置）の組み合わせから生じる。そのシステムにおいては、代表者たちは再選されることだけを目指しており、そのためもっぱらマスメディアを利用するが、そのマスメディアはみずからの瞬間性、その記憶と計画の欠如に、彼らを従属させてしまうのだ。劇場《スペクタクル》－政治は、争点を極端に個別化し、市民を幻惑し、原子化し、大衆化《マス》し、都市に関わる事柄についてのいかなる取っかかりも与えない。それゆえ、サイバースペース内で展開されうるだろうリアルタイムの民主主義と、テレビ／世論調査／選挙という恐ろしい三部作に基づくマスメディアによる政治とを、極めて明瞭に区別しなければならない。リアルタイムの民主主義は、テレビ放送を見たあとでのミニテルを用いた投票とは無関係である。反対に、それは集合的で相互《インタラクテイヴ》的な討議のゆっくりとした、しかしながら継続的な構成に参加する。そこにおいて各自は、問いを練り上げること、見解を洗練すること、論拠を述べ、吟味すること、決定し、その決定を評価することに貢献できるのである。

長期的な観点に結びつく傾向を持つのは誰なのか？ 自分たちと、自分たちの子孫の集合的な将来について決定する人々なのか、それとも翌年再選されるようにせねばならない人々なのか。誰が近視眼的な対策を求めるのか？ 実質的な決定能力を欠いた、権利を要求することしか考えられない、あらゆる価値評価から免れている利益集団だろうか。それとも彼らが参加し、価値評価し、みずからそれを実地に移す役を担っている計画《プロジェクト》の周辺に集まっている少数派たちなのだろうか。連続性がない政策というものは、次のような稚拙な関係から生まれる。すなわち、集団を顧慮することなく自分のことだけ考えて権利を要求する無責任な手合いが一方におり、他方には、短期的な選挙予測に関連する権利の要求にしか応じない意思決定者がいるという構図である。反対に、リアルタイムの民主主義は、決定と絶え間ない価値評価の時間を作り上げる。そこで責任を負っている集団は、将来的に自分が現在の諸決定の結果に直面するであろうことを知っているのである。

集合的知性は、群衆の愚かさとは無関係である。パニック、集団的な熱狂などは、孤立させられた個人の集塊《マス》の中での、情動や表象の伝染病的な蔓延という事態なのだ。パニックや熱狂に襲われている群衆を構成する人々は、共に考えることなどしない。おそらく、そういった人々も伝達し合ってはいる。けれども、それは単純なメッセージ、激しい感情、反射的な行動といった受動的で無媒介的な伝導（conduction）という、最小限の意味においてである。彼らの行動の全体的な効果など、群衆を構成する個人たちには完全に見落とされている。超越性（ヒエラルキー、権威、代表者、伝統など）によって状況が変わることが、集団を原子化された群衆よりも不安定でなくする唯一の手段である、と私たちに信じ込ませたい者もいるだろう。しかしそれは間違っている。技術－組織状のアジャンスマンは、集合的な活動力《ディナミック》をすべての者に見えるようにする。各自がよく事情を心得て、みずからをそこに位置づけ、その方向を転換し、価値評価できるようになるからだ。知的な諸集合体は、群衆の動きの脈絡のなさや粗暴な直接性とはまったく正反対だが、だからといって、硬直した構造へと共同体を導くわけでもない。

今日、モル的な時間性と画一化する時間性という二つの時間性が、政治の面で対立している。一方には、不連続で、分裂し、記憶も計画もない、脈絡を欠いた、劇場《スペクタクル》－政治の時間性がある。他方には、恐ろしくのろまで、保守的で、領土の管理という静止した連続性に凝り固まり、過去を引き延ばすことで統治される、国家と官僚制の時間性がある。喧噪と単調。これら二つの危険な障害物の間で、リアルタイムの民主主義は、分子的な時間性の複雑多岐にわたる流れをたどり、尊重しようと努めている。すなわち、個人たちの分子的時間性、交錯する異種混在の共同体の分子的時間性、それぞれに固有のリズムがある諸問題の分子的時間性である。総体的な変わりやすさの中で、リアルタイムの民主主義は、これらのリズムを共鳴させ、調べと韻律をたまゆらのハーモニーに変えようとする。それは、多元的で主体的な時間を表現する。ここにおいて、私たちはシンフォニーの即興という主題と再会するのだ。——それぞれの声がなじみ合い、響き合い、およそあり得ないようなシンフォニーを聴かせるのである。音楽のように、分子的政治とは時間の芸術《アート》なのだ。

人間的な質の経済と全体主義は対峙する

しかし再び、これまでのあらゆる論拠にも関わらず、疑念が浮かび上がってくる。——このリアルタイムの民主主義は、全体主義のあらたな形態の仮面なのではないか、という疑念である。もし私たちが、〔この全体主義という〕語句の意味について理解が一致しているのならば、そんなことは全くないはずだ。オーウェルは、ビッグブラザーがあなたを見守っている、という全体主義の公式を見事に言い表した。メディア的政治は、全体主義の公式を単純に反転する。すなわち、独裁的党－国家によって個人たちの恒常的な監視が組織化される代わりに、メディア的政治は政治の立役者に各自の目を釘付けにするのである。誰もが同じ者たちを観ている。——大統領、大臣、ジャーナリストといった、《メディア向きの人々》である。彼らしか観られず、彼らについてしか語られない。ところで、リアルタイムの民主主義は、社会や個人たちに対する一つの権力というヴィジョン（全体主義）でも、権力のスペクタクル（メディア体制）でもなく、共同体のそれ自身とのコミュニケーションや、集合体の自己認識を編成するのだ。これによって、それは権力の正当化を廃する。というのも、一つの権力が《必要》となるのは、集合体が自身のことを知らず、自身に固有の活動力《デイナミツク》を制御せず、複雑な表現を生み出すまでに至らない、まさにそのときだからである。この状態を維持しようと、この権力は、共同体が徐々に権力なしで済ませるようにする集合的知性の創発を邪魔し続けているのだ。

しかし、それでもやはり、社会的な絆と人間の質の最適な活用という考え方は、この種の計算や合理性を必要としない政治的領域に、ある種の《道具的理性》という形態（ハーバーマス）を導入しないのだろうか？　集合的知性とそのヴァーチャルな広場《アゴラ》は、巧妙なだけにいっそう不可逆な《技術》（ハイデガー）の勝利を表してはいないか？　人類の政治的、道徳的な進歩のいかなる考えも、論駁されて久しい啓蒙主義の哲学、時代遅れの統一的なモダニズムに属するのではないのだろうか？　そのうえ、最終的には何らかの帝国主義（ポストモダニズム、弱い思想（pensiere debole）、常識など）に奉仕してしまうのではないだろうか？　戸口から追い出しても、《全体主義》の疑惑は窓から舞い戻ってきてしまう。それほどに今日では、臆面のない《現実主義》でもなく、醒め切ってもおらず、破滅主義でもないような政治的提言を述べるということは困難なのである。だから、より仔細に問題を検討することにしよう。

リアルタイムの民主主義は、人間的な諸々の質の経済《エコノミー》の一つの特殊事例であると同時に、また完成でもある。それゆえリアルタイムの民主主義は、実際のところ、各自の諸々の質を活用し、最適化すら目指すといったおもむきを持っている。それぞれのモナド、それぞれの個体的魂の主体的細部を考慮に入れて、ライプニッツの神にも似た知性的集合体は、諸々の可能世界のうちで最善のものを計算する。『弁神論』の著者によれば、偉大な計算者はすでに人々の自由意志を尊重していた。なぜなら彼は、事前の過程で世界の全体的な選択によって介入するだけなのであって、因果の連鎖には干渉しないからである。人間的な諸々の質の経済《エコノミー》の方はどうかといえば、もはや超越的審級など全く含まず、自由を限りなく尊重してさえいる。それは神なきモナドロジーである。そこでは何者も権力を所有していない。そこでは誰もあらゆるものについて絶対的な認識を持っているわけではない。それゆえ、そこでの最善なものの計算は、避けがたい不確定さによって損なわれているが、そのほうがかえっていい。人は全体についての完全な認識を持っておらず、将来を予測することは不可能なのだから、計算は、一度限りで最善なるものを計画化するわけではなく、あらたな情報の到来や状況の変化をリアルタイムで追いかけながら、近似値の限りない連続《セリー》の中で絶え間なく続けられるのである。

人間世界の多様性ゆえに、最善なるものの計算は、一次元的で、モル的で、集塊《マス》的で、超越的な一つの《善》になど同調しえない。皆のための、そしてあらゆる瞬間のための一つの同じ善といったもの(たとえそれが商業的性質を持っていたとしても)は、能力のあらたな形態の創発を阻害してしまうのだから、それこそもはや善ではなくなってしまうだろう。それゆえ、計算は開かれた多数の異なる基準に従うことだろう。――そして、複数の世界がある以上、複数の計算があることになるだろう。かくして、ある特定の瞬間に、これこれの共同体で、これこれの文脈で、これこれサイト上で、これこれの価値観の影響を受けた、対象、技術、プロジェクト、嗜好、考え、意味の単位、行為といったものは、別の場所、別の時間においては、別の価値観を持つことだろう。一つの宇宙の決定的な計算よりもむしろ、錯綜した諸々の世界の内部での絶え間ない変動の中に最善なるものの計算が複数あることを、想像しなければならない。ここに、ライプニッツのモナドロジーと、人間的な諸々の質の経済《エコノミー》の間の最大の違いがある。すなわち後者は、外的な計算者、皆にとっての最善なるものをを決定する大いなるコンピュータを認めないのだ。その計算は、中央集権化されるどころか、至る所に分配されている。実際、少なくともモナドと同じ数だけの要素的な計算者が存在している。すなわち、計算者とは人々それ自身なのである。

《諸々の世界の中の最善のもの》を強いるという意志が、最悪の独裁制の口実となりうることはよく知られている。しかしこの場合、最善のもの、最適化への関心の探求ではなく、モル的で集塊《マス》的で、皆に通用する、そしてだからこそ、必然的に誰にも相応しくない解決のうちにある、強制的で、決定的で、外部的な性質が、恐怖の由来になるのである。自由を切り下げることによって、それだけ《全体主義》は何かであることの潜在力を破壊する。もっとも完全な世界を強いることは、理論上の《全体主義》の特色、あるいはせいぜいのところ、テクノクラートによる支配の特色を示すものでしかない。というのも、ファシズム、ナチズム、スターリニズム、毛沢東主義《マオイズム》のような実際の歴史的《全体主義》を特徴づけるのは、皆にとっての最善なるものの探求というよりは、権力の問題（プロブレマティーク）による社会生活の侵害や、際限なく続いていく支配と隷従の手続きである。——社会的領域のほんの片隅にまでに及ぶ、依存や服従や従属の連鎖のばかげた蔓延だ。政治、芸術、科学、言語、生産、諸々の交換といったもの、関係を形成するほぼすべてのものが、どこまでも分岐するネットワークに沿って、フラクタル的な執拗さをもっていたるところで再生産される上意下達の階層序列やピラミッドとして構造化され、集約されるのは、もはや権力の追求や維持によってでしかないこと、こうしたことがまさに、いわゆる《全体主義的な》社会を実際に特徴づけるのである。そしてそれゆえに、このような諸社会は、最終的に、経済的、芸術的、そして知的ないかなる生をも枯渇させ、だからこそ、大量《マス》の殺戮や大虐殺《ジェノサイド》へと歯止めなく身を投じてしまったのだ。かくして、結局こうした社会は、多かれ少なかれ長期的には、人間的な諸々の質の経済《エコノミー》という見地において破産するしかなく、言い換えれば、みずからを破壊するしかないのである。権力を持った集団のマフィア的な実践が市民性を破壊し尽くしたとき、支配政党の撤退はその後に犯罪行為の蔓延と無秩序しか残さない。法、自律、相互性、責任といったものの長い集合的修習より他に、民主主義へと向かう道はないのだ。

きわめて評判の悪い《啓蒙主義》、すなわち人類の道徳的進歩という計画《プロジェクト》は《全体主義》と呼ばれる体制の確立のなかでは、大したものではない。良心の咎めを持たない政治的ギャングたちは、大衆《マス》を魅了することに成功し、彼らの抑圧や暴虐や破壊的狂気を、民族主義、人種差別主義、帝国主義、宗教、社会主義、マルクス主義等々の理論によって、（しばしば彼ら自身の目にさえも）正当化した。このような諸理論、諸宗教、アイデンティティを偽造するたいそうな諸々のイメージは、おそらくそれなりの重要性を持っているのだろうが、《全体主義的》犯罪が何の名目で犯されたかということばかりが注目され、どんな犯罪が問題なのか、それらがどのように犯されたのかが忘れられているように思われる。

少なくとも言えるのは、このような諸体制によって広められた現実の実践は、人類の道徳的進歩の諸々の理念のためのものでは全然ないということだ。支配、課税、徴収の一方的な実践。創造性の抑圧、差異の平準化、粗暴な力の行使。軽蔑、侮辱、人間以下という呼称。何かであることの潜在力と人間の諸々の質の全般的な貶め、浪費、破壊。ああ、もちろん！　私たちは、進歩に賛成である。私たちは、相互性、交換、傾聴、尊敬、感謝、相互的修習、自律的な諸主体の間での交渉、そして、あらゆる人間的な質の活用といった諸々の危険なユートピアを養っている。そのうえ私たちは、そもそもいかなる歴史法則によっても保証されていないそうした進歩が、技術や言語や概念や法や政治などといった種類の文化的装備に依存していると考えている。つまり、個人たちの善意だけでは進歩に十分ではないのだ。例えば、普通選挙は制限選挙よりも良い。商業の自由は、やたらに障壁のある取引よりも望ましい。印刷された書物、パソコン、電話は、それらなしでは手が届かなかったコミュニケーションや修習のある種の可能性をたしかに開く。この系譜を継承するために、今日ではサイバースペースが、民主主義的な諸実践の深化に広大なパースペクティヴを開く。しかし、私たちはこれらあらたな可能性を把捉することができるだろうか。

人類の社会的、道徳的、知的進歩についてのすべての観念が、《全体主義》へと一直線に導くような種々の危険なユートピアと同一視されませんように！　さもないと、ユートピアを告発することが、純粋で単純な保守主義を覆い隠してしまうことになる。さもなければ、それらの首尾一貫した批判が、超越性と権力を破壊する諸々のメカニズムを、遂には解体してしまうことだろう。

権力と潜勢力

全体主義への懸念と対をなしているのは、一つの対称的な批判である。それは権力の解体のうちに、リアルタイムの民主主義に身を委ねる人間の集団を弱体化させる、深刻なリスクを見出すものである。私たちは、軍事面でも経済面でも、不安定で激化した国際競争の時代に生きている。このような状況下で、社会問題をみずからに対して透明にすることや、主導権をとって調整《レギュラシオン》のあらたな諸様式を試みる自由が少数派に任されることや、決定と価値評価が分子的に配分されることは、弱さの要因と見なされるかもしれない。

しかし現実には、今日の勝者とは、智慧、知性、想像力、意志といったものをもっとも見事に動員し、共働させるのに成功する人々なのである。情報がそこで順調に流れれば流れるほど、決定はより素早く価値評価され、自主性や革新や加速化する再編成といった諸能力はますます発達し、企業、軍隊、地方、国、地政的領域の競争力はさらに向上する。(5)　ところで権力は、一般的に、リアルタイムに機能することや、絶え間ない再編成や、透明な価値評価とはいかなる親和性も持たない。権力は、普通、特権を永続化し、既得権を保護し、状況を維持し、流通経路を不透明にしたがる。これらはすべて、大規模で迅速な脱領土化という時代において、きわめて危険な態度である。リアルタイムの民主主義は、集合的知性の一つの教育であり、あらゆる人間的な質をもっとも見事に動員し、価値付与し、利用するのだから、二十一世紀に特有の効果と潜勢力を与えるのにもっともふさわしい政治体制なのだ。

潜勢力《ピュイサンス》は可能にし、権力《プヴォワール》は妨げる。潜勢力は解放し、権力は従属させる。潜勢力はエネルギーを蓄積し、権力はそれを濫費する。強大な権力の構造によってある共同体に与えられる種々の利益が、権力の行使に本質的に属している人間的資源の無駄遣いや、集合的知性の抑制を、もはや埋め合わせはしないほど十分に、情報と共働の技術《テクノロジー》は発達した。力を増すために、人間の集団は今後、自己の内部でも自己の外部でも、諸々のヒエラルキーに別れを告げなければならない。

語源的に、民主主義とは《国民の力》を指すものである。ところでこの政治体制は、集塊《マス》として捉えられた多数派に権力を与えるからではなく、都市の統治のために集合的思考を動員するという点で、もっとも卓れているのだ。それがより好まれるのは、少数派に対する多数派の支配を確立するという理由からではなく、政権担当者たちの権力を制限し、専制への対策を講じるからである。それが諸々の政体のうちでもっとも好ましいのは、国民の代表者に権力を与えるからなのか？　そうではなく、もっぱらそれが、特殊な規制や、特権、独占の代わりに、調整《レギュラシオン》の一般的な機構をもたらすからなのだ。私たちが民主主義者であるのは、この体制が、権力を必要最低限に制限し、法を尊重させるからである。

ギリシア人より受け継いだ政治の類型論によって、私たちは次の問いに答えることができるだろう。——都市で権力を保持するのは、誰なのか？　しかし、もはや重要なのは、国民にであれ、代表者たちにであれ、誰にであれ、権力を与えることではない。今日では、政治にとっての問題はもはや、権力の奪取ではなく、民衆もしくは何らかの人間集団の潜勢力を増やすことである。権力は〔人間を〕そこなう。それゆえ、私たちは民主主義（démocratie）〔ギリシア語のデーモス、民衆と、クラテイン、命令する〕の理想から、デモディナミック（démodynamique 民衆潜勢力）〔ギリシア語のデュナミス、力能、潜勢力〕の理想へと移行することだろう。

デモディナミックにとって必要なのは、分子的政治である。それは、傾聴、表現、価値評価、組織化、横断的結合、創発的ヴィジョンの循環のうちに、姿を見せるものだ。それがもたらすのは、リアルタイムの調整《レギュラシオン》、絶え間のない共働的な修習、人間の諸々の質の最適な価値評価、そして特異性の発揚といったものたちである。

デモディナミックは、主権を持ち、物化し、物神化《フェティッシュ》した民衆、領土に根を下ろし、土地や血によって特定される民衆ではなく、潜勢的な状態にある民衆に、絶えず自己を知り、形成しつつあり、産まれつつある、未来の民衆にもとづくものなのだ。

第五章　天使的な身体の舞踊術──集合的知性の無神学

集合的知性という企図《プロジェクト》が、技術、経済、政治、倫理を含んだものであることはすでに見た通りだ。そこから美学へと向かう前に、今から無神学という空っぽの場所を、言葉なき呼びかけの的としよう。

この呼びかけに応じるのは、サイバースペースの技術《アート》と、アーキテクチャである。これまでに想像され、作り上げられてきたのは、とりわけ現実的であったり可能的であったりする、物理的世界の単なるシミュレーションであるようなヴァーチャル世界であった。私たちはここで、共有された意味や感覚のヴァーチャル世界、集合的知性と集合的想像力が展開する空間のはじまりを構想することを提案しよう。

私たちの意図を一望のもとに眺めるために、集合的知性と集合的想像力にまつわる、中世のいくつかの神学的概念から始めることにしたい。そしていみじくも超越から内在へと方向転換されたこれらの概念が、立場を反転させ、人間精神に直接に刻まれた大伽藍のごとき計画《プログラム》を描き出すことを示そう。人間学(anthropologie 人類学)へと回帰する神学、という展望《パースペクティヴ》をうち立てるのだ。ここでも問題は、相変わらず人類を神性へと近づけることではあるが(ある技術《アート》に相応しい、他のどんな目的があるというのか?)、今度は現実的で手に触れられる人間的集合が、皆で天もしくは諸々の天を作ることが可能になることで、神性に近づこうとするのだ。この天もしくは諸天の輝きは、もっぱら地上の思考や創造に由来している。神学的であったものが、今や技術的なものになるというわけだ。

ファーラービー派の伝統

イスラム世界では、十世紀から十二世紀の間に、アリストテレスの新プラトン主義的解釈を依りどころとするペルシアやユダヤの神智学者の系譜によって、おそらく集合的知性体が最初にはっきりと主題化され、厳密に思考されていた。アル・ファーラービー(八七二―九五〇)、イブン・シーナー(ラテン語ではアヴィケンナ、九八〇―一〇三七)、アブル・バラカタル・バグダーディ(?―一一六四)、そしてマイモニデス(一一三五―一二〇四)らが、この伝統の主要な思想家のうちに数えられるだろう(1)。

こうした潮流は複数の理由から、いやがうえにも私たちの注意を惹く。まず第一に、アル・ファーラービーとイブン・シーナーは、彼らの人間学の中心に、唯一で卓絶した知性、人類の全体にとって同一の知性という着想を位置づけているが、これは共通で集合的な知性（intellect）の、そうした言葉ができる以前からあった先駆けとおぼしきものである。この《集合的な意識》は、これらアリストテレス主義の神秘家たちによって、能動知性（intellect agent）と命名された。なぜなら、それはつねに現勢態にある（en acte）知性であり、真実な諸観念を観想し続け、人間的知性が知覚したり観想したりするあらゆる観念を、その人間的知性に向かって流出させることで、それら人間的知性を現実態へともたらすものだからである。この共通の知性によって、人類は神へと――つまり本質的に自分自身を思考しつつある思考として考えられた神、〔能動的に〕認識している神性、全能というよりは認識であるもの、ただ余剰によって創造的であるような純粋知性へと――結びつけられている。アリストテレスの後、ファーラービーから着想を得た神学は、神の能力や潜勢力《ピュイサンス》にはさほど関心を向けず、むしろ神の思考の謎めいた様態、永遠なる自己観想のほうに関心を示している。したがって類推を働かすなら、おそらくこの神学は、集合的な知的存在や、それが自分の世界を思考することでみずからを思考するやり方について、私たちになにがしか教えるところがあるはずなのだ。

他方で、これから見ていくことになるが、アル・ファーラービーとイブン・シーナーの認識に関する理論は、その宇宙論と切り離すことができない。すなわち、世界は知覚や観想の一つの過程から生じており、またそれと対照をなして、天上のあらゆる階層が、ほんのささいな認識の活動のうちにも含まれているという宇宙論である。これは今日に、その奇妙な反響を見いだす一つのアプローチだ。というのも、世界と思考の相互的な絡みあい（宇宙《コスモス》が私たちにおいて思考し、私たちの世界は集合的な思考で満ちあふれている）は、集合的知性にまつわる私たちの省察において、本質的な一つのテーマをなしているのだからだ[2]。

次のこともまた、強調しておくことにしよう。アル・ファーラービーからマイモニデスに至るまで、想像力というものは、純粋に知的なものにもっぱら専念する、プラトン主義のある種の伝統の場合のようには過小評価されないだけでなく、思考の中で卓越した役割を演じると見なされているのである。実際、アル・ファーラービーとマイモニデスにあっては、最上位の認識の段階に達するのは預言者たちなのだ。共通的な知性は、彼ら預言者の推論の諸能力（哲学者、科学者、法学者、政治家にも同じように与えられている特権）を満たしているばかりか、さらに心的イメージを表象する彼らの並外れた諸能力のうちに満ちあふれている（そしてそれが運命づけられているのは、預言者たちだけである）。スピノザにおける第三種の認識の場合[1]のように、共通の知性によってインスピレーションを受けた預言者たちは、つねに推論を同時に含んでいる知覚、まったく霊的であり、粗大で物質的な感覚には何も負っていない知覚によって、真理を直接に《見》たり、《聴》いたりするのである。

この二十世紀の終わりになって、こうしたイスラムの哲学を、私たちはふたたびわが物とするかもしれない。というのも、アリストテレス主義やネオ・プラトニズムから着想を得ているこの哲学は、無限に対するギリシャ人の嫌悪を受け継ぐものであるからだ。神、天使たち、思考、世界は、そこでは質という用語で把握されている。神は無限に我々より優れている（より強力で、より智慧があり、より正義である……）のではなく、根本的に別ものである。すなわち、それみずからを考える思考の絶対的統一なのだ。さて、この《別ものである》神性は量的に有限なものであるから、絶えず自分自身を他なるものへと生成していく人類の有限性のうちに、それを再統合することが構想されうるのである。

能動知性

アル・ファーラービーやイブン・シーナーの神学では、神は意志の特別な働きによって世界を創造しはしない。《永遠性におけるクーデター》といったものはなく、それみずからについて考える神の思考の働きの、必然的で永遠な諸結果のつらなりがあるのだ。世界は、神の知性の豊饒さの余剰として、ネオ・プラトニストが発出《プロセッシオン》とか流出《エマナスイオン》とか名づけた、非物質的でかつ接触のない因果性をたどって神から流出するのである。

　みずからの思考を神が観想することによって、卓絶した第一知性、もしくは第一の智天使は流出する。《純粋で》いかなる身体にも繋縛《けいばく》されていないことをより際立たせるために、卓絶した（séparée）

知性ということが語られるのだ。卓絶した第一知性は、各々から三つの結果が帰結するような、三つのことなる観想にみずからをゆだねることになる。

第一に、第一知性はそれを必然的に存在させる原理、つまり神を観想する。第一知性によって、神の思考からは卓絶した第二知性が流出する。

第二に、第一知性はそれが神からの必然的な流出であるかぎりにおいて、それ自身を観想する。この観想からは、第一天における動因としての魂が生じる。

第三に、第一知性はみずからの存在の可能性を、みずからのうちに、それが流出した原理とは独立に観想する。もっとも蒙昧で、もっとも低級なこの第三の観想からは、第一天における身体が生じる。

その次には第二知性、もしくは第二の智天使が、(1)第一知性であるみずからの原理を観想し、(2)第一知性からの流出であるかぎりにおいてそれ自身を観想し、そして(3)その原理とは独立に思考されることになる。これらの観想からは、(1)第三知性、(2)第二天における動因としての魂と、(3)第二天におけるエーテル的な身体とが生じ、以下同様に卓絶した第十知性まで続くのである(アル・ファーラービーとイブン・シーナーにもとづく[3])。

動因としての魂たち、もしくは天上の天使たちは、本質的に想像力をその特徴としている。自分たちがそこから生じた知性を思い描き、欲望することは、彼らにとって純粋な、感覚からは独立した想像力によって可能になるのだ。天上の魂たちの愛は、諸天を駆動する(彼らの動因としての魂という名も、そこに由来している)。それは永遠の運動である。というのも魂たちはけして、自分たちが欲望する知性に到達することはないからだ。

智天使たち、天使たち、そして諸天がそこから生まれる神的な流入は、ついには枯渇し、第十の卓絶した知性、または能動知性とともに、流出の過程は終局をむかえる。この能動知性を、私たちの神学者はまた《天使(l'ange)》と名づけている。他の説明抜きで定冠詞によって表されているのは、智慧と啓示の天使であり、人類が直接に関わっているものである。

天使を生み出す原理とは独立に、天使みずからによって行われる観想からは、もはや天上の精妙な身体ではなく、地上の世界の物質の拡散、炸裂、また不透明さが生じ、この低い世界の粗大な物質が生じる。

第九知性に由来するものとして、天使がみずから行う観想からは、天球の動因としての魂や、天上の天使ではなく、あまたの人間の魂の多様性が生じる。人間の魂が、官能にもとづく鈍重な想像力によって動かすのは、物質的な諸々の身体である。

最後に、卓絶した第十の知性が獲得しうる思考のもっとも卓越した形態は、もちろんみずからの原理(第九の知性)の観想である。地上の身体のあらゆる形態、人類の魂が受容する用意のある観念や認識の形相のすべては、この観想から生じてくる。能動知性は私たちが暮らしている地上の世界の、あらゆる形相や観念の輝く源泉なのだ。

人類は潜在的にはつねに知的であるが、天使によって啓示されたときにしか、現勢的には知的にならない（つまり、アリストテレス的な言い方をすれば、人類は現実に知的であったり、認識するものであったりはしない）。叡智的形相が能動知性から流れ出て、適切に態勢化されている魂に達するときに、その魂を潜勢態における認識（ポッシブル）から、現勢態における認識（リアル）へと移行させるのだ。[4] それゆえ私たちは、能動知性によってのみ現実に知的なのであり、その能動知性は一種の《集合的意識》のようなものであって、人類全体に共通である。人類にとって至上の幸福の段階とは、能動知性と合一し、天使的な発出をもっとも完全に、可能なかぎり最良の仕方で受けとめることなのだ。[5]

しかし、流出の過程はここで終わりはしない。神的な流入は、人類の理性的能力によって、その力能のさまざまな段階に応じて、受け止められる。ある人々は、過剰なまでに能動知性に由来する諸観念を受け入れる。かくして諸観念は、彼らの理性の能力から霊的な想像力へと浸透していき、彼らはみずからがそこから預言によって受けとったものを、他の人々へと再分配することになる。また認識は預言的な源泉より発して、人間の魂から人間の魂へと《水平的に》伝播し続け、原初の流入はついには汲み尽されてしまう。預言の能力にはあずからないが、十分な力能のもとに諸形相の発出を受けとる人々は、理性だけをたよりに、今度は彼らが神に由来する認識を可能な範囲で徐々に伝達することによって、教え、書き、律法を定める。

預言者たちと同じく、こうした人々は一種の《再送信者》だ。別の人々は、その認識を伝播するのに十分な力能で能動知性の諸観念を受け取りはしないが、個人的な人格を向上させるのに十分なだけ諸観念を受け取る。最後にまた別の人々は、魂の構えがアンテナが間違った方向に向けられたテレビのようであり、天使がほんの稀な間しか彼らに啓示せず、さらにはそもそも啓示しなかったりするので、あらゆる人間が潜在的には知性的であるにもかかわらず、知性が現勢態へと移行することがけっしてないのである。(6)

天使的諸世界からヴァーチャルな諸世界へ

これら中世の神学‐哲学的な考察が、来るべき集合的知性体を考えるに際して、いかなる点で参考になるのだろうか。能動知性は、超越的な集合的知性をもってみずから任じている。一つの内在的な集合的知性体を、どのように明確に言い表したらいいのだろうか。実験的に、ファーラービーの図式を維持しておくことにしよう。とはいえ、その主だった用語を逆にしながらである。すると神学的思弁における永遠の神性は、人類の将来の地平に望ましい見通しへと変貌する。

この変形されたヴァージョンにおいては、天使的あるいは天空的な世界は、人類がみずから集合的知性体となる、ヴァーチャルな諸世界圏となる。能動知性は、一つの集合的知性体のメンバーたちによる、コミュニケーションやナヴィゲーションや交渉の、表現となり空間となるのだ。したがって、私たちはもはや神学的言説ではなく、根っから技術的で、記号論的で、社会‐組織的な機構を相手にするわけだ。到達すべき理想や目的だけが、ここではむろん重要である。その実際の現実化は、どうしても不完全で、可逆的なものとなる。とはいえそのことは私たちが、諸々の集合的知性体がもっとも力強く開花するような、そんな《完全な》機構を描きだすことを、おそらく妨げはしないに違いない。

人類の一つの展望《パースペクティヴ》のうちで再定義された天使の領域は、神性を介するでもなく、どんなものであれ何かの超越的な表象（天啓による法、権威、またはア・プリオリに定義されるか、上から受け取られる他の諸形相）によるでもなく、諸々の集団が、それ自身とコミュニケーションする空間を開示してみせる。ヴァーチャルな諸世界は、人類の諸集団の相互認識と相互定義の道具となる役割を請け負うのであり、かくしてそれらの諸集団は、自律的でオートポイエティック(7)な集合的知性体となることができるのだ。ユビキタス的広場《アゴラ》と宇宙的シミュレーションの代用を同時に務めることで、この内在的な諸天空は、動的地図（cinécarte）を、下からの世界のダイナミックな描写を、その中に人類の共同体が身を浸している、出来事と状況の動的なイメージを提供する。この諸天空は、集合的知性体——個人であれ集団であれ——のメンバーたちの《天使的身体》（もしくはヴァーチャルなイメージ）を受け入れ、そうして自己の位置決定や相互の接触を促すのである。地上世界の複雑さや変容を総合しつつ、ヴァーチャルな諸世界は諸々の知性を対話《コミュニケーション》させ、集合的認識の中で個人や集団のナヴィゲーションに寄り添う。ヴァーチャルな諸世界のおかげで、地上の世界はますます増殖し、変容し、特異化の諸々の新しい道筋へと開け、それが逆に《天使的空間》を養うことになるのだ。

ファーラービーに霊感を受けた神智学にとって、現実性の最高の段階は神において、つまり神の絶対的統一、神による神自身についての純粋な観想においてであった。神学的言説が統一を源泉と見なしたのに対し、人間学的装置は多数性から滋養を得ている。集合的知性体の技術‐社会的眺望において、現実性や豊かさは、地上的で人間的な多数性から立ち上がってくる。天使的な諸世界が、集合的諸知性体に濃密で、強力で、輝かしい光を送り返せば送り返すほど、人類の知は多彩となり、多様化し、多元化するのだ。

《天使的な諸世界》と私たちは言ったが、それは人類の諸集団が、集合的知性体として組織されるのと同じだけ、多くの能動諸知性が当然考えられるからである。そのうえ、以下のことに注意を向けるのは興味深い。アル・ファーラービー、イブン・シーナーあるいはマイモニデスにおいては、人類の全体にとって唯一の能動知性だけしか存在しないのに対し、イスラム教へと改宗したユダヤ教徒であるアブル・バラカタル・バグダーディは、人間たちと天使的世界との間の関係の多元的解釈版を十二世紀に提示していたのである。この著者によれば、魂たちは共通の族（genre）ごとに異なった種（espèce）を構成して、霊的にグループ分けされているというのだ。私たちの魂は異なる天使に由来し、そして（魂のグループが存在するのと同じだけいる）他の天使たちもまた、私たちの知性を完全にするために必要なのである。極端に言えば、人間存在ごとに異なった（あるいはまた複数の！）能動知性があることになるだろう。

アンリ・コルバンはイブン・シーナーの天使学において、ある種の個人主義がすでに含意されていたことに注意を促している。実際、たとえ唯一の能動知性しか存在しないとしても、いかなる伝統、いかなる教会、あるいはいかなるできあがった共同体からも独立に、個人は神から流出する諸観念と接触することによる、その仲介によって存在する。トマス・アクィナスが能動知性に関するイブン・シーナー的な理解の仕方に批判を加えるよう促したのは、とりわけ、この個人主義の危険によってなのである。『神学大全』の著者とは反対に、私たちはもちろん、個人が《ヒエラルキー的な道》を辿ることなしに、一つのあるいは複数の集合的知性による表出に直接に参与するということに、なんら不都合を見出したりはしない。私たちの人間主義的天使学は、集合的な思考に直接接触させるだけでなく、さらに知的なノマディズムに向かうことをも促進する。そこへと個人が合流していく集合的知性体が多くなれば多くなるだけ、個人はその知識と欲望を多様化させる機会をより多く持てるようになり、個人がその構成に寄与する思考する諸共同体を、生きた多様性によって、より良く豊かにするのだ。それぞれのヴァーチャルな世界において、人は異なった天使的身体を身に纏うことになるだろう。

能動知性の役割を演ずるヴァーチャルな世界は、諸々の天と上級の天使たちを経由して神から降りそそぐ知性の光を人間たちへと放出する代わりに、人類の諸共同体が流出する光を反射する。一つのあらたな族（genre）における天使的諸領域、つまりヴァーチャルな諸世界は、それゆえ集合的諸知性体から流出するのであり、そうしたヴァーチャルな諸世界は、それらがそこに由来する人類の諸共同体からしかその存在を手に入れることはない。

一つの認識の重要性とリアリティは、もはやその起源の高さではなく、この世で生きている個々人によって、受肉され、実行に移される強さの度合いによって評価される。確かに、ヴァーチャルな諸世界の光は人類の諸知性を照らし、豊かにする。しかしそれは、人類の諸知性がつねに実際的なものであるからといって、潜勢態を現勢態へと移行させることによってなされるのではない。むしろそれら知性に、他の方法ではそれに近づけなかったであろう可能性を開き、他の諸知性の知識を与え、あらたな理解力とあらたな想像力を与えることで人類の諸知性を照らし、豊かにするのである。

神学的な言述において、上から下へと流れていったものすべては、技術‐社会的な装置において、下から上へ湧き出るものとして翻訳されなければならない。多くの個々人と小集団たちの具体的な諸知性と諸実践から発することで、集合的知性や集合的想像力を表現するヴァーチャルな世界が現れ出るのである。お返しとして、ヴァーチャルな世界は、その現出に貢献してきた個々人と集団たちを照らし、その多様性でもってそれらを豊かにし、それらにあらたな可能性を開くのだ。

人間主義的な解釈において、能動知性は、下から立ち上がってくる光のスペクトルすべてを集めて反射すること、もっぱらそれだけによって、人類の魂を照らすのである。

神学的な言述においては、天啓は上からやってきていた。そして天使または神の代弁者がそれを人々に分配していた。人間主義的プロジェクトにしたがうなら、自分を取りまく現世にみずからを開くことのもっともよくできる者、そして他者たちや事物の（大抵の場合、無言の、あるいは無意識の）教えを受け取ることのもっともよくできる者が、最終的に自分が獲得することになる事柄の豊かさと多様性を、ヴァーチャルな世界に送り出すことになるだろう。

神学は、一方的で、上意下達で、そして遠心的な伝播の図式を描いていた。人間学は、まず求心的で、そして上昇的な循環を、それから雨による非集約的な散水を整《しつら》える。この雨は降りつつも、あらたな集中やあらたな上昇を準備するのだ。泉は、ここにこそ湧き出で、世界の内へ、そして人びとのあいだにもたらされる。それゆえ共通の思想の内的な天に種をまく前に、集合的知性への参与は、人間的な他者性への開けによって、多様性の水平的な受容によって始まる。発生期において、思想は修習《まなび》、発見、出会いという形を取る。ところで、どんな修習であっても、それは集合的知性を豊かにする。預言者という人物像は、絶えず学習し、そして発見する探求者というものに道をゆずる。

神学的言説においては、認識の天使（智天使）によって照らされる諸形式と向き合うことを拒む者は、可能態においてしか知的ではない。無知な者の魂は昏《くら》く、不明瞭のままに留まり、どんなアイディアもその者を照らしはしない。ところで、私たちの人間主義《ユマニスト》的展望によると、誰も無知な者などではないのである。というのもいかなる生命も必ず一つの世界についての認識を含み、また構成しているのだからだ。無知という評価は、認識というものを超越的な仕方で定義することに由来する。知慧はそこでは、神、啓示、教会、政党、宗派、大学、学校、科学、方法、エキスパート、年長者、上司、文書、テレビ、そして無謬とされた何がしかの機関あるいは手続きに、由来することになろう。知識は、何らかの即自的なものとして、自律的なものとして存在することになってしまい、不断の創造、探究の過程、集合的な生成変化、無数の生きた身体の観念、生命や世界の多様性の表現といった、遍《あまね》く人類にゆきわたったものとしては存在しないことになる。智慧についてのいかなる超越的定義も、それに従うことを拒絶する者たち、もしくはその智慧の形式が定義に適合しない者たちを、必然的に排除してしまう。

　反対に、智慧に対する内在的なアプローチ——ここで智慧と言っているのは人類の生が営まれる場所であれば、どこであっても存在するような広く認められている智慧のことであるが——は、誰も排除しはしないのだ。そんなわけで、繰り返すが、誰も無知な者などではなく、言い換えれば、皆が現勢態において知的なのである。しかしそうだとすれば、誰もがつねに、すでに知的である以上、集合的知を表す〈ヴァーチャルな諸世界の構成〉は、どれほどの恩恵をもたらし得るのだろうか。繰り返そう——ヴァーチャルな諸世界から再び降りそそぐ光は、個々の諸知性を潜勢態から現勢態へと移行させるのではなく、一つの決まった現勢態からあらたな諸潜勢態へと移行させるのだ。一体どういうことであろうか。

ヴァーチャルな世界で、透き通るような私の身体、もしくは諸身体に潜入することを通じて、私は同じ一つの動作によって、すでに知っていることだけでなく、あらん限りの智慧の拡がり（l'étendue）を知覚する。それは私にとっては知られておらず、ことによると、ずっと知られないままかもしれない、諸々の知識、観念、そして他者の仕事といったものである。ヴァーチャルな世界における私の天使的身体は、集合的知性に向けた私の寄与、あるいは、共同的な智慧との関係を介した、私の独特の立ち位置を表現している。ところで、この天使的身体はけして、それを含み、集団の天使であるような、ヴァーチャルな世界の完全な拡がりに到達することはない。

そんなわけで私は、集合的知性から流出する空間において、あたらしい人間に出遭うのだ。もはや肉なる身体、社会的地位、物品の所有者としてではなく、天使としての、すなわち現勢態における知性としての――その人にとっては現勢態であるが、私にとっては潜勢態である――他の人間と出会うわけだ。もし、いつかその者が自分の輝かしい面《おもて》を明かすことを受け入れるならば、その他者の天使的身体を見出すまさしくその時に、私は、その者の智慧における生、あるいはその者の生の智慧、すなわち集合的知性の内在的な天へと映し出された、その者の主体的な世界を観想することになるだろう。ところで、私はその者の知っている事柄を知らず、私たちの来歴は異なり、その者はこの空間において、独特で、比較不能な欲望の形を持っている。天使的身体は、そうしたその者のあり方を謎や他性として、私に明かしているのだ。神学における他界（l'autre monde）――つまり神秘が、人間学における他者の世界（le monde de l'autre）――つまり謎になるのはこのようにしてなのである。

中世の哲学者たちの考えでは、諸々の魂から、上位の諸知性へと愛は上昇する。私たちが提案する人間主義《ユマニスム》にあっては、諸々の魂がもっとも良く人間性というものを思い描くのは、ヴァーチャルな諸世界を経由し、天使的な身体を獲得することによってである。その結果として、学びたいという願望とともに、人々のあいだに、多分、友愛が拡がることになる。そこでは学ぶことをやめた個人や集団について、無知だとは言われないだろう。むしろ、閉ざされている、緩慢な生き方をしている、諸々の潜勢態の増殖にたいして無関心で硬直化している、天使としての他者との出遭いを拒絶している、謎と欲望を怖れている、などと言われることになるだろう。

悪の問題

思い起こされるのは、アル・ファーラービーとイブン・シーナーの神学的な哲学においては、闇や質料、つまり悪がもたらされたのは、諸知性がみずからを、おのれが流出した上位の原理から独立して存在するものとして自己観照したことによってであるとしていることだ。人々は能動知性のほうへ身を翻すことを忘却し、卓絶した知性は上位の諸知性をかえりみず、第一の卓絶した知性は、自分にとって神など存在しないとみなす、というわけである。

私たちの人間主義的見地においては、悪の原因はどのようなものであろうか？　集合的知性体は、ヴァーチャルな諸世界がそこに由来し、その表現であるに過ぎない生きた人間存在を忘れることによって、ヴァーチャルな諸世界を即自的な諸々のリアリティと考えてしまいたいという誘惑に駆られることがありうる。ここにこそ、集合的知性体の影の部分が存在しているだろう。集団の姿の、いかなるかりそめの自律化も、その相貌の偶像崇拝的ないかなる固定化も、智慧の空間を超越したいかなる生成も、悪の原因となろう。実のところ、そんな事態が起これば、途切れることのない修習と探究というダイナミズムに、真理の問題が取って代わってしまう。神秘と恐怖が、謎と欲望の代わりをなす。排除が相互的承認のあとを継ぐのだ。あげくには、何よりも、ヴァーチャルな諸世界の生きかつ現前している起源が忘却され、それらヴァーチャルな諸世界が物象化され、それらが由来した無数の人間的な源から切り離されてしまうことによって、それとは何の関わりもない空間に、悩ましい権力の問題がどうしても持ち込まれてしまう。かくして、人はこんな不条理な問いを発するかもしれない――《ヴァーチャルな諸世界を誰が支配《コントロール》するのか？》――この問いはつまるところ、ヴァーチャルな諸世界のうちで誰が、集団の代理人として語っているのかを尋ねるものである。この世界はまさに、《智慧の空間》のうちでの、共同体それ自身による、自己組織化、自己規定、自己の自律的構築による機構なのに、だ。

万人に由来するものが小集団によって支配されることがあったり、生き生きした集合的表現が何らかの形で固定化されることがあったり、何であれ超越に向けた進化があったりすると、即座にヴァーチャルな世界の天使的な性格は消滅してしまう。そうなってしまえば、それはただちに支配、権力、所属や排除の暗黒面に落ちる。周知のように、それはとても多いが――自己組織化が可能であるとは認めない人々、権力の問題が生じない空間というものが考えられない人々、知識というものを碁盤の目のように割り振ったり、支配《コントロール》すべきネットワークのように考える人々に関しては、探索や出遭いが、彼らの主観的な世界を広げてくれることを願うことができるのみである[8]。生者たちの天使は、集合体による天使、人間の智慧の動的で燃えるように輝く身体を、不断に形成し、そして形成し直すために集う。天使は語らない。彼はそれ自身が、活動的で思考しつつある人類から立昇る、複数の言葉ないしは合唱歌曲なのだ。

知性、知解可能性、知的なもの[一]

能動知性が言語一般の空間――言語を使うという人類の冒険から生じる記号の世界、私たちが豊かにすることに貢献し、私たちの生と活動によって伝達するような記号の世界――しか対象にすることができないのだとしたら。たとえ能動知性についてのこの不十分で少しばかり凡庸な解釈にとどまるとしても、天使的な啓示によって、天使的な啓示においてしか私たちが思考しないということは、すでにして真実であろう。

ところで、ここである力強い解釈を擁護することにしたい。集合的知性を実際に受肉させ、もしくは物質化するような、技術的、社会的そして記号論的な機構を作り上げることが、可能であると同時に望ましい、という仮説を支持するのだ。もちろん、暗示的なアナロジー、明快なメタファーで満足することもできるが、私たちがヴァーチャルな世界について話すときには、広大なデジタルネットワーク、コンピュータのメモリー、相互作用的で、軽く、ノマド的で、個人個人がたやすく自分のものにできる多様な様式のインターフェースを、まさに頭に描いているのである。とりわけ、今日優位にあるものとは違った、知との関係を私たちは想像する。それは、メディア的ではないコミュニケーションの空間の創設、仕事環境におけるのと同様に都市生活にも関わる人間関係の深い刷新、民主主義の発明のし直しといったものである。そうしたすべてが、集合的知性体（le collectif intelligence）の理想を包含するものなのだ。

集合的知性体とは、各人が資本として、そこへ自分の知識、諸々の進路決定、学び教える能力を持ち込むような、一種の匿名の社会である。知的集合体（le collectif intelligent）は、個人の知性を支配下に置いたり限界付けたりするのではなく、反対にそれらを高め、それらの成果を実らせ、あらたな潜勢力へと開くものだ。超－個人的《トランスパーソナル》なこの主体は、諸個人の知性を集めるだけでは満足しない。それは、個人的《パーソナル》な諸知性に到来して加わる、質的に異なる智慧の一形式、一種の集合的頭脳、すなわち一種のハイパー・コーテックス（超脳髄）を育成するのである。

さて、諸個人の知性とは異なる、まったく別のこの知性、とはいえ私たちに啓示し、私たちを高めるこの知性は、まず神の知性として考えられていたのではないだろうか？　集合的知性を構築すること、それは人類の諸々の共同体にとっては、神性にまで達する、世俗的で、博愛に満ち、理性的なやり方なのではないだろうか？　もちろんその神は、必然的とか超越的とかいった特質を剥ぎ取られ、内在性とヴァーチャル性とにおいて再定義されなければならない、という条件においてである。

それゆえ、アリストテレスと新プラトン主義に霊感を受けた、いくつかの神学的概念についての慎重な研究を続行し、私たちの企てに役立ちうるすべてを、そこから引き出すことにしよう(9)。中世の哲学者たちによれば、すでに見たように、人類の知性は途切れ途切れにしか現勢態へと移行しない。これとは逆に、神は永遠に現勢態にある思考である。なぜなら神はつねに現実化しており、知性と知解可能なものと知的活動の、時間の彼方における完全な統一であるからだ。神の思考と人類の思考との違いをしっかり把握するためには、この三つの用語、すなわち知解可能なもの、知性、知的活動、の検討をする必要がある。知解可能なものとは、事物の形相もしくは事物の観念《イデア》である。しかしそれらが事物に形相を与える限りにおいて、観念《イデア》は可能態でしかない。観念《イデア》は知性によって受けとられるときにのみ、現勢態へと移行する、すなわち完全に観念となるのだ。知性とは、理解の能力、もしくは観念《イデア》を受けとる能力であって、知的存在者を特徴づけるものである。形相を受けとらないかぎり、知性は可能態にとどまる。知性は、みずからが受け入れる観念《イデア》と同一化し、一体となることによってのみ、現勢態へと移行する。知的活動とは、知性が観念になることであり、知性と知解可能なものの統一を現実化する運動である。知的存在者が可能態から現勢態へと移行し、かくして本質に結びつけられるのは、知的活動によってである。この働きにおいて、知的存在者はみずからの知性と結合し、したがって同時に、知性によって理解される知解可能な形相と結合するのだ。現勢態にある思考が存在するその度ごとに、知性と知的なものと知解可能なものは、ただ一つの同じ物事となる。

なぜ人間はつねに現勢態として知的でなく、それゆえみずからの本質と結合されていないのか？それは、まず何より、人類の知性が継続的に作用する状態にないからである。人類の知性は眠ったり、夢を見たりするし、疲れたり、病気になったりする。また、たとえ人間知性が《作用している状態》にあったとしても、知解可能な形相の観想へと向かう代わりに、ぼんやりすることを選んだり、情念に襲われるままでいたり、感覚的なものに没頭したりして、知性を使わずにおくことがありうる。

つまり、人間存在が仮に決して眠らず、病気になることも疲れることもなく、ひたすら観念《イデア》を知覚することに没頭するとしても、ときどきしか現勢態としては知的にならないのだ。実際のところ、誰かについて、その人がただ一つの知解可能な形相しか観想しないなら、知的であるとは言わないであろう。それゆえ、ある一つの観念《イデア》の知的活動から別の観念《イデア》への活動へと継起的に移行する必要があり、それによって中断や不備が宿命的に起こってしまうのである。このことは、人類の知性が外部の観念《イデア》を受け取るだけにいっそう当てはまる。人類の知性が、ある一つの知覚から別の知覚へとまさに飛び移ろうとするとき、知性作用は中断され、それ自身の本質から切り離されることになるのだ。

たった一つの観念《イデア》しか観想しないことに満足できるのは、神のみである。というのも、その観念はその他すべての源であって、神がその観念《イデア》であるために、いかなる断絶もないからだ。身体を持たないがゆえに、神は決して眠らず、決して疲れず、決して感覚や情念に飲み込まれない。神はすべての観念《イデア》がそこから流出する純粋な観念《イデア》であって、終わることのない知性作用という不動の運動の裡で、みずからを観想する。その本質は、永遠に知性であり、知解可能性であり、知的なものである。

眠っていたり、病んでいたり、疲れていたり、休暇中であったりという理由で、たとえ個々人の思考が欠落するとしても、集合的知性体の方は決して消えてしまわない。ある精神が眠りに落ちる時でも、他の多くは眠らずに、引き継ぎを行う。その結果、ヴァーチャルな世界はつねに、生き生きとした諸知性の炎に照らされ、生命を吹き込まれている。幾千もの間歇《かんけつ》的な微光を結集することで、途絶えることなく輝く集合的な灯が獲られるのだ。

繰り返そう。それは精神のたんなる《勤務当番》や、諸々の意識の凡庸な総和といったものではなく、まごうかたなき集合的知性なのだ。実際に、私が眠る時も、私の天使はヴァーチャルな世界で行動し続けている。私の天使——それは私の記憶に、私の知識に、私のナヴィゲーションに、私の学習意欲に、私の興味の諸階層に、思考する共同体の他のメンバーたちともっている諸々の関係に、私が与えようと望む表現である。この天使、私のデジタルな使者は、それ自体があらゆる使者の表現であるヴァーチャルな世界に、絶えまなく情報を与え、方向づけをし、価値付与するために役立っている。それゆえ、思考する共同体のあるメンバーが天使的身体を身に纏う時、彼（女）は暗闇のなかで微光を輝かせることでは満足しない。――彼（女）は、ただちに、個々人の知性のヴァーチャルな統合体を形作る、多彩で、多様で、緊張《テンシヨン》の張り巡らされた智慧の風景の中に位置づけられる。彼（女）はコミュニケーション、呼びかけ、そして応答の空間に入り込む。彼（女）は共有された意味、共通の問題、取り組むべき状況からなる宇宙のただ中を動きまわるのだ。

これらの風景は、記号の、図表と動的表意文字（idéogrammes dynamiques）の、諸イメージの動くアーキテクチャといったものから成るあらたなシステムによって、しかるべくマッピングされ、相互作用的《インタラクテイヴ》な空間のうちに置かれる。情報科学のハードウェアとソフトウェアは、意味のこうした諸々の宇宙を、可感的で、探索可能で、相互作用的《インタラクテイヴ》なものとする。

人類の知性だって？　その空間は散乱している。その時間は明滅しており、その知識は断片である。集合的知性体はその区画整理を現実化するのだ。それは、超－個人的《トランスパーソナル》だが連続的な思考を築き上げる。つねに活動していて、至るところに連絡路が開かれ、変貌する、匿名の思考を築き上げるのだ。ヴァーチャルな諸世界の仲介によって、私たちは諸々の情報をやりとりできるだけでなく、本当に一緒に思考し、私たちの記憶や私たちの計画《プロジエクト》を共有することによって、共働的な頭脳（un cerveau coopératif）を産みだす。

確かに、メディア的なコミュニケーションは、空間と時間における連続性をすでに確立している。電話、ファックス、電子メール、デジタルな情報通信網、ラジオ、テレビ、出版などといった具合にである。にもかかわらず、そこで問題となっているのは、至るところで特異で差異化された、創発的で、集結した、生き生きとして活動的な思考の連続性ではなく、むしろ情報の輸送ネットワークなのだ。テレビの視聴者たちは、お互いに自分たちの位置を知っているだろうか。彼らは、自分たちの体験と知的な潜勢力《ピュイサンス》を結びつけ合っているだろうか。彼らはともに、一つの状況について形成されたあらたな諸メンタルモデルをすり合わせたり、改善したりしているだろうか。彼らは、意見を交わしているだろうか。そうではあるまい。彼らの脳はまだ共働してはいない。メディア的な連続性は物理的でしかない。それは、知的な連続性に必要な条件ではあるが、十分条件ではない。

可感的なものと知解可能なもの

ほんの少し前まで、著述という作業は、おそらく、集合的な思考を生み出すために試みられた、もっとも有効な手段の一つだった。死んだ人であれ生きている人であれ、人間存在の一群の創造と体験を、図書館のネットワークは保存している。読むこと《レクチュール》と解釈は、代々に亘《わた》って引き継がれていくことで、記憶の儚《はかな》い糸を復元し、眠っている思考を再び現勢化する。一つの言語もしくは一つの学問分野から、他のそれへの翻訳は、分け隔たっている思考の諸空間を連絡させるのだ。しかし、古典的な書き物《エクリチュール》は、本来、静的で離散的な痕跡からなるシステムである。それは細分化され、分散し、ますます肥大する惰性的な物体であり、それを整理し活性化するために、各個人には探求、解釈、そして関連づけることといった長い作業が求められるのである。

この状況を改善するために、集合的知性のヴァーチャルな諸世界は、あらたな書き物《エクリチュール》が発展するのを目撃するだろう。すなわち、動く絵文字《ピクトグラム》、ナヴィゲーターたちの相互作用の痕跡を保存する、動的言語といったものである。集合的な記憶は、それじたい自己組織化され、ヴァーチャルな世界における興味と履歴に応じて、各々のナヴィゲーターのために再編成されるだろう。天使的な諸々の記号のあらたな空間は、探求者たちの役に立つように、可感的で、活動的で、知的なものとなろう。

解釈とは何か。それは、文字という惰性的な身体を踊らせようとする精妙な霊（esprit）である。死んだ諸々の記号を前にしての、作者の息吹の召喚である。テキストがそこに由来する、情動やイメージの結節点の大胆な再構成である。そして最終的には、あらたなテキストの生産、解釈者のテキストの生産である。だがもしも、諸々の記号が生きているとしたら？　だがもしも、イメージ－テキストもしくは空間－思考が、集合的知性のリズムにあわせて、成長し、増殖し、絶えず変貌するとしたら？　だがもしも、組版の活字が天使の実体そのものに場所を譲るとしたら？　だがもしも、テキストの不透明で膨大な層が、つねに探求者が中心を占める、流動する連続的な環境の前に消え去るとしたらどうだろう？

それゆえ、生き生きとさせる精神と死んだ文字の対峙や、資料体《コーパス》と口承伝統との弁証法といったものの後に、思考の連続性を構成する新しいあり方――各人があてどもなく、おびただしく蠢《うごめ》く諸々の記号のうちに参与しうるというあり方――が、生じることになる。

神学的な言説においては、個人は必ずしも現勢態において知性的ではなかった。というのもそれは、往々にして知解可能な（intelligible）諸形相より、可感的なもの（sensible）に心を奪われがちだったからだ。ところで、可感的なものと知解可能なものの境界は、新プラトン主義を奉ずるわれらが中世哲学者たちが前提したほどには、おそらく明確なものではない。すでに見たように、いかなる思考も、多分そのもっとも抽象的なものでさえ、イメージの支えを前提としている。知の技法の領分においては、微視的なものや遠くのものを目に見えるようにし、不透明の素材を半透明にし、プロセスの錯綜した複雑さを図式化し、心的な諸モデルの抽象を図示し、諸々の地図によって、もっとも広範な領域を征服するところに進歩があるのだ。思考の道具の人類学に照らしてみれば、知解可能なものはおそらく、可感的なものの綜合された、図表化されたヴァージョンであるに過ぎないい。(10) 知解可能なものと可感的なものが、一つの連続体（continuum）の両極であるということが確かならば、もはやつい先ごろまではっきりそう思われたように、現勢態としての知性は人類に対して必ずしも卓絶したものではないことになる。

確かに、イメージは認識にただ役立つだけのものではなく、幻惑し、たぶらかし、欺きもする。すべてはまるで、可感的なものが不明瞭な、決定不能な――それは知の道具なのか、知性の働きの領域なのか、あるいは精神のブラックホールなのか？——争点になっている、そんな具合なのだ。可感的なものから知解可能なものへ移行させようとすればするほど、イメージ‐記号は拡がりと複雑さをもたらし、私たちは人間から神に近づくことになる。神学的な言説によれば、神的な流入は理知的な魂を経由し、想像的な魂を養っていた。同様に、諸々の知性や諸天体の魂の発出《プロセッシオン》は、純粋知性にはじまり、次いで霊的な想像力の宿る魂のほうへと下降していた。流れの方向を逆転させて、私たちは知性が、まず感覚、イメージによって目覚める、あるいは少なくとも、可感的な記号によって目覚めるのだと言おう。

　このように、人間精神の刺激となる新しい能動知性は、思考を可視化し、抽象と複雑性をイメージ化する一つの機械として、私たちの天使的身体が探査し、触れ、変更する風景として定義されることになる。ヴァーチャル世界は錯綜した関係を可感的なものにし、もっとも不明瞭な命題をはっきりさせ、イメージによって明るくし、理解させるのだ。これはまさに、イメージ言語[11]の誕生と発展の環境である。このイメージ言語は、知性を織り上げるであろう、そればかりか、集合的想像を織り上げるであろう。

　神学的図式においては、人類は外部から観念を受け取るが、神は自分自身を観想する。たしかに人間のレヴェルにおいては、知性は外部に対する解放であり、終わることのない未完成であり、外部に対する努力であって、自分自身ではないものである。学ぶとは、他者の世界へと入ることである。しかしまさに学びながら、すなわち、みずから変容しながら、思考する主体は絶えず見知らぬ者をみずからに還元し、他者を自己自身へと変容させるのであり、その結果、異質性はそれ自体として把握されえず、再び外部への道を切り開かなければならないのだ。

アリストテレスが魂は身体の形相であると言ったように、私たちの知性は私たちの世界の形相、もしくは包みこむ覆いのようなものだと言うことにしよう。私たちにおいて思考する、世界の覆いである。この覆いが、硬化したり、不透明になったり、閉ざされたりするより、むしろつねにより広く多様となる世界を包み込むために広げられ、拡大するかどうかは、――さもなければ、より美しい世界を構成するために、出会う像を検閲し、選別することになるが――私たち次第である。私たちの個人的知性が、一つの小さな世界の魂だとすると、集合的な諸知性体は、より大きく多様な諸々の世界を包み込む。私たちがそこに参加すればするほど、集合的な諸知性体は私たちの思考を豊かにするし、より多くの魂と世界を含めば含むほど、よりよく思考するのである。そのノマド的な成員が集合的知性体にあらたな次元を開くことや、外部から風を吹き込むことをやめない一方で、集合的知性体は、みずからの多様性を表現するヴァーチャルな空間を観想しながら、自分自身やみずからが包み込む世界について自省するのだ。

集合的知性体はいたる所で、つねに、思考しており、永続的に成員たちの思考を活性化している。私たちが思考する共同体と呼びたいと切に願っているものにとっては、イブン・シーナーやマイモニデスの神にとってと同じように、知性と知解可能なものは一つでしかない。一つの集合体である《知性と知解可能なもののこの結合》を、私たちはヴァーチャルな世界と名付けた。それは同時に、動的記号の社会であり、共通知覚の器官であり、共働的記憶であり、コミュニケーションとナヴィゲーションの空間である。

集合的知性体の知的活動に関して言えば、それはいまだ、そしてつねに、個々のメンバーの心的な経験、修習、振舞いのうちにある。それは、共同世界の連続的創造に関わっている人々の実効性のある行程、交渉、接触、決定、行為を結集させている。生きて、実在している人間だけが、集合的知性を現勢態へと移行させる。なぜなら、強調しておく必要があるが、ヴァーチャル世界はまさしく現実の諸個人のあいだで流通している認知的、社会的、情動的なプロセスの支持体でしかないからだ。書き物《エクリチュール》や電話が、人々が生身で出会い続けるのを妨げなかったのと同様に、集合的知性体によるヴァーチャルな諸世界は、人間の直接的な接触にとって代わろうなどとは、夢にも望みはしない。まったく反対に、それらは、互いの位置を知り、友好的、職業的、政治的といった諸関係を広げることを、それを願う人々に許すのである。ヴァーチャル世界は確かに、集合的知性という媒体であるが、排他的な場所でも、源泉でも、目的でもないのだ。

三つの自由

知的諸集合体をいかなる疎外からも守るために、私たちは最後にもう一度、神学の助けを借りることにしよう。周知のように、神とは自己原因である。それにしても、原因とは一体何なのか？　アリストテレスの哲学においては、四種類の原因が存在する。陶工によって制作される花瓶を例にとるならば、粘土は質料因、陶工は起成因、陶工によってまず着想される輪郭は形相因であり、液体を入れることは、その目的因である。

明らかに、神は質料因ではない。残りのものについて言えば、神はそれ自身で、同時に目的因、起成因、そして形相因だ。そして、それゆえに、神は絶対的に自由なのである。人間存在は不幸にもこうした幸運に恵まれていない。――両親が、その起成因であり、神（あるいは生物学的進化）がその形相因であり、人間存在は必ずしもみずからの目的となるに至るわけではない。しかし、裸で一人の人間にそれが出来ないのであれば、なぜ神的な自由に達することができる集合的知性体を構成しようと試みないのだろうか。

集合的知性体は、それ自身に対する目的因である。それは、そこを満たす諸記号の多彩さ、それが包む宇宙の多様性、その富、その生をなす、存在論的な多元性を、増やし発展させ、分化し、繁殖させること以外の目的を持たない。こうしたことから、当然、それは現実存在によって維持されなければならないし、したがって、経済、技術などのある種の拘束を尊重しなければならない。

集合的知性体は、可能な限りで、みずからの起成因である。それは成員たち自身の意志から生じるのであって、外的な刺激からではない。それゆえに、ある意味で、それが生まれるためには、前もって存在していなければならない（というのも、集合的知性体を形成するのは《知性体の成員たち》なのだから）。こうした創造的な循環のパラドックスは、自律性やオートポイエーシスのあらゆる産物に固有なものである。この創造的循環こそが、生命の起源という問題の解決をこれほどまでに困難にし、政治哲学を苦境に陥らせ（すでに社会が形成されているのでなければ、誰がある社会の基礎を築くのか？）、教育者を絶望させているものなのだ（教師に依存している者に、どうやって自由という習慣を与えるのか？）。私たちは諸々の集合的知性体のはじまりという難題を隠しはしない。難題ではあるが、不可能なわけではない。生命がみなぎり、諸々の社会が設立され、幾らかの者たちがある種の自由に達する。集合的知性のダイナミズムが最終的に本格化しないうちは、その発端は微小で、慎ましく、不完全なものなのだ。

最後に、集合的知性体はそれ自身に対する形相因である。その姿は、外的な決定機関によって与えられたものではなく、その裡で結びつくおびただしい自由な諸関係から、絶えず創発してくるのだ。集合的知性体は、それから突出し、それを構造化するような別個の器官によって表現（再現前化）されるのではまったくなく、内在的な空間においてみずからを表出する。超越的な統一などなしに、それは絶えずその皮膜の襞を生産し、再生産し、またみずからの世界に住みつくものを決定し直す。自分の形相に働きかけ、あるいは変化するために、集合的知性体はそれゆえ、代表者を交替させたり、何らかの偶像を破壊したりする必要がない。というのも、それが創造され、知られ、そのイメージを生産するのは、同じ連続的な動きによってだからだ。集合的知性体が自分自身の形相因であるということ、これこそがまさに、そのより高度な完成、その内在性の試金石なのである。

集合的知性体の目的因は、それ自身の現実存在（existence）であると私たちは述べていた。——詳しく説明しておこう。その存在というのは、私たちが今しがた定義した意味で、自己原因としての存在なのである。もし、集合的知性体の自由が受け入れられるなら、その残りは解消してしまった方がいい。なぜなら、その時、集合的知性体はみずからを構成するものたちの自由を、不断に始動し直すのだからだ。もしも、その成員たちが集合的知性体の自律性を維持するにいたるなら、質的な多様性があらたに獲得されるごとに、集合的知性体がその冒険を追い求めることにまつわる、皆の利益は強化されるのだ。また、その成員たちが絶えざる再創造に身を投じれば投じるほど、表出の内在的な活動力《ディナミズム》は存在の様式をいや増しに豊饒なものとする。自由の各々の様態が、他の様態へと積極的《ポジティブ》な循環《スパイラル》を描きながら波及してゆく。

こうして、集合的知性体はあらたな空間を開くのだ。

第六章　サイバースペースにおける芸術とアーキテクチャ――集合的知性の美学

サイバースペースの建築現場

コミュニケーションのネットワークやデジタル化された記録は、近いうちに、地球上を行き来する諸表象や諸々のメッセージの大多数を取り込むことになろう。本章では、私たちはこれらネットワークの発展に関わる争点の重要性を評価してみたいと思う。政治学や美学は、サイバースペースの開かれた建設現場にでくわす。集合的知性という展望は、可能な道の一つにすぎない。サイバースペースが予言するのは、すでにしばしば現実化し、幾つかのSF作品が提示しているような、ぞっとさせる非人間的な未来なのかもしれない。すなわち、個人情報の収集・保存、アウトソーシングされたデータの諸々の処理、匿名の諸権力、抗しがたい技術－金融的な大企業帝国、社会的な内破、記憶の消去、リアルタイムの制御不能な相互作用の中でなされる、常軌を逸したものとなったクローン戦争……といったものかもしれない。

しかしながら、集合的知性のためのヴァーチャルな世界は、ギリシャの神殿、ゴシック様式の大聖堂、フィレンツェの王宮、ディドロやダランベールの百科全書、あるいはアメリカ合衆国の憲法といった、文化、美、精神、そして知をも引き受けうる。ヴァーチャルな世界は、公刊されることのなかった言語の集まり《ギャラクシー》を明るみに出し、未知の社会的時間性を出現させ、社会的な絆を発明し直し、民主主義を改良し、世に知られていない知への道を人々の間に切り開きうるのだ。しかし、そのためには、私たちがこの建設現場に投資しなければならず、また、その現場は美や思想の争点、そしてあらたな社会的調整《レギュラシオン》の発明の場所等としてデザインされ、認知されなければならないだろう。私たちは、本書の第一部を社会的な絆の工学の、美学的な側面によって締めくくろう。それはとりわけ——もっぱらというわけではないが——サイバースペースの概念と、コミュニケーションや思想のあらたな環境における創造性に富んだ遊びの発明とに関わるものだ。

　サイバースペース——これはアメリカ生まれの言葉で、SF作家のウィリアム・ギブスンが、一九八四年の小説『ニューロマンサー』[1]で初めて用いたものである。サイバースペースという語が意味するのは、出遭いや冒険の場、世界的な対立の争点、そして経済的、文化的な新しいフロンティアとしてのデジタル・ネットワークの宇宙である。それは今日では、《サイバーカルチャー》を標榜する文学的、音楽的、美術的、さらには政治的な諸潮流の増大という形で、現にこの世界に存在している。サイバースペースは情報のあらたな支持体であるというより、むしろそれが可能にする創造、知識についてのナヴィゲーション、そして社会的関係、といったものの独創的な様式を意味しているのだ。参考までに、種々雑多で終わりのない一つのリストを順不同に挙げておこう。——ハイパーテキスト、相互作用的なマルチメディア、テレビゲーム、シミュレーション、ヴァーチャルリアリティ、テレビ会議、拡張されたリアリティ（センサー、情報収集やコミュニケーションのためのモジュールがあなたがたの役に立つように散りばめられている物理的な環境）、グループウェア（共働を支援する機器）、神経回路プログラミング、人工生命、エキスパートシステムなどである。

これらの装置すべては、デジタル化された情報の分子的な性格の活用という点で一致している。これら諸技術と、《古典的な》メディア（電話、映画、テレビ、書籍、新聞、博物館）の様々なハイブリッド体が、今後数年先には登場するだろうといわれている。サイバースペースは広大で、開かれ、まだ部分的に定まりきっていない領野を形成しており、それをその構成要素のただ一つに還元せねばならぬいわれはない。サイバースペースは、創造、記録、コミュニケーション、そしてシミュレーション、といったことに関するあらゆる装置を連結し、インターフェースを形成することを使命としている。

真の《偉業》がデジタルな情報の宇宙で、そして集合的知性のあらたな創発の場で開始されようとしているとき、人はコンクリート、ガラス、鋼鉄……の力によって領土を埋め尽くそうとし続けていた。私たちが再び遊牧民《ノマド》に戻ろうとしていたとき、出エジプトの時機を窺ってアーキテクチャを考案せねばならなかったときに、人はピラミッドを造っていたのである。思考の静寂のうちで、私たちは今後、サイバースペースのソフトウェア的な大通りを闊歩し、あらゆる所に散在する重さのないデジタルな住宅に住むことになる。そしてそれは、すでにもう、個々人や諸グループの主体性を構成しているのだ。サイバースペース——すなわち都会の遊牧民《ノマド》、ソフトウェア工学、《智慧の空間》の流動的な土木工学。サイバースペースは、知覚し、感知し、思い出し、働き、遊び、一緒にいるためのさまざまな流儀を、みずからとともに運んでゆく。それはある内的なアーキテクチャ、知性の集合的な諸装置の未完成な一つのシステム、記号という屋根を葺いた旋回する都市なのである。サイバースペースの、つまり人間集団のコミュニケーションや思考を取り巻く環境の整備は、来るべき世紀の美学的そして政治的な主要な問題点の一つなのだ。

たとえば、デジタルな支持体を持った相互作用的なマルチメディアが明らかに提起しているのは、ロゴス中心主義の終焉という問題や、他のコミュニケーションの様式にたいして、なんらかの優位に立っている言説が格下げされるという問題である。おそらく人間の言語《ランガージュ》能力は、同時にいくつもの形式の下で現れてきたのだろう。——口頭的形式、身振りの形式、音楽的形式、アイコン的形式、そして造形的形式などといった具合に。独特なこれら表現の各々は、記号論的な連続体の特定の領域を活発にし、一つの言語から別の言語に反響し、また一つの感覚から別の感覚に反射し、意味のリゾームを辿り、その表現が身体と情動を経れば経るほどいっそう見事に精神の潜勢態へと届く。書き物《エクリチュール》に基づいた支配のシステムは、言語を切り離し、言語を記号論的領土の支配者に据え、その後、至高のロゴスの諸要求に従って、その領土を切り分け、細分化し、評価してきた。

ところが、ハイパーメディアの出現は、一つの興味深い可能性をおぼろげに浮かび上がらせている（他の可能性に較べてその興味深さは一層きわだっている）。それは——書き物《エクリチュール》によって開かれた道や、勝ち誇ったロゴス中心主義より前にさかのぼり、脱領土化した記号論的構想の再開へと向かうという可能性だ。ところで、テキストのあらゆる潜勢態への豊かな遡行や、旧石器時代人のあずかり知らぬ道具で武装した回帰は、諸々の記号を生き生きとしたものにしうる。合理的なテキストと魅惑的なイメージとの安易な対比に閉じこもるよりはむしろ、ヴァーチャルな世界、複合的なシミュレーション、ダイナミックな書き物《エクリチュール》の支持体によって開かれた、より豊かで、より精緻で、より洗練された思考と表現の可能性を探求することを試みるべきではないだろうか。

この《新しい技術》を評価するにあたって、メディア的に脚光を浴びることで公衆の関心を惹いた、《電子ハイウェイ》、在宅勤務、相互作用的なCD、そしてヴァーチャルリアリティのゲームなどに言及して満足すべきだろうか？　人は、これら耳目を集める諸現象と、日常的な用途との、すでに使われている知的技術からは見えない連続性を見失っている。天から降ってでもきたかのような、別々に知覚される技術的な諸々の目新しさに直面して、それらが構成している開いたダイナミックなシステムや、サイバースペースにおけるそれらの相互連絡、進行中の文化的過程へのそれらの闘争を孕んだ導入といったものが、忘れられているのだ。人々は、そうした技術的な目新しさが人間の将来にもたらす、異なる諸々の可能性にまだ気づいていない。それらの可能性はその全範囲においてほとんど知覚されてはいないものの、熟慮、選択、趣味判断の対象とすべきものである。しかもそれは機械の専門家にとってだけの話ではない。コミュニケーションと思考の機構に関していえば、人々は、内面性の次元、集合的主体性の次元、倫理の次元、そして、おそらくもっとも技術的な決定に関与する感性というものの次元をなおざりにしているのだ。

作品から組み合わせ《アジャンスマン》へ

作品という観点に立っても、サイバースペースからは、文化的な誘因《アトラクター》についての深い洞察が得られるように思われる。それは、たがいに扶翼《ふよく》しあう三つの命題によって、次のように要約されることになろう。

（1）嗜好や場面に応じて、あれこれのやり方で呼び出され、操作され、送り返され、遠ざけられ、近づけられ、シナリオ化されるもの……それはどんな領域のものであれ、受け手の周囲を経巡ろうとするメッセージである。受け手はいまや中心に位置しているのだ（マス・メディアによって描かれる像の逆転）。

（2）著者と読者、制作者と観客、クリエイターと解釈者の明確な区分が混淆する結果、読む－書くの一つの連続体がもたらされる。おのおのが他者の働きかけに対して、逆に自分側からの働きを供給することに一役買うような、機械やネットワークの考案者から最終的な受け手にまでいたる連続体がもたらされる（署名の終わり）。

（3）諸メッセージあるいは諸《作品》間の境界、《作者たち》に帰せられる小－領土と見なされたそれらの境界は、消滅する傾向にある。あらゆる表現はサンプリング、ミキシング、再利用といったものの対象になりうるのだ。出現しつつある創造とコミュニケーションの実用主義《プラグマティック》にのっとり、情報のノマド的な諸々の分布は、広大な脱領土化された記号論的平面を揺れ動く。創造的な努力がメッセージから移り、諸々の機構や、プロセスや、言語や、動的な《アーキテクチャ》や、環境のほうへとむかっていくのも、それゆえ自然なことである。

十九世紀末以来、芸術家たちによって提起されてきたある種の問いが、それゆえサイバースペースの出現によって、より執拗な具合に付き纏ってくることになる。これらの問いは、《枠組み》を直接揺さぶるものだ。――作品とその境界、展示、受容、再生産、普及、解釈、またそれらが排除する分離のさまざまな形態に働きかけるのである。枠組みの働きは、今度はまるで、どんな囲いであろうと、これからはもう脱領土化を最終的には抑えることができない、といったような有様である。新しい空間へと跳躍しなくてはならないのだ。その空間とは、変異を来たしている《作品》というものの、増殖と普及の社会‐技術的な環境としての空間である。とはいえ、サイバースペースにおいて、相変わらず作品について語ることが、はたして可能なのであろうか?

少なくとも数世紀来、西欧では、芸術的な事象はおよそ次のようなものとして現れてきた。すなわち、ある人物(芸術家)がある対象、もしくは特殊なメッセージ(作品)に署名をし、他の人物ら(受け手たち、公衆、批評家たち)が、それを認知し、味わい、読み、解釈し、評価する、といった風に。作品の役割(宗教的、装飾的、破壊的などの……)がいかなるものであろうと、また謎の核心や私たちに潜む情動の核心にむかって、あらゆる役割をも超越していくその能力がいかほどのものであろうと、それは古典的なコミュニケーションの図式のうちに収まっている。発信者と受信者は截然と分かたれ、彼らの役割は完全に割り振られているのだ。

ところで、姿を現しつつある技術文化の環境は、発信と受信、創作と解釈のあいだの境界を等閑視することによって、あらたな種類の諸芸術の展開を惹き起している。それらはもっぱら、進行中の変異によって開かれた可能なものに関わっている。決して実現しないか、ほんの一部しか実現しえないが、なるほど可能ではあるような可能なものに関わっているのだ。ここでは何よりもまず、自分の多種多様な豊かさを発揮することがないまま、あまりにも早く閉じこもってしまわないことが目指されている。芸術のこのあらたな形態は、もはや公衆とは言い難い者に、コミュニケーションと創造の、これまでとは違った諸々の様式を体験させるのである。

創造の過程の外部に置かれ、後になって作品に意味を与えることを促される受信者に向けてメッセージを配信する代わりに、ここで芸術家は一つの環境を、コミュニケーションと生産の一つのアジャンスマンを、集合的な一つの出来事を作り上げようとする。そしてそれらは、受け手を含み、解釈者を行為者へと変貌させ、解釈というものを集合的な行為を伴った円環のうちに位置づけるのだ。おそらく、諸々の《開かれた作品》は、そうした方向付けをすでに予示している。しかし、それらはまだ解釈学の枠組み（paradigme）に囚われたままだ。開かれた作品の受信者たちは、空白を埋め、可能ないくつかの意味から選択し、そしてその諸解釈のあいだの相違を突き合わせるように促されている。だがそこでは、未完成の記念碑的作品のいろいろな可能性を称揚し、探求することが、芸術家の署名の下にある素晴らしい一冊の書物を認証する連署を施すことが、いつだって主要な問題なのだ。

ところで、すでに述べたような連座の芸術（l'art de l'implication）は、もはや作品をまったく構成しない。たとえそれが開いた、もしくは不確定の作品だとしても。――そうした芸術は、プロセスを創発させる。また、それは自律的で閉じているかのような様々な生に前人未到の道を開こうとする。それは成長と世界への居住（l'habitation）へと導く。それは私たちを創造的循環に、私たちがつねにすでに共‐作者（co-auteurs）である、活気にあふれた環境のうちに私たちを組み入れるのだ。Work in progress とは？　それは強調点を作品（work）から進行（progress）へと移動させることである。人はその表現を時間や、場所や、集団のダイナミズムに関係づけるが、もはや人物には結びつけない。それは署名無き芸術である。

古典的な作品は賭けのようなものだ。作品がみずからの持つ言語を変質させればさせるほど――その変質が音楽的であれ、造形的、言語的、もしくはその他のものであれ――その作品の作者は、無理解、無視……といったリスクに晒されることになる。しかし、賭金が高額になればなるほど――それは、その言語が到達させられた、鋳直しや融解の度合いなのだが――その見返りは魅力的なものとなる。すなわち、文化史における事件となるのだ。ところで、この言語という賭け事、無理解と承認とのあいだの賭けは、芸術家たちだけのものではない。私たちが各自に見合った仕方で、お互いに表現し合うやいなや、私たちは生産し、再生産し、そして言語を変化させているのである。特異な発話から創造的な聞き取りへと、諸々の言語はコミュニケーションの長い過程の中で、かくして現れ出たり、派生したりするのである。尋ねあい、答えあい、リスクを冒しあい、挑発しあい、失望させあう無数の声に支持されて、ナンセンスの淵の上に新しい単語、新しい言い回し、新しいアクセントを投げ入れることによって。それゆえに一人の芸術家は、そうしたものを掴んだときに、先立つ諸世代に受容された表現の形態を、発展させることができるのだ。そもそも、こうしたことは芸術の社会的なおもだった機能のうちの一つである。——共同体の、言語と記号の連続的な発明に加わること。とはいえ、言語の創始者は、つねに集団なのである。

作品の古典的な機能を先鋭化することによって、連座の芸術(l'art de l'implication)は人間の諸々の集団に緊張をもたらし、彼ら自身の言語の発明を可能にすることになる記号機械を、彼らに提示している。とはいえ、このような言語を、私たちはずっと以前から生産してきたと言えるのだ。おそらくそうではあったが、私たちに知られることがなかったのである。それは、私たち自身の大胆さに怯えてしまわないためであり、私たちの歩みの下にある空白を覆い隠すためであった。あるいはたぶん、ただこの冒険があまりにもゆっくりであったために不可視のものとなってしまったという理由で、あるいはこの冒険があまりにも多くの進歩しつつある群衆を包み隠してしまったために、確かな基盤があるという幻想を私たちは好んだのだ。

しかしながら、私たちがこの幻想の代償に支払ったのは、敗北の感覚である。神の言葉の前では劣っており、ロゴスの超越性によって越され、芸術家が着想を得る閃きの見地からすれば生気もなく、学派の公正さからすれば不完全な私たちは、死んだ言葉の重みを担いながら、言語の外部性の前で失神する。連座の芸術、それはもっぱらサイバースペースにおいて、サイバースペースを組織化しながら、自分の本領を発揮し、みずからが治療《セラピー》的であることを望んでいる。連座の芸術は、このように解された言語の集合的発明を、体験するように促すのだ。そうすることで、それは芸術的創造の本質そのものを狙うのである。

　自分たちの生と興味の浴槽から上がらされ、自分の能力の範囲から程遠く、お互いに切り離された諸々の個人は、《何も語ることがない》。一つの集団として――トポロジー的意味でも、情動的意味でも――彼（女）らを捉えること、そこにおいて彼（女）らが共に感覚的場を想像し、探査し、築き上げる喜びを得るような一つの冒険に巻き込むことに、すべての困難はあるのだ。たとえ生中継やリアルタイムの技術がこの企図の一部を担うとしても、想像する集団に固有の時間は、切り刻まれた時間性、加速された時間性、《相互作用性《インタラクティビティ》》のほとんど点的な（ponctuelle）時間性のいかなる面からもあふれ出してしまう。即時性とか記憶を欠いたザッピングとかでは不十分だからといって、もはや解釈の長い鎖の連なりへと、伝統の無限の忍耐へと送り返されてしまうわけではない。それは、死者と生者の年代を同じ持続のうちに包み込み、時間に対する壁を構築するために、現在という清流を作用させる。――珊瑚が珊瑚礁を育て上げるように、注釈は、層から層へと重なり、常に注釈の対象に変容してしまうのである。いや、そうではない、集合的想像体のリズムは、非常にゆっくりしたダンスのリズムに似ている。それは、スローモーションの振り付け術の領域に属する。そこにおいて身振りは少しずつ調整されていき、限りない慎重さとともに呼応し合い、踊り手は次第に同期したり、ずらしたりする秘密のテンポを発見する。各自は、物静かで、遅れてくる、複雑な共時態における入り口を他者から学ぶ。知性的集団の時間は、大河のデルタで繰り返されるデッサンのように、穏やかに展開され、もつれ、取り戻される。集合的想像体は、そのはじまりの儀式を発明する時間をかけることから生まれる。そして、それは起源を言祝《ことほ》ぐことであり、また同時に起源そのものでもある。いまだ決定されていない起源。

サイバースペースにおけるあらゆる資源を利用することで、連座の芸術は音楽の源流を発見する。多なるもののざわめきから発して、いかにして一つの交響曲はみずからを高めるのだろうか。あらかじめ用意された楽譜なしに、どのようにして群衆のざわめきは、一つの合唱《コーラス》へと移行するのだろうか。集合的知性体は社会契約を絶えず賭け直し、集団を生まれつつある状態において維持する。逆説的に、それは時間を要求する。人々を巻き込み、絆を紡ぎ、共通の諸客体、諸風景を出現させ……そしてそこに戻っていく、といった時間を。時計やカレンダーの見地からすれば、集合的想像体の時間性は延期され、中断され、突然引き起こされるように思われるかも知れない。しかし、すべては集合体の薄暗く、不可視な襞（replis）のうちで行われるのだ。すなわち、メロディーライン、情動的な音調、表立たない拍子、照応、集合体がそれを構成する諸個人のただ中において結びつける連続性のうちで。

脱領土化のアーキテクチャのために

これらの道を踏査する芸術家たちは、サイバースペースのあらたなアーキテクチャの探索者たちの導き手であるだろう。このサイバースペースはおそらく二十一世紀の主要な芸術の一つである。このあらたな建築家たちは伝統的な芸術の場から来た人々であるだけでなく、またエンジニア、ネットワークあるいはインターフェースの立案者、ソフトウェアの発明者、規格化の国際的組織に身を置くチーム、情報法学者、などでもあるだろう。この領域において、実際には見たところもっとも《技術的な》ものとして選ばれたものは、強い政治的、経済的、文化的な影響を持っており、また持つであろう。旧来の建築家、都市工学者が人間集団の物質的、実践的そしてシンボル的でさえある環境を生産するのに寄与していることは知られている。同様に、サイバースペースのスポンサー、立案者、エンジニアたちは、思考（記号体系、知的テクノロジー）の、知覚（インターフェース）の、活動（在宅勤務、遠隔操作）の、そしてコミュニケーション（アクセス権、税制）の環境の生産に貢献し、その環境は社会的そして文化的な進化を大規模に組織することになるのだ。

サイバースペースの構成を導くために、可能な異なった方向決定の間で選ぶのを助けるために、さらにはそこにあらたな方向づけを描くために、私たちは倫理－政治的選択の基準や、組織化のためのヴィジョンを提示しよう。集合的な知性や集合的な想像力の産出に役立つような諸機構が奨励されなければならない。こうした一般的原則に則って、次のようなものがむしろ奨励されることになるだろう。
(1) 相互的修習による社会的な絆の発展と智慧の交換を促すような諸々の手段。
(2) 伝統的なメディアによる放送＝拡散(diffusion)を再生産するものではなく、むしろ、多様性に耳を傾け、それを組み込み、復権させるのに適したコミュニケーションの組み合わせ《アジャンスマン》。
(3) 自律的存在の出現を目指すようなシステム。そこにおける諸システム(教育的、芸術的など)と諸存在(個人、人間集団、作品、人工物)の性質を問わないもの。
(4) 最大限の数のデータソース、能力の資本、人類によって蓄積されたシンボル的能力を活用して物事を踏査し、価値評価することを可能にする記号論的工学。
記号たちの創造と管理、知識の発信、生と思考の諸空間の調整に関して最良の予備教育は、おそらく、文学、芸術、哲学、ハイカルチャー一般の側にある。野蛮は分離から生まれるだろう——あるいはすでに生まれているというのだ。技術者たちが信じていることに反して、この主題について、彼らには人文学者たちから学ぶべきことが多くある。それと対称的に、文化人もこれらのあらたな道具を自分のものにする努力をしなければならない。というのも、それら道具は知性や感性の働きを再定義するのだ。この出遭いがなければ、私たちは結局のところ空虚な技術と死んだ文化しか手にしないだろう。

ここでは、定礎(fondation)なきアーキテクチャが擁護されるのだ。その実践的な海洋学のシステムを丸ごと用いて、ナヴィゲーションし、流れの中で進路決定する船のアーキテクチャのようなもの。人間の身体や精神の固定された何かの像のアナロジー、安定した一つの世界を反映した、「シンボル的な」分別くさい建造物ではない。逆に、脱出《エクソダス》するアーキテクチャは拡大する諸記号の世界の中で、ノマド的宇宙を増大させるのだ。それは諸身体の絶え間ない変容を織りなす。肉体や時間の代わりに、それは記憶という未踏の群島に向けて艦隊を配備する。表象の劇場を創設することから遠く離れて、未来のアーキテクチャはカオスを横断するために、アイコンの筏を寄せ集める。集合的な脳に耳を傾け、複数的な思考を翻訳しながら、それは即時的で輝き、炎のように舞う音響の宮殿、声と歌の街を建設するのである。

第二部　《智慧の空間》

第七章　四つの空間

《大地》

地球、ノマドたる大いなる《大地》（Terre）は、人類が占めた最初の空間である。われわれの種が人類の世界をこのようなものとして作り上げ、それによって滲《にじ》み出てきたのが《大地》なのである。《大地》とはまさしく、言語や、技術の発展過程《プロセス》や、社会的諸制度のなかで、旧石器時代に花開いた〈意味の世界〉だ。人類が自分自身を発明したのは、その足下に、またみずからの周囲に、《大地》を展開することによってである。人類を扶育し、人類に語りかける《大地》、人類が歌や儀礼の行為によって、絶えまなく再創造している《大地》を。

《大地》は、手つかずの地でも、発端となった時でもなく、発端を定めることができない太古よりの時空、種の《つねにすでにそこにある》空間であって、人間的世界のはじまりを、拡大を、未来を含んでおり、またそれらを超出している。《大地》とは一つの惑星ではなく、生物圏ですらなく、動物や草木、風景、場所、精霊と人間が交渉する一つのコスモスである。《大地》とは人々や、岩石や、植物たち、けものたち、神々が、お互いに出遭い、語りあい、融合し、分離し、それによってみずからを永遠に再建する、そうした空間なのだ。《大地》は変身《メタモルフォーゼ》の場所である。オウィディウスや、エンペドクレスや、ルクレティウスにおける変身、オーストラリアのアボリジニの夢に満ち満ちている変身、あらゆる偉大な神話の物語における変身の場所だ。

《大地》の上では、すべては真実《レエル》であり、現前しており、トランス状態で獲られたヴィジョンや、神々に霊感をうけた言葉も、そこでは必ずしも慎重な判断に相反しない。ノマドたる大いなる《大地》の上では、夢想と覚醒はなるほど混同されてはおらず、お互いに支えあい、意味づけあい、養いあっている。動物たちは、生態学上のニッチ（niche）に棲む。人間はいかなるニッチであれ、たちどころに超えてしまう。人類は自分の言語や、道具や、複雑で巧妙な社会機構において、絶えまなくコスモスを撹拌《かくはん》し、それによってつねに《大地》を作り上げ、作りなおしているのであり、その《大地》に住んでいるのだ。人は犬のように犬小屋（niche）には住まないが、それは彼が星たちを眺め、彼を創りだす神々を創りだすからであり、鷲や豹を先祖とみなすからであり、諸々の記号や、物語や、死のなかで生きているからだ。人はコスモスに棲む、唯一の動物である。そのコスモスは一つの種にのみ属しているのではなく、いくつかのトーテムをえらぶ。人類は《大地》に、ものいう動物たちや植物たちのコスモスに捧げられた種であり、変身の《カオスモス》に捧げられた種である。

無論のこと新石器革命も、ノマドで野生な大いなる《大地》、太古の「楽園」を、消し去りはしなかった。無意識という言葉は、《大地》のこうした恒久性を言いあらわすには、きわめてまずい言葉だ。この言葉は、コスモスがそこからすでに排除された、貧相で、個人的で、平俗な、小さい領域のことを語るものだからである。カオスモス的な大いなる《大地》は、つねにそこにある。私たちの足下、諸々の縄張りのコンクリートの下、諸々のスペクタクルの馬鹿げた記号どもの下、はるか遠くで共鳴しながら。諸々のアイデンティティの境界を横断しながら、《大地》のコーラスは夢想と人生のその狂騒なる歌を、世界の現実存在を保つその斉唱を、いまもなお歌っている。

《領土》

一万二千年前から、《大地》の上に数世紀に亘《わた》って、染みが次第に広がるようにして、点在する斑点が互いに結びつくようにして、もう一つの人類学的空間、《領土》空間が広がってゆく。動物の家畜化と飼育、農耕、都市、国家、書き物《エクリチュール》、労働の厳格な社会的分業……これらすべての革新は、そこかしこでいつも同じ順番で相次いで起こったわけではない。しかし、それらが相互に結びつき、たがいに強化しあう時、これらの革新は一つの不可逆的な力、一つの拡張の能力、一つの恒久性——あらたな人類世界、《文明》の定住的世界が実際に確立されるようなそういう恒久性——を獲得するのだ。

おそらく《領土》空間は、近東、肥沃な三日月地帯、イランとアナトリアの間で最初に開けた。しかしまた遅れて中国の新石器時代があり、さらに遅れてメキシコやインカの新石器時代がある。時期はさほど重要ではない。新石器時代はここでは歴史上の一期間としてではなく、それがひとたび現れればすぐに種族の過去全体、将来全体に直接影響する、非時間的な人類学的空間として考えられるのである。農耕、都市、国家、あるいは書き物《エクリチュール》はこののち、相互に参照しあい、各々がそれぞれの仕方で《領土》を区分することに寄与する、人類にとって固有のヴァーチャル性となるのだ。

最初の空間、つまり《大地》の空間を象徴する人物は、洞窟の壁の上に巨大な鹿の姿を削るトナカイ時代（旧石器時代前期の古称）の狩猟者、もしくは裸で槍を手にし、遥か昔から続く足跡をなぞって部族の夢を歌うオーストラリアのアボリジニであろう。《領土》を境界づける記念碑におそらく刻まれるのは、アッカド帝国のサルゴン（一）、四方世界の王（二）であり、メソポタミアのあらゆる都市国家を征服することで統一した歴史上最初の皇帝の偉業であろう。《領土》の中心点にあるのは、おそらくその影によって、あらゆる農奴、職人、書記、そしてまた戦士たちを覆い、そこら一帯を、国境まで覆っているピラミッドである。大麦、古代小麦（三）の畑、錯綜する灌漑路の全体、そして広場、街路、大通り、神殿、彫像、壁などをひっくるめた諸都市を見下ろすピラミッド。未来の諸世紀に、ファラオのミイラを運んでいるピラミッド。

《領土》は巨大なノマドたる《大地》を覆おうと努め、そしてそれを周辺へと押し出す。《領土》は河川を運河化し、湿地を干拓し、うっそうとして脱出困難な森林を開墾し――森林は新石器時代初期より絶え間なく燃えてきたのだ――、川、峡谷に橋を渡す。そして敷石の舗道が、稜線にそって、軍団の足音を響かせる。軍隊、警察、行政機関、税の徴収人、年貢の調達人たちもまた、人々を文明化し、内なる《領土》を構築し、習俗と人民の集合的な魂の内に一つの社会的ピラミッドを聳《そび》え立たせる。いかなるヒエラルキーも、死産した子供にも似た、ファラオのミイラをその裡に宿しているのだ。

《領土》は《大地》との間に、一つの捕食と破壊の関係を打ち建てる。それは《大地》を支配し、固定し、閉じ込め、記録し、計測する。しかし河川は氾濫し、森は拡がり、砂漠の盗賊たちは蓄えられた財宝を略奪しに出没するので、女たち、そして男たちは、彼らの畑や家を残して逃げ出してしまうのだ。《大地》はいつでも戻ってくる。それは《領土》のただ中に闖入してくる。ノマドと定住の原理の戦い、諸空間の闘争において、イブン・ハルドゥーンが見ていたのは、歴史の弁証法そのものである。

小麦とレンズ豆、米と大豆、インゲン豆とトウモロコシ、牛と羊は、作られ制御された風景のなかに犇《ひし》めいている。大いなる新石器時代の人間は、刷新された宇宙に住んでおり、その宇宙は新しい神々が宰領する古代と緊密に結びついている。街の中では、匿名性やあらたな自由を経験するということが、ときおり起こる。書き物《エクリチュール》は人間に別の時間を開く。増大した力が、個人ではなく、社会的巨大機械、すなわち国家の手に転がり込む。かくして人類は河川のほとりで、デルタ地帯で、肥沃な平野で増殖していくのである。

三、四千年前から第二次世界大戦まで、人類の大多数は農民であって、《領土》上で、新石器時代の長い持続のうちで生きていた。帝国の倒壊、民衆の動乱、いくつかの技術的改革は、ほとんど《領土》を震わせるものではなかった。

《商品の空間》

それは、貨幣とアルファベットの発明とともに、身分制《カースト》の重苦しいヒエラルキーから逃れて、記号がより迅速に側面から循環しはじめるとき、つまりギリシャの奇跡の黎明期において始まったのだろうか？　印刷術の勝利、この最初の産業、この最初のマスメディアの勝利を目の当たりにしたルネサンス、同時期にヨーロッパの航海者たちが最初の世界市場を築き上げつつすべての大陸を結びつけていた、そのルネサンス期に遡るべきだろうか？《商品の空間》が開かれるのは、むしろ産業革命の煤煙の中、すなわち十八世紀なのだろうか？　交換もしくは商業の日常的空間ではなく、貨幣のつねにより緊密で、つねにより迅速な、絶え間ない循環によって織りなされた、新しい世界としての《商品の空間》。為替手形、約束手形、有価証券、株券、外国為替、利率、財政、投機、計算といったもの。

この世界はまず、揺動しており、離散的で、脆《もろ》く、最初は社会的生活の表面や余白にしか食い込まない。しかし、目覚ましい歴史的な遭遇の結果として、その離散的な構成要素は結集するにいたる。――貨幣、銀行、クレジット、専制的な大帝国の不在にも関わらず文明化している住民、資本と技術、拡大した市場、農村から駆り出された労働者、すでに《領土》から逃れ、これまでとは異なる別の空間、異なる速度を探し求める集合的想像界あるいは欲望……。このあらたな世界はついにはみずから成長し、おのれに固有の生を生きるようになる。国境を横断し、《領土》のヒエラルキーを覆し、貨幣のダンスはみずからとともに、加速化された運動によって、モノや記号や人間の高潮をもたらす。蒸気船、鉄道、自動車、道路、事故、高速道路、廃車置き場、トラック、貨物船、タンカー、飛行機、地下鉄、TGV、輸送、商品循環、資本循環、配当、過剰供給、流動性の枯渇といったものを。

《商品の空間》は、脱領土化する機械によって平滑化され、維持され、増大する。この機械は一挙に自己組織化し、それ以降、出会うものすべてによって養われるのである。ミダス王が触れたものを何もかも金に変えてしまったように、資本主義は循環の中へと引きずり込みうるものはすべて《商品》に変えてしまう。小麦、皮革、羊毛、綿、布、毛織物、衣服、ミシン、化学薬品、肥料、薬、缶詰、冷凍食品、冷蔵庫、洗濯機、煙草、洗剤、ベビーパンツ、石けん、多種多様な品物、物の集積、商店、在庫、倉庫、カタログ、スーパーマーケット、包装、箱、ショーウィンドー、消費、ごみ、廃棄物などを。

資本主義は、領土国家によらなければ機能しないし、科学や技術を通じて、大地的宇宙《コスモス》、リソースとして再定義、再解釈された宇宙《コスモス》の諸々の流れや記号が、その諸々の展開のうちに巻き込まれていくのでなければ機能しない。このリソースとしての宇宙《コスモス》は、科学と技術によって再構成され、再編され、拡張された宇宙《コスモス》、テレビ映像化され、シミュレーションされた宇宙《コスモス》である。エレクトロンやプロテイン、黒竜江や揚子江のダムといったものからなる——テクノコスモス（四）(le technocosme)なのだ。鉄や石炭の鉱山、坑内ガスの爆発、蒸気機関、労働、繊維産業、トラクター、コンバイン、殺虫剤、高炉、油井、精製所、労働、ガス工場、喘息、気管支炎、火力発電所、水力発電所、原子力発電所、電気、労働、ケーブル、ネットワーク、電灯、ネオンサイン、工作機械、ロボット、労働、ストライキ、コンクリート、ガラス、鋼鉄、プラスチック、机、ビジネスセンター、集会、労働、労働、労働、失業といったもの。

《商品の空間》が《領土》とのかかわりによってみずからの自律性を手に入れる時、その空間はあっさりと先行する諸空間を棄て去るのではなく、それらの諸空間を従属させ、みずからに固有の諸目的に応じてそれらの空間を組織化する。新石器時代の古い《領土》は、テクノコスモスの商人によって膨張させられ、ハイブリッド化し、横断され、穴を穿《うが》たれ、縫い目を解かれ、覆われてしまう。資本主義はまさしく《脱領土的》である。そして産業と商業の動きは、三世紀この方ずっと、人類社会の発展の主要な原動力だった。人類は十八世紀の中頃には約七億五千万人だった。二〇〇〇年には、六〇億人となることだろう。今後は《大地》の廃墟と《領土》の浸食された記念建造物《モニュメント》のただ中で、つまりテクノコスモス、その速度、記憶を欠いたそのイメージの氾濫のただ中で、六〇億人が暮らすことになるのだ。大砲、砲弾、装甲鋼板、爆薬、駆逐艦、機関銃、マスタードガス、戦車、戦闘機、爆撃機、チクロンB〔毒ガス〕、巡洋艦、航空母艦、原子爆弾、白リン弾、クラスター爆弾、サーモバリック〔燃料気化〕爆弾、ヘリコプター、ミサイル、レーダー、戦争、戦争、そして破壊だ。

マルクスが、経済を人間社会の《下部構造》とし、《生産様式》の検討を史的分析の鍵としたのは、十九世紀に支配的な空間が実質的には《商品の空間》だったからだ。さて、資本主義と共にしか、《経済的基盤》はない。以前もそうだったし、そして恐らくつねに……。しかしながら資本という自動制御的《サイバネティックス》な巨大な機械、その収縮・拡大の並外れた力、そのしなやかさ、そのいたる所に入り込み、商業的なかかわりを絶えず再生産する能力、その伝染病的な毒性は無敵で、あたかも尽きることがないかのようだ。資本主義は不可逆的である。資本主義こそが今や経済なのであり、そしてそれは経済というものを人間存在にとって排除できない次元として位置づけたのだ。

絶えず《大地》と《領土》があるように、絶えず《商品の空間》はあるだろう。タイプライター、印刷術、新聞、雑誌、写真、ポスター、広告、映画、映画スター、電話、ラジオ、ポピュラー音楽、テレビ、レコード、クラシック音楽、テープレコーダー、カセットテープ、ハイファイコンポーネント、ロック、バロック音楽、ウォークマン、テレビゲーム、インタラクティブなマルチメディア、ワールドミュージック、博物館、ロケット、人工衛星、コンピュータ、データ通信（télématique）、情報、コミュニケーション、データバンク、団体旅行、《インテリジェントビル》、すべての階に張り巡らされた水道とガス、研究開発（R&D）、遺伝子操作、《芸術》、《文化》、見世物、といった具合に。

資本という渦から逃れるのを可能にする、新しい人類学的次元とはどのようなものだろうか？ 経済の動きよりも迅速で、より包括的などのような動きが、脱領土化を脱領土化するのか？ 商業の海、現代の人類の高みは、目の眩むような上昇に波打っているが、今度はもう一つ別の空間へと開いている突破口が通じるのである。

《智慧の空間》

率直に言うと、《智慧の空間》は存在しない。それは、語源的な意味において、理想郷《ユートピア》、つまり存在しない場所（non-lieu 非－場所）である。それはどこにも現実化されていないのだ。しかし、たとえそれが現実化されていないにしても、それはすでにヴァーチャル的であり、生まれ出ようと待ち構えている。より正確に言えば、それはもう現前しているが、しかし隠れており、散らばっており、変装し、混じり合い、そこかしこにリゾームを張りめぐらしている。それは、いくつもの点から、点線、線模様といった具合に現れ出て、その自律性、その不可逆性をいまだ構成することなく明滅する。知という一つの自由な空間のこの結晶化、一つのあらたな人類学的次元の開闢《かいびゃく》、帰還不能な一点の通過は、おそらく決して到来することがない。

今日、《商品》としての面で、《智慧の空間》は、今だに競争力の要求に、また資本の計算に、従っている。《領土》の上で、《智慧の空間》は、力という目的に、また国家の官僚主義的運営に従属している。最後に、《智慧の空間》は、《大地》へと向かい、相も変わらず閉ざされた世界に、またニューエイジやディープエコロジーの古めかしい神話に、とらわれている。まるで生命の多様性、天体、宇宙的エネルギー、集合的無意識の偉大なイメージたちが、絶えず夢によって、徴《しるし》によって、人類のたくらみによって、共同制作されてこなかったかのように。まるで一つの自然があり続けていたかのように。まるで《大地》が、譫妄《せんもう》状態で多元的でノマド的ではなかったかのように。

ところで、知とは何だろうか？　問題となるのはもちろん、ただ科学的な——最近の、例外的な、そして限定された——知識ではない。ホモ・サピエンスという種を規定する知識である。人間は、自分自身との関係を、自分の同類との関係を、事物との関係を、記号との関係を、宇宙との関係を、組織化あるいは再組織化するたびに、認識活動、修習の活動に参加させられるのだ。私たちがここで解する意味において、智慧とは、生きる術《すべ》(un savoir-vivre) あるいは生きた智慧 (un vivre-savoir)、つまり生命と同じ拡がりをもった智慧なのである。それゆえ、その智慧はコスモポリス的で、諸関係と諸性質の国境のないような、ある空間に属している。諸関係の変貌の空間、存在のさまざまなあり方が創発する空間、諸個人の主体形成と集合的な主体形成のプロセスとが合流する空間に属しているのである。

思考というものは、いわゆる合理的な言説に還元されはしない。身体−思考、感情−思考、知覚−思考、記号−思考、概念−思考、行為−思考、機械−思考、世界−思考といったものがあるのだ。

《知の空間》は、諸々の思考の構成、再構成、伝達、個性化、そしてそのプロセスの再開の平面である。境界が解消される場所、つまり《智慧の空間》は、絶え間ないダイナミックな再布置化において、集合的知性体たち——集合的想像体たち——によって、活気づけられ、住まわれるのである。

集合的知性体は、変転する諸言語を作り出し、ヴァーチャルな諸宇宙、すなわち前代未聞のコミュニケーションの諸形式を求め合う、いくつものサイバースペースを構築する。繰り返しになるが、まだその自律性が確立していないという意味では、四番目の空間は存在していない。しかし、別の意味では、そのヴァーチャルな出現という出来事以来、それを訴える声がとこしえに響きわたっているところに、まさしくその存在資格があるのだ。——《智慧の空間》は、つねに現実存在していたのである。

《智慧の空間》は《大地》へと再び復帰する。それはもう一つの《大地》でさえあるが、もはや太古の、中心に置かれ、閉じた《大地》ではない。すなわち稲妻に、つまり突然に変異する記号に横断される技法の領域であり、電撃的な速度でなされる認知の惑星であり、動物と植物と神々の古いノマド的《大地》を二重にし、多元的にし、かき乱しさえする電子の雷雨である。《智慧の空間》は《大地》への回帰ではないが、《大地》のみずからへの回帰であり、《大地》が光の速度でみずからの上空を飛行することであり、制御されない宇宙的な多様化である。

《大地》と、《領土》と、商品宇宙のもっとも暗い様相へと私たちを引き戻す非常に気がかりな徴候の傍らに、三千年紀への転換期は自律的な《智慧の空間》の萌芽、すなわちそのヴァーチャルな像

四つの空間
大地，領土，商品，智慧

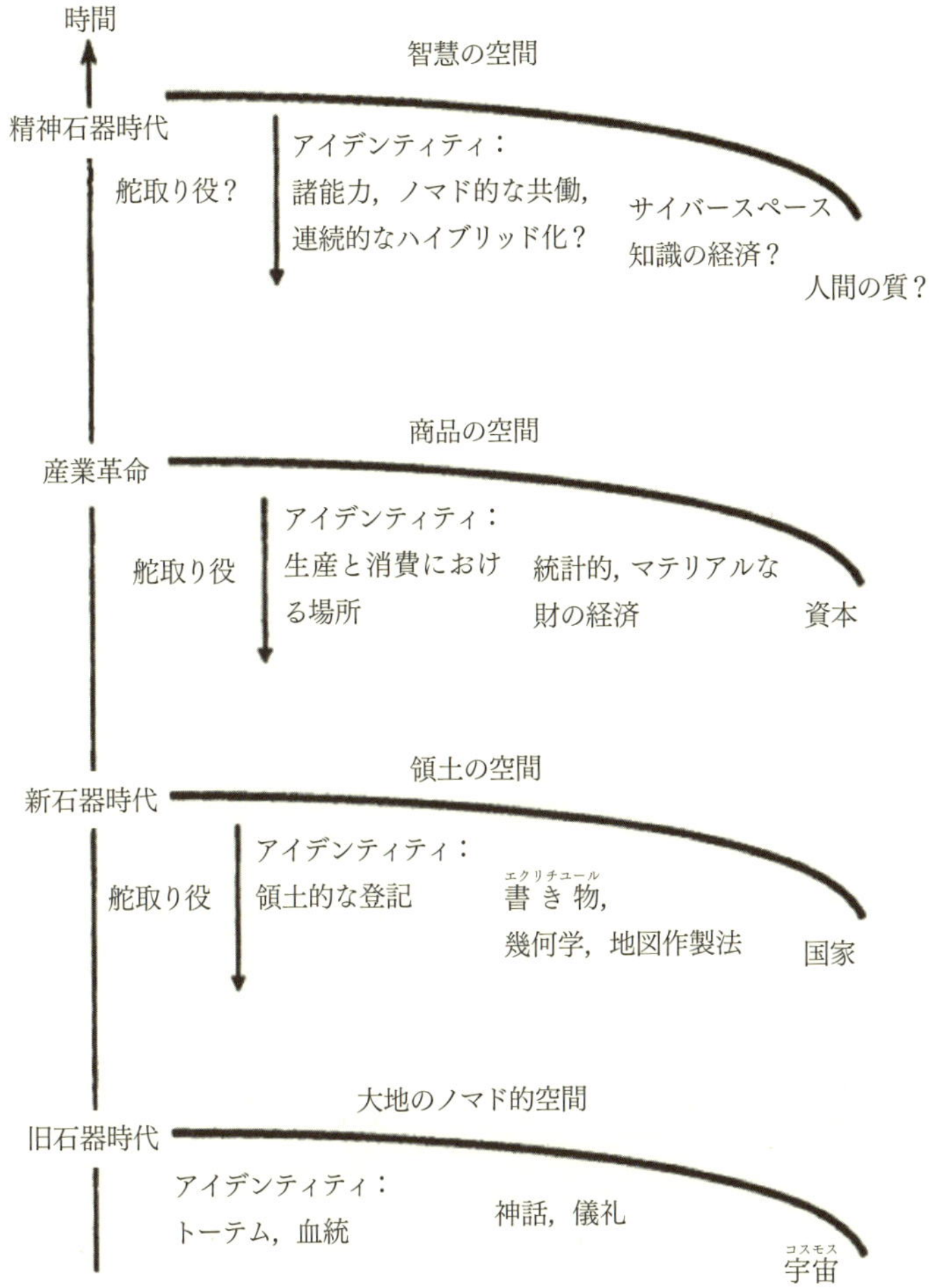

＊精神石器時代〔Noolithique〕：
精神の石器時代。その石器は，ここにおいては，もはや火打ち石ではなく，マイクロプロセッサや光ファイバーといったシリコンである。

を隠し持っている。ここで問題とされるべきなのは、少なくとも二十五世紀前（二千五百年前）から、権利上は獲得されている科学的認識の自律性といったものではない。そうではなくて、人間の諸共同体の存在や社会性を組織しうる、生きた智慧（vivre-savoir）や集合的思考の空間なのだ。この四つ目の人類学的空間は、いつか展開されることがあるならば、諸々の主体性の生成へと向けられる、自己組織化と社会性の諸形態を受け入れることになるだろう。集合的諸知性体はそこで、前代未聞の質と存在様式を探して、放浪することになろう。それは、完全に《大地》の上の楽園にはならないだろう。というのも、他の（三つの）空間が、各自の制約とともに、相変わらず存在するだろうから。集合的諸知性体の計画《プログラム》は、当然ながら、《大地》を破壊することでも、《領土》や市場経済を破壊することでもない。それどころか、最初の三つの空間における生は長い目で見ると――未開で一時的な生存から遠く離れて――おそらく、人類にとって存在の新しい平面が突然出現することによって、整えられるのだ。

《智慧の空間》はいかなる偉大なる夕べ（＝社会主義革命達成の日）も出現させず、ただ、たくさんのささやかな朝を出現させるだろう。

第八章　人類学的空間とは何か？

意味作用の諸空間という多様性

　人間たちの諸関係は、異種混在し錯綜した諸空間を絶え間なく生産し、変形し、手直しする。単純な会話でさえ、各々の対話者が気分や意図しだいで変形を試みる、意味作用《シニフィカシオン》のヴァーチャルな空間のうちでの、共同構築物と見做すことができよう。人々のあいだの相互作用から生まれるこれらの可塑《プラスティック》的な空間は、諸々のメッセージ、それらが思い起こさせる表象、それらのメッセージや表象を交換する人々、参加者の活動によって生産され再生産される、全体としての状況といったものを同時に含んでいる。

　生きられる諸空間は相対的なものである。すなわち、そうした諸空間はそれらが含み、自身で組織しもする諸々の対象の周りで曲げられ変形される。人々、イメージ、言葉そして概念は、それらに与えられる情動の強度に従って、多かれ少なかれ構造化するものである。出会いの瞬間に作られ、次いで消えていく小さな泡のように消えていく諸空間……より持続性があり、回復し、拡大し、堅固となり、制度化される諸空間……。

私たちはいつでも、人々のあいだの相互作用から生まれる、こうした生きられた諸空間を体感している。しかしそれは諸制度、社会的集団、文化の巨大な総体という規模ではより広大であり、人間たちだけでなく、あらゆる素性からなる非人間的要素も巻き込んでいる。すなわち、記号システム、コミュニケーション装置、武器、道具、電子、ウィルス、分子……などを。

これこれの空間における近接と隔りを再組織するその能力、さらには、あらたな時－空間、あらたな近接性のシステムを創設するその力といったものから理解されるのは、知性的、技術的、社会的あるいは歴史的秩序における、出来事の重要性である。対人関係的な諸空間と同様に、コスモポリス的な諸世界は増大し、縮少し、変形する。その情動的な強度を移動させつつ、またその欲望のあらたな形の生成をもたらしながら。

それゆえ、人間存在はただ物理的空間や幾何学的空間に住むのではなく、また情動的、美学的、社会的、歴史的諸空間においても生きるのだ。つまり一般的に言って、意味作用の諸空間に生きるのである。[1]

アパルトマンの踊り場で朝晩の挨拶を交すだけの隣人は、一般的な時－空間において私のすぐそばにいる。けれども、三世紀前に亡くなった著者の本を読みながら、記号と思考の空間においてより強い知的なつながりを、私はその著者とともに作り上げることができる。地下鉄の中で私の周りに立っている人々は、情動の空間においては、私の娘やここから五百キロ離れたところにいる私の父よりも、私から遠いのだ。

私たちは無数の異なる空間に生きている。それぞれの空間が、特定の（一時的、情動的、言語的など）近接性のシステムと共にあって、何がしかの存在は、おそらく、ある空間においては私たちに近く、別の空間においてはきわめて隔っている。各々の空間は独自の価値論、特定の価値と尺度のシステムを持っている。ある種の空間においてはとても《重い》と感じられるだろうある対象が、他の空間においては、軽く、二次的であるだろう。私たちの認知的活動のかなりの部分は、その中を私たちが航海する異なる《諸世界》の多数性のただ中において、私たちの位置を定めることにある。私たちは、参加するようにしむけられるあらたな空間での場所論《トポロジー》と価値論をただちに発見し、価値の諸体系を混同せず、状況の進化を評価しなければならないのである。

こうして私たちは、私たちがそこで過ごす諸空間を修正し、整備し、それらを結びつけ、分離し、分節化し、強固にし、そこにあらたな諸対象を導入し、それを構成する強度を移動させ、ある空間から別の空間へと飛び移ることによって、みずからの時間を過すのだ。

人類学的な諸空間は構造化するものであり、生きており、自律的で、不可逆的である

種々の空間は物質的もしくは観念的な装置のまわりに組織される。——それらの諸空間は惑星規

模で広がっていくか、分子的なやり方で増殖する。ある諸空間がゆっくりとしていたり、硬直していたり、粘着性があったりする一方で、別の諸空間は加速されたリズムに生き、そして消え去る。この多くのものの内、どの諸性質が、前の章で私たちの論じてきた人類学的な四つの空間に特有の性質なのだろうか。

人類学的な諸空間は人類全体に広がる。それらの諸空間は、相互に依存する一群の諸空間によっておのずと織り上げられている。《大地》、《領土》、《商品》、《智慧の空間》は、何百万もの人間の想像的で実践的な活動によって、そして横断する人類学的な諸機械によって生み出され、諸技術の細目や諸制度の組み合わせ《アジャンスマン》のうちでと同様に、諸主体の諸々の襞のうちで活動しているのだ。

人類学的な四つの空間は構造化するものである。繰り返して言うが、それらの諸空間はそれ自身、非常に多くの違った空間を含んだり、組織したりする。もっとも深刻な誤解は、人類学的な諸空間を諸階層として解釈することにあるだろう。すなわち、抽象的な分析の諸次元や、分析的もしくは単なる年代順な区分の結果として解釈することにあるだろう。実際のところ、《大地》、《領土》、《商品の空間》、《智慧の空間》は、そこで繰り広げられる諸々のプロセスと相互作用によって絶えず生み出されるような、生きている諸世界である。人類学的な諸空間は内部から成長してくるのだ。

たとえば、《智慧の空間》は認知に関する諸科学の対象と混同されるべきではない。認知の層は、明らかに、いかなる人間の活動の内にも存している。人間が思考しているのは種の始まりからである。――これから検討していくように、各々の人類学的空間は、認識の特異な諸形態を発展させてすらいるのだ。厳密な意味での《智慧の空間》が、何らかの確実性を伴ったものとして形をなし始めるのは、たかだか二十世紀に入ってからである。進行中の人類学的な創造《クリエイション》としての《智慧の空間》は、生き生きとした平面であり、そこを駆け巡る集合的知性体たちの変貌《メタモルフォーズ》と航海《ナヴィゲーション》によって、質的に分化し、広げられた平面である。あらゆる可能的な知という、一種の抽象的な器のようなものとそれを混同してはならない。——それどころか、その空間は知の非常に特異な一形態を滲み出させ、再組織化し、ヒエラルキー化して、他の人類学的な空間から生じた認識の諸々の様態を、自分の活動的環境に投げ込むのだ。

同様に、《商品の空間》は《経済》、つまり特定の一つの社会科学の対象ではない。——生産と交換がずっと以前から存在するということは明らかである。それに反して、意味作用や社会関係や宇宙《コスモス》との相互作用の世界、すなわち、産業革命のころから展開しはじめ、今日も拡がり続け、そして増殖を続けている世界は、はっきりと日付をもっている。その世界は、生産と経済的な諸交換の領域を大きく越え出て、人間的な生のほとんどすべての局面を含むに至っている。それゆえ《商品の空間》は、ある特定の一科学の観点、またはその諸方法にしたがって切り取られた、社会的な生の一つの層ではない。むしろコスモポリタン的で、自己組織化され、創造的で、かつ破壊的な一つの大いなる機械を自律的な仕方で産み出し、発展させてきた一つの世界が問題になっているのだ。

人類の冒険のただ中で、人類学的な諸空間は徐々に出現し、確実になり、不可逆的となるまでに自律化した。私たちが示そうとしてきたように、《大地》は人類というものそれ自体から切り離すことができない。おそらく、農耕、国家、そして書き物《エクリチュール》の消滅は考え得る。しかし、そのことは恐ろしい天変地異、破壊的な大混乱《カオス》としてしか予想されえない。資本主義の総体的な崩壊（たんなる一度の経済危機や景気後退《リセッション》でないもの）についても同様であろう。私たちがこれらの諸空間を人類学的と呼べるのはその不可逆性のゆえなのだ。

人類学的な諸空間は存在の諸平面、つまり偶発的で永遠な諸々の速度である

人類学的な諸空間は、次々と現れて重なり合うとはいえ、しかし機械的に決定されたり、あるいは弁証法的に相互作用したりするような、互いの《上部構造》でも《下部構造《インフラストラクチャー》》でもない。人類学的な各空間は、それ自身に固有な下部構造を滲み出させる。やがて空間を開花させることになる下部構造は、その空間に先立つとか、それを決定するとかいうよりもむしろ、空間に自律性と一貫性を与えるのである。その下部構造とは、《大地》にとっては言語と物語であり、《領土》にとっては農地と書字板であり、《商品の空間》にとっては印刷物と機械、《智慧の空間》にとってはデジタル・ネットワーク、ヴァーチャルな世界と人工生命といったものである。

人類学的な諸空間それ自体は、下部構造でも上部構造でもなく、《存在の諸平面》、コンピュータで言うクロック周波数であり、社会的な効力範囲の中で規定されている速さ（vitesse）である。ここで、突然、人類は速さを増す。そしてこのあらたな速さが空間を生み出すのだ。

《大地》はクロック周波数である。その第一の空間はまさに、動物的生の速さを超えた一つの速さの成立に見合ったものだ。つまり言語の速さ、文化という技術の速さの成立に見合っているのである。《領土》は、個人のレベルで知覚できる最初の速さを作り上げる。文書の速さであり、帝国の速さであり、官僚制度の速さであり、国境の速さである。——つまりは遅さ（lenteur）、《領土》という長い時間だ。資本主義が発明するのは加速である。《智慧の空間》について言えば、それは《リアルタイム》の極限で、《直接であること》を超えて、入念につくりあげられる。そしてそれら四つの速さ、四つの周波数は共存しているのである。

人類学的空間の出現にはいかなる必然性もなかった。進化は大型霊長類で止まり得たし、あるいは他の方向へ転回もし得たのである。人々の言葉たちも、彼らに霊感をもたらす沈黙と謎の核心部分も、《大地》を決して展開しはしなかったかも知れない。人類は、オーストラリアのアボリジニや他の多くの狩猟民、採集民や遊牧民のように、旧石器時代に留まることもできた。そこでの、知的、社会的洗練も次の新石器時代の文化に劣るわけではなかったのである。

文明それ自体は、必ずしも資本主義に到達すべき運命にあったのではない。十六世紀に始まる歴史の加速、世界の経済的統一という大変動が決して到来することもなく、メソポタミア、エジプト、ギリシャ、ローマ、中国、イスラム圏といった大帝国は果てしなく続き、共存することもできた。最後に、《智慧の空間》も、それが現代社会における幾多の企図《プロジェクト》、幾多の趨勢の地平線上に描かれ、その編成が私たちにとってすこぶる願わしいものであったとしても、おそらくは決して自律性《オートノミー》に到達することがないだろう。かくして、人類学的諸空間は偶然的である。しかしながら、それらが潜在的《ヴァーチャル》にとはいえ、一貫性を持つやいなや、永遠的なものとなり、時間の外へと飛び出し、あたかもそこにつねにすでに存在したかのようになるのだ。

人類学的諸空間の不可逆性は過去へと跳ね返る。諸々の神話は、《大地》以前の言語について語ってはいないだろうか？ ピエール・クラストル(2)は、《国家に抗する》原始諸社会の政治体制について仮説を述べてはいなかっただろうか？ それら原始社会は、なるほどまだ国家に出遭ってはいなかったが、しかし国家は思考可能であり、潜在的《ヴァーチャル》で、脅威的なものだったのだ。そしてドゥルーズとガタリ(3)の指摘するように、国境が無く、《コスモポリタン的な》資本主義は、自由企業とか、脱領土化とか、あらゆる流通の総体的で奔放な加速といった意義において、そもそもの始めから、国家の隠された悪夢なのだと主張することができなかっただろうか？ そして学問分野としての《経済》とは、資本の永続性がもつありきたりで分析的な形態でなかったら一体何だろうか？

すでに述べられたように、第一の誤りは人類学的諸空間を、これらの空間が内部から生み出され、かつ増大するにもかかわらず、先在する一つの現実に対する諸観点や分析的切断と同一視することから起こる。人類学的諸空間を、それらの間で諸存在、諸記号《シーニュ》、諸事物、様々な場、人間世界の各々の存在（entité）を整理するような、クラスや集合として捉えること——こうしたことは、第二の誤解の結果である。

人類学的諸空間は意味作用の世界であり、物質的な対象に配分されているモノ化されたカテゴリーではない。それゆえ、何らかの一つの現象が同時に複数の空間において展開されることもできる。それらの各々の空間において、その現象は異なる形象、重さ、速さを持つことだろう。四つの空間が組織する方向決定と位置標定の機構は、分類学というよりはむしろ、人類学的な恋の王国の地図（一）(Carte du Tendre) なのである。恋は情熱の頂、嫉妬の奔流、あるいはまた倦怠の沼〔のどれか一つ〕にひたすら局限されるわけではない。それは一方から他方へと次々に移って行くものであり、また同時に多くの場所に配分されるものである。かくして、人類学的諸空間の地図は人々、事物、制度あるいは出来事を、なんらかの地形 (site) に分類するというよりは、各々の現象ごとに人類学的スペクトルの全体を展開するのに役立つのである。

　ここにいるのは、自分の身丈いっぱいに、四つの空間を横断する人間である。活動しながら、足は神話の偉大なる《大地》を蹴り、髪は宇宙と神々に対して逆立つ。上に座り、腰を落ち着けて、《領土》に文字を刻んでいる。腕は《商品の空間》の中で活動し、目と耳は見世物《スペクタクル》の記号をむさぼる。最後に、頭は《智慧の空間》にあり、脳は他のいくつもの脳に接続され、集合的諸知性体のヴァーチャルな諸世界を滲出させ、種々の技巧に基づいた多重な領域のうえで、さまよい、航行し、数限りない他の《大地》を創造し直す。

　諸要素を分類したり配列したりするよりも、宇宙的で、領土的で、商業的な諸空間に属するものを、またユートピア的で、ヴァーチャルで、将来の進路を描き出す第四の空間へと通じているものを、特定の制度の内に、特定の全世界的《コスモポリス》な機械に、特定の出来事や経験に、見出すことが問題なのだ。人類学的な地図作製法は、チェックリストであり、想起のための支持体であり、ある存在もしくはある過程《プロセス》のあらゆる次元を展開するための道具である。もしこの方法が、分離し、分類し、孤立させるのに役立つべきものならば、ただちに棄て去られてしまうがいい。

　どうしても単線的になってしまいがちな言論が提案する、伝統の継承や当たり障りのない繰り返しによって、濫用されるのをもはや放置しておくべきではない。ここで作用している複雑性の諸々の種類《タイプ》を思い描くために、四枚のページから成るノート（各ページは一つの人類学的空間に対応している）が、破られ、しわくしゃにされ、丸められる様を想像しよう。そして今度は、針（これは、私たちの地図投影法のシステムに則って地図作成される現象を表す）がこの丸められた紙に差し込まれる様を想定しよう。針は何らかの順序で各空間を横断し、同じ空間を何度も貫きうるであろう。丸められた紙に差し込まれた新しい針のそれぞれは、継承の関係であれ、いくつもの出遭いの関係であれ、四つの空間との異なる関係を維持することになるだろう。

　切れ切れで、破れ、しわくちゃで、穴が開き、解きほぐせないほどに一つが他の上に折り畳まれて、《大地》、《領土》、《資本》、そして《智慧のヴァーチャルな空間》は、いたる所で違ったあり方で共存しているのだ。

第九章　アイデンティティ

それぞれの空間には、アイデンティティの一つのタイプ、欲望の一つの様式、一つの心的構造が対応している。大地的で領土的な諸々の情動があり、商業的で知的な（sapientiaux）諸々の情動がある。

ミクロコスモス、ミクロポリス、小さな家

《大地》の上では、名前はアイデンティティを表すが、他の記号も同じようにアイデンティティを表している。すなわち、刺青、紋章、トーテム、仮面といったものである。これは部族や血統、すなわち有史以前の偉大なる《大地》にさかのぼる、家系と婚姻の非常に古いシステムへの関与によ

ってなされる個人の定義だ。《大地的》語義においては、血統は狭い家族の定義におさまらず、まるまる宇宙的なものでもある。一人の人間存在の祖先は、神話的先祖、英雄、神々、動物、植物、トーテム的で原型的で基本元素的なあらゆる種類の存在者に及んでいる。

存在は、それを規定し、それにふさわしい場所を与える宇宙的諸関係の一つのネットワークによって築き上げられる。そして外部性は内部性へと向きを変えるのだ。——宇宙に位置づけられることで、人類的個人は、それ自体、一つのミクロコスモスであり、こだまであり、すべての反映（reflet）である。その身体の各部分、あるいはその魂（âme）のそれぞれの運動は、世界の諸々の出来事や場所へと反響するのだ。

新石器革命は、個々人を土地に固定する体制、そして今日なお存続している国家によって記録する体制を創り出した。政治的な《領土》がやって来て、先祖たちの《大地》を覆い尽くす。人々は定住させられる。国家は、諸々の血統をみずからの《領土》的な諸々の戦略の中に組み入れるのだ。とりわけ、不動産とその種々様々な化身を通じて、《領土》とのかかわりが、社会における個々人の場所、つまり彼（女）らのアイデンティティを規定するのである。領土のこれこれの取り分に対して、彼らがどのような権利を持っているのか。——地主なのか、封主なのか、はたまた封臣、地方総督、農場主、小作人、農奴、奴隷なのか？　彼らは土地台帳のどこに固定されているのか？　教会員原簿の、戸籍登録簿のどこに記載されているのか？　どんな課税目録が彼らを記載しているのだろうか？　ノマドたる偉大な《大地》の上では馬鹿げている、一つの問いがあらたな空間においては発せられ得る。——彼らの住所はどこなのか、と。領土的なアイデンティティが、家、領地、都市、州、国をめぐって築き上げられる。人間は定住者となるのだ。

しかし、領土的なアイデンティティは地理と関わっているだけではない。それはまた、諸制度、諸カースト、諸ヒエラルキー、（教授団や鉱山技師群のような）《諸団体》、（医師会や建築技師会、貴族や聖職者のような）諸会派、（古生物学や社会学のような）諸学科、すなわち、諸々の境界、階級、レベルによって一つの空間を組織する、ありとあらゆるもののうちの場所と序列に関わっているのである。たとえば、ある序列とある専門分野とが重なることで成りたつ免状によって築き上げられたアイデンティティは、明らかに《領土》に属しており、《智慧の空間》に属してはいない。不動産登記証書や地理的な登記のみならず、領土的なアイデンティティの諸記号はそんなわけで、記章、階級章、袖章、メダル、そしてあらゆる種類の帰属を示すしるしなのである。

《大地》の上では、人類は一つのミクロコスモスである。それに対して、《領土》の上では、身体はヒエラルキー化された組織であり、魂は一つのミクロ都市（micropole）として現れる。一つのミクロポリス（micro polis）であり、理性や法の帝国に対する、反逆や情念によって煽動される小国家として現れるのである。《領土》の心理学は内面化された政治学であり、それは《領土》の宗教が社会秩序の実体化されたイメージであるのと同じである。

《商品の空間》は、社会性とアイデンティティの以前の枠組みを、脱領土化し、解体させてしまう。個々人は、事物、情報、およびイメージの製造、流通、そして消費の内でのみずからの役割によって再定義される。《商業の空間》の上で、アイデンティティの諸記号は数量的になる。――所得、給与、銀行口座といった、《富の外面的な記号》になるのだ。古めかしい言い方をするなら、ここでのアイデンティティは、生産関係における場所と、消費と交換の循環における位置に依存するものである。社会学的文献の全体によって強調され、かつコマーシャルに広く利用されているように、消費は、前もってある「需要」を満たすためというより、アイデンティティを築くことに役立つ。そして、それは労働についても同様なのかもしれない、と人は気づき始めている。《領土》の呪い（そして《領土》はつねにそこにあるのだ）、労働は、もっとも現代的な《商品の空間》上では、社会化と自己の確立の媒介《ヴェクトル》となる傾向を持っている。

経済の君臨するそこでは、個人はもはやミクロコスモスではなく、ミクロ都市でもなく、ミクロな家（micro oikos）なのだ。経済（économie）という言葉は、ラテン語を介して、ギリシャ語の家（ラテン語では*oeco*、ギリシャ語ではoikos）を起源に持つ。――家と法に則ること（nomia）、つまりは財産管理を意味するのだ。経済、それは家政の管理、家のよき組織化である。相続による物質的な財の伝達経路である家族は、また人格の内面性を作り上げる。魂は、絶えず家族についての数々の悲劇が再演される劇場である。そのアイデンティティは、親と子の間の関係のうちで、エディプス・コンプレックス的な三角形構造によって築かれる。精神分析からブルジョア小説に至るまで、アイデンティティの根幹は子供時代に、家という落とし穴に位置づけられる。ここで機能している家族とは、部族でも、神話的ないし宇宙《コスモス》的な血統でもなく、血縁関係の限定された核である。その心理学は、もはや政治学ではなく諸々の情動の経済学、諸々のエネルギー、リビドーの管理法なのだ。かくして、資本主義の機械は、一群の社会的プロセスを脱領土化し、加速し、飽くことなくコスモポリタン的な新しい動的な組み合わせ《アジャンスマン》を作り上げる。しかしその機械は、《商品の空間》上で、家族、労働、そして貨幣をめぐる主体的なアイデンティティの範囲を逆説的に限定するのだ。(1)

知恵のアイデンティティ、あるいはポリコスモスに向けて

智慧によって組織されたリアリティの創発は、アイデンティティの深刻な危機を引き起こす。実際、自分を位置づけたり集団のうちに同一化するような昔ながらの諸原理は、有効性を失ってしまう。ほとんど誰もが一つの名前（姻族関係と親子関係）を持っており、（少なくとも住所《アドレス》によって）《領土》に組み入れられていて、ある国家に従属しており、多かれ少なかれ何らかの《商品》の生産と消費に関与しているとしても、大多数の個々人は、《智慧の空間》のなかで、みずからの居所を知るためのいかなる手段も持っていはしない。どのようなものが、《智慧の空間》と、同時に、この空間における各人のアイデンティティとを可視化する概念や技術になるのだろうか。コスモペディア(2)や知の樹木(3)といった道具立てによって、一つの可能な方向性がすでに示されてきた。ミシェル・オティエとともに私たちが前述の諸テキストで表明した見解を、これから一般化することにしよう。

諸々の集合的知性体は、創発し、結合し合い、動き回り、そして変異する。《智慧の空間》が生ま

れ、そして存続するのは、思考する共同体の循環や協同や変貌といったものからである。各々の集合的知性体は、ヴァーチャルな世界を滲み出させる。それは、その集合的知性体がみずからの内に抱える諸関係、その知性体を作動させる諸問題、その知性体がみずからの環境から、みずからの記憶から、みずからの知一般から作り上げる諸イメージといったものを表現している、ヴァーチャルな世界を滲み出させるのである。集合的知性体の構成員《メンバー》たちは、不断に、彼らの共同体を表現しているヴァーチャルな世界を合作し、調整し、変更を加える。——集合的知性体は絶えず修習し、かつ発明するのである。

《智慧の空間》の上で、個人のアイデンティティは動的な諸々のイメージ、彼が参加する諸々のヴァーチャルなリアリティの探求や変形によって生み出される、諸々のイメージをめぐって組織される。個人のこの《ヴァーチャルな身体》は、ビデオゲームにおける英雄《ヒーロー》や（宇宙船、レーシングカー……のような）乗り物という、魂の吹き込まれたイメージ（image animé）によって思い描かれる。プレイヤーを表現する魂の吹き込まれたイメージは、ヴァーチャルな世界の内部を動き回り、そこで敵たちと戦い、《命》を得たり失ったりし、なんらかの目的を達成したり、臨機応変にみずからの体つきや外見を作り替えたり、能力を変更したりする。しかし、類推《アナロジー》には限界がある。ビデオゲームは、固定された諸々の規則《ルール》によって管理されているが、これに対して集合的知性体は、内在的なみずからの宇宙《コスモス》に関する諸法則を絶えずリセットさせるのである。ビデオゲームは一人の考案者によって考え出されてきた。——それに対して、集合的知性体の構成員《メンバー》たちは、彼らの宇宙《コスモス》の考案者たちであるのと同時に、そこで繰り広げられる冒険の英雄《ヒーロー》たちでもある。——ここにはもはや、ヴァーチャルな世界の探索と構築との間に、明白な区別はない。結局のところ、ビデオゲームは一つの物理的な宇宙のシミュレーションを行っているが、集合的知性体は意味と知識の一空間を映し出しているのだ。ビデオゲームはプレイヤーを想像的《イマジネール》な領土に浸らせる。これに対して、集合的知性体のヴァーチャルな世界は地図であり、一つのリアルな空間へ、今日もっともリアルな空間、生き生きとした《智慧の空間》へと差し向ける、位置確認や方向決定の道具なのである。再帰的かつ協働的なやり方で、集合的知性体は、みずからの意味の世界の動的地図（cinécarte）を、多くの人々、作品、思考する共同体に狙いをつけたハイパー地図（hypercarte）を、他の諸地図や他の諸世界をなおも指し示す、精神の羅針盤《コンパス》を組み立てるのだ。

　集合的知性体は、それを表現するヴァーチャルな世界の仲立ちによって、そのアイデンティティを構築し、また再構築する。個人に関して言うなら、探検し、創造に寄与する動的地図や意味の宇宙《コスモス》において《ヴァーチャルな身体》から滲み出るのと同じだけのアイデンティティを、彼は《知の空間》の上で持つ。多くの集合的知性体に参加すればするだけ、彼は多くの知恵の紋章[4]（un blason de sapience）から構成されることになるだろう。

　私たちは、《智慧の空間》を不可逆的なものにするデジタルコスモペディアと知の樹木が普及することを期待して、思考実験に満足することにしよう。まるで、共有された智慧のダイナミックな諸地図上に、私たちがすでに位置づけられているかのように、すでに第四の空間上で、集合的知性の渦と流れの中を動き回っているかのように、すべてが進行している。《大地》の上では、人類は一つのミクロコスモス（micro cosmos）である。——《領土》の上では、それは一つのミクロポリス（micro polis）である。——《商品の空間》の上では、それはミクロオイコス（micro oikos）、すなわち小さな家になった。——《智慧の空間》の上では、人類は以前にも増して限定される。というのもそれは、もはや一つの脳でしかないのだ。彼の身体までもが、一つの認知システム[5]となる。ところで、脳は他の脳、他の諸記号の、諸言語の、知的技術の諸々のシステム[6]と連絡し、構成されている。脳は多数の世界を探求し、創造する諸々の思考する共同体に参加している。それゆえ、ホモ・サピエンス・サピエンスの脳は裏返り、その表面をさらけ出し、ポリコスモス（polycosme）へと転向するのである。《智慧の空間》の上で、再び遊牧民《ノマド》となり、そのアイデンティティを多元化し、異種混在した諸世界を探求している人類は、それ自身異種混在的であり、多数的であり、生成しつつあるものであり、思考するものである。

量子的なアイデンティティ

生物や物質や情報が、綿密な取り扱いを受け得るものになるためには、それぞれの事例ごとに、独特な微視的《ミクロな》構造の風景を現出させる必要があった。なんらかの形而上学的な原子《アトム》、つまり最終要素ではなく、分子的な諸技術に手掛かりを与えることのできるような、事実上の最小要素としての実践的な単位《ユニテ》を、利用可能にする必要があったのである。分子生物学の遺伝子も、情報科学の単位としてのバイト（l'octet）も、ナノテクノロジーの原子も、取るに足らない発明品ではない。これらの微小要素は、事物の断片でも、分析のたんなる残滓でもなく、大海のしずく、諸々の潮流からなる空間の諸ベクトル、口蓋垂から発せられる記号、ゆっくりとした渦流や、一瞬固定した渦巻が創発してくる可動的で霧状の基盤、諸々の素材や諸々の生体、諸々のメッセージの形態たちである。私たちが語る実践的な単位とは、それゆえ複雑なシステムの単なる《諸部分》ではない。それら単位の動きや変貌は、諸時空をなめらかにする。つまり、時空を限りなくよりゆっくりと（遺伝子）あるいはより速く（バイト、原子《アトム》）するのだ。そうした動きや変貌に依存し、また逆にそれらを折り畳むマクロ－存在《エンティティ》よりも限りなくゆっくりと、または早くするのである。遺伝子、原子《アトム》、単位としてのバイトはそれぞれ固有の冒険をしている。それらの単位の相互作用と軌跡が描き出すのは、諸世界であり、動物の歴史とは区別される歴史の錯綜であり、混合（des alliages）や諸々のテキストである。マクロ－存在《エンティティ》からミクロ－単位《ユニテ》へのいかなる還元もありはしない。――それとは反対に、違う歴史を物語る可能性、追加的な自由の段階というものがあるのだ。

いかなる微小要素から、意味という自由で創造的なもののイメージが構成されるのだろうか？ 自由についての量子のようなもの（quantique）があるのだろうか？ どのようにして主体性を測るというのか？ 今となっては、主体性のこれら量子（quanta）が、機能ごとのモジュールとか、システムの《部分》（それらシステムがいかに《複雑な》ものと考えられようとも）といったものでは決してないことを、私たちはわきまえている。というのも、そんな風にモジュールや《部分》を考えることは、持ち上げるつもりの主体性をモノ化し、ついには無化することに帰着してきたからだ。人類の諸々の質の量子は記号《シーニュ》であり、そしてただただ記号《シーニュ》なのだ。アイデンティティについての何らかの科学という高所から眺めた、主体についての外面的な記述に、それらは同意するだろうか？いや、そうではあるまい。質の量子的なものは、表現の集合的な組み合わせ《アジャンスマン》でしかありえず、多元的な言葉の空間、諸個人、諸グループそして諸状況が交錯し、まさにそこから創出してくる自己記述の装置でしかありえないのだ。こうした言語は、線型的、ヒエラルキー的もしくはシステム的で、慎ましくも枠からはみ出さない《統合の段階《レベル》》にしたがって階層化された、そんな構造形態を持つ主体の諸々のイメージを嫌悪している。むしろ、諸々の主体を量子のカオス的な凝縮として、新しい諸記号を生成するまでに燃え盛っている領域として想像してみよう。まさにここに人類がいるのだ。諸々の瞬間と場所に応じて、限りないヴァーチャル性の平面の弾性幾何学にしたがって、偽足を投げ出し、拡がり、みずからを立ち上げ、みずからを掘り下げる移ろいやすい雲。主体性の諸量子は、その足跡がダンスの揺れ動く、未完成のイメージを描き出す、ステップのようなものである。あるいはまた、この量子は台詞の応酬であって、その危なっかしくて即興的なつながりが、まだ捉えどころのない役柄をかろうじて浮かび上がらせるといったものである。

　質の量子は成し遂げられた行為やポテンシャルな行為に、現実の出来事や可能的な出来事につねに見合ったものであるだろう。人類の工学（l'ingénierie de l'humain）の役割とは、これら行為の最小のものの価値を高め、その交渉、その価値評価を可能にし、それを可視化することである（行為であって、必ずしもそれを成し遂げる人ではない）。出来事が生み出されることが無駄にならないためにはどのようにしたらいいのか？　各々の行為は潜勢的な金の原石である。質の経済の第一質料、それは人類の行為であり、潜在能力《ポテンシャル》である。その産業の生産物、それもまた、人類の行為であり、潜在能力である。それらはもはや未精製で、離散していて、忘却され、無視されているというのではなく、思い出され、活用され、それらが意味を持つ状況に向かって方向づけられ、潜勢力の力学《ダイナミズム》のうちで連携しているのだ。

質の量子的なものは、分析的でデカルト主義的な古き良き合理性に立ち戻ることはない。というのも、〔今注目しようとしている〕合理性が取り扱う量子は、主体から発せられるからである。それら量子は意味論的なのであって、客観的でも、固体的でも、固定されてもいない。意味についてのこれら原子、自由についてのこれら微小要素は、すべての真なる記号がそうであるように、文脈にしたがって変化する。《馬》という語は、《大きな馬に乗る》という表現と《太陽系は、一匹の馬の質量を上回る質量を持つ》という言い回しとでは同じ大きさを持たない。意味論的な諸単位は、弾力性があり、それら単位が投げ込まれ、作り上げることに寄与している諸状況に応じて変形可能である。語と同様に、質の量子は、独立した一つの存在（辞書が作られるもとになるような）ではあるものの、それら諸量子はある一つの文脈の内においてしか、確定した意味や価値を持たないのだ。ダンスにおける諸々のステップと一つの舞踊作品《バレエ》におけるダンス。ある役柄における諸々の台詞の応酬と一つの劇作品における役柄。仮面の要素としての質の記号と仮面そのもの。仮面そのものは、ある時は昏く、ある時はシャンデリアの下に輝き、舞踊《ファランドール》の動きの赴くままにそこかしこに運ばれ、舞踏会のさなかに無数の輝きとなって、撒き散らされる。もはや主体は、きちんと区画化された諸領土に置かれた、硬い小像として現れるのではない。それら主体は、諸々の潮流からなる空間を駆けめぐる、ノマド的な諸分布として現れるのだ。

《領土》と結びつけられることで、帰属に基づくアイデンティティはグループを形成する。それらのアイデンティティは、個々の人類の諸性質を固定し、分離し、あるいは覆い隠してしまう。帰属に基づくアイデンティティは、しばしば次のような類型的な言い回しで表される。——それは《私は……です》というもので、〈……〉には、《カテゴリー名》や《アイデンティティを表す標識》が入るのである。帰属に基づくアイデンティティは、地縁的な絆、血縁に基盤を置くかもしれないし、地理的、政治的、機能的（職業……）な集団への包摂に、生物学的な一つの特徴（年齢、性別など）に基盤を置くかもしれない。どんなものであろうと、この種の同定は、ほぼつねに《彼ら》と《私たち》の間の、集団的《マッシヴ》で、モル的で、おぞましく、そして致命的な、よく知られた区分へと至るのである。質の量子的なものはこの二項対立性を免れている。社会的な絆の工学は、別のタイプの主体性を生じさせるのだ。この工学は、知やアイデンティティの諸記号を粉々にするが、それは諸記号に、流動し、混淆し、出遭い、みずからの価値を高め、膨張し、交換すること……を可能にするためなのである。その工学は、アイデンティティを破裂させるのではなく、それらアイデンティティを解放する。その工学は、各々にみずからのイメージを鍛え上げる権限を返してやるのだ。質の量子的なものは、誰も一つの分析的な定義に閉じ込めたりはせず、誰にでも自己記述の空間を開くのである。権力から見て明瞭であることから遠く離れて、主体は代理不可能なその核によって、役者となる。――主体が自分の諸性質のうちの特定のものを、あれこれの市場に並べたり、並べなかったりという風に決定するのである。社会的な絆の工学は主体性を操ったりはしない。この工学は、主体性にとって、自己を標定し、表現し、価値評価する手助けになるような、集合的な装置を使用可能にするのである。それは主体性に、主体化（subjectivation）の道具を提供するが、それらの道具は、発言《パロール》の所有やイメージへの支配力を、つねにオープンなままにしておくのだ。

技術的に、個人は、無数のヴァーチャルな諸世界のうちに、諸々の活動的《ディナミック》な表意文字を分布させることによって、みずからを表現することができるだろう。人類の諸々の質の経済は、人々が開かれた種々の集合的空間上に、望むだけ多くのイメージを投射するのを手助けすることによって、包摂による主体化に対する、一つの代替案を提示することになるはずだ。そんなわけで各人は、非常に多くのコミュニティ（舞踏会のコミュニティ、劇作品のコミュニティ……）の設立に参加することによって、みずからの諸々のアイデンティティ（そのダンス、その役柄）を発明できることになるだろう。人は、集合的知性の一つの分子的ベクトルとなり、自分が活動する舞台を複数化し、自分のインターフェースを複雑にし、諸々のコミュニティ間を循環し、そうした活動によって自己のアイデンティティと、彼らのアイデンティティとを豊かにするのだ。

帰属すること、このことは、つねに、存在することの潜勢力を弱めることである。自由であること、主体という雲が過去から立ち昇ってくる。――その雲は、そこかしこで、今すぐに、自分たちの種々の未来に向かって結ばれ、そして解ける。――それは旋回し、そして自己を主張するのと同じだけ、その放射光のゆらめく多様性を世界に解き放つのである。

四つのアイデンティティの共存

私たちはそれぞれ、四つの種類のアイデンティティを持っている。たとえ、第一のアイデンティティが忘れられ、第四のアイデンティティがいまだ現れていないとしても。私たちは、同時に四つの空間に生まれ、成長する。私たちの誕生は、単に《領土》的（戸籍登録）で、家族的なものであるわけではない。私たちはまた、《大地》によって《大地》のために生まれ、生まれることで一つの宇宙的《コスモス》存在を創始する。《大地》以後の諸空間は、私たちのアイデンティティのつねに活動的なこの層を隠してしまったが、この層はそれゆえ時折、幻影的で、ドグマ的な仕方で、すなわち、占星術や《叡智》や《神秘主義》や《エネルギー》崇拝やニューエイジの様々な運動という形でふたたび現れている。とりわけ占星術は一つの心理学、すなわち、人物や生活の状況を把握するための記号《シーニュ》の一つのシステムを提示する。このシステムは、政治的、経済的あるいは家族的ないかなる決定からも逃れ、個人を宇宙とのある関係の中に置き直すのである。このことは、そのようなシステムの構成を司っていた宇宙の合理的イメージが今では廃れているとしても、このシステムの変わらない成功を説明してはいないだろうか？

今日、人類に気を配り、人類のアイデンティティを修復し、人類に理想を提示しようとする人々は、家族的で商業的な空間に、あるいは《領土》に、もっぱら集中しすぎてはいないだろうか？　たしかに、家庭の不幸や失業や貧困は、避けられ癒されなければならない。たしかに、国家的な誇りは心の支えとなる。制度への同化、権力、ヒエラルキー、そして法は、安心させる枠組みや《経歴《キャリア》の見通し》を落ち着かせる。しかし私たちは、同時代の心理的、社会的、文化的な多くの問題に対する解決が、他の諸空間への突破口もしくは再－突破口に通じると確信している。私たちは、私たちのアイデンティティや情動や《大地》へと向かう生命の諸強度に、転位を起こさせることを学ばねばならず、宇宙《コスモス》との関係を再び見出さねばならない。《智慧の空間》の実効的な構成に関して言えば、この構成が、個人にとってと同様に、コミュニティにとっても自由のあらたな一空間を開くであろう。今後は、知識、思考、発明、集合的修習は、各自に諸世界の多様性への関与をもたらし、《領土》の諸々の仕切りや境界や段階的な序列の上に橋を架けることになる。意味の宇宙の複数性に至って、《智慧の空間》はおそらく私たちに《大地》を再び見出させるであろう。充実したアイデンティティは、四つの空間を横断するのだ。

第十章　記号論

《大地》の記号論、あるいは現前

各々の人類学的空間は記号の一体制、一つの独自な記号論を展開する。《大地》においては、記号《シーニュ》は存在の性質を帯びており、存在は記号という性質を帯びている。ここでは、いかなるものも私たちに語りかける。各々の出来事はメッセージとなり、いかなる人物もメッセンジャーとなる。ささいな知覚も、指標、イメージあるいは象徴《シンボル》になる。獣と人、天体と天候、形と細部は私たちにとっての記号となり、語りと、言論《ディスクール》と、儀礼を参照させる。情動の線に沿って、宇宙《コスモス》を組織する近接性、類比そして交感の戯れをなぞりながら、《馨と、色と、物の音とが、互いに照応しあう(1)》のだ。

対称的に、記号は一つの属性であり、事物、存在あるいはそれを登場させる状況の活動的な一部分である。彫像と仮面は神秘的な力を放散する。語は潜勢力である。それぞれの名前は一つのエネルギーを、質を、放射する。記号を運ぶ息吹のおかげで、記号は決して現前と分離されることはない。言葉《パロール》は活動であり、力能を行使し、破壊し、創造する。イメージと物神《フェティッシュ》は距離を超えて働きかける。神的な行為あるいは人間的儀礼、すなわち振舞いと歌こそが世界を支えるのである。《大地》は潜勢力と現前の王国として意味作用の宇宙を展開する。ノマドたる巨大な《大地》という平滑空間の上で、存在者とシーニュと事物がリゾーム状に繋がり合い、各々の場所を交換し、意味の連続的な布地を織る。以上のようなものが、《未開人たち》、アニミストたち、書き物《エクリチュール》以前の諸文化、幼子たちの記号論的体制である。それは無意識というあり方であり、《原初的過程》[2]というあり方である。

しかし、この記号論の体制をあまりに性急に無意識や詩、そして幼年期といった、なにがしかの暗黒大陸に隔離してしまわぬよう注意せねばなるまい。反響、連関そして現前の世界はこれらの領域を超えて確かに働く。それは私たちの想像的で情動的な実存、もっとも私的な私たちの思考を組織する。それは要素的なリズムを刻み、人類のすべての歌の基準音であるラを与えるのである。

《領土》の記号論、あるいは断絶

《大地》上では、言葉《パロール》は生き生きとした息吹から切り離され、惰性的な支持体に固定され、書き物《エクリチュール》によって定着させられる。これこそまさに、亀の甲羅に刻まれた最初の表意文字であり、板に刻まれた無数の楔形文字である。このような記号が参照させる事物は、おそらく非常に隔たっているか、ずっと以前に過ぎ去っている。記号は事物を表現する（représenter 再現前化する）。記号はそこにはない事物を現前させる。

なぜ表現というこのテーマは《領土》上でしか中心とならないのか？　なぜなら、記号はそこではもはや単に現場で交換されるだけでなく、それら記号の作者から分離され、生き生きとした潜勢力から切り離されうるからである。《大地》の記号論的体制において、それら記号はそれら作者や潜勢力に強く結びついていたのだが。存在者と記号と事物の間にある繋がり、すなわち様々に変化し、活発で、アクチュアルな繋がりは、遅延される（différé）。《領土》を線引きする区切りと境界は、意味の関係の中心部にさえ入り込む。こうして記号論的断絶が確立されるのだ。

それ以降、記号と事物の間には国家やヒエラルキーやその書記が介在する。こうして、記号と事物の間の関係は、もはや類比でも、近接性でも、情緒的連続性でも、意味の蠢く無数の毛細管を辿る複雑な相互作用でもなくなる。《領土》上では、法が名前を固定し、規約が語を配分する。生きた連続体の内部で特権的だったイメージと音は、もはや力や欲望のベクトルとしては機能しない。これ以降、記号は表象する。記号は恣意的である。記号は超越的である。

記号のこの超越性は、不在という一つの制度を創始する。あるいは少なくとも、記号と事物が存在のまったき現前性を追い求めるも決してそこに到達することがない、生と死の一つの明滅する世界を創始する。実際、事物は不在であり、事物は私たちから逃走する。というのも私たちは、その名前や概念やイメージや知覚されたものによって、すなわち、つねに記号によってのみ、事物を把握するからだ。事物はここで、中立的で精彩を欠いた形態の下でしか、事物を表象するものによって生気を抜かれた形態の下でしか、存在しない。事物はもはや到達できない《指示対象》でしかない。事物自体は超越的なのである。記号自身について言えば、それはまさにそこにあるが、当然ながら存在論的尊厳や地上の事物の内在性を所有することはない。それは、一つの取るに足らない存在である。法によって命じられ、超越的で、《大地》から立ち上る精気からは遮断され、今度は記号自身が不在となる。ラカンが見たように、記号論的断絶の制度は、まさに去勢を創始するのだ。

しかし、意味は記号の領土化において決して汲み尽くされない。それではなぜ、粗暴な二元的形態のもとであれ、あるいは、より巧妙な三元的解釈においてであれ（シニフィアンとシニフィエと指示対象、あるいは声と概念と事物）(3)、ほぼすべての記号の理論が、記号論的断絶を承認するのだろうか？　記号の諸理論はほぼすべて、テキスト研究と死語の解読に基づいていたからではないのか？(4)　記号の諸理論は、書記、知識人、国家に仕える者、教師において、すなわち、教会や学校や官僚制度のあらゆる場で生じたからではないのか？　記号論が、五千年前、ユーフラテス川の岸辺で書き物《エクリチュール》の最初の組織（maison）が始まったときから有した多様な名が何であれ、記号の超越性とは、政治的および祭司的ヒエラルキーの丸天井の要石であり、去勢された臣民のあらゆる超越性に対する従順さを説明する鍵であるからだ。

《商品》の記号論、あるいは幻影

《商品の空間》において、生き生きとした状況から切り離されるのは、もはや言葉《パロール》だけではない。絵画や肖像、風景や音楽、儀礼やスペクタクル、あらゆる種類の出来事が、本、新聞、写真、レコード、映画、ラジオ、カセットテープ、テレビなどによって、それらが生じたコンテキストから離れて、際限なく再生産され、拡散される。メディアによって増殖され、多数の経路やチャンネルを経て運ばれ、記号は脱領土化される。

音声の録音やラジオが現れる以前は、人類の大半は、自分の国の音楽、自分の地域の音楽を聴き、またいつも特定のある状況と結びついている音楽しか聴いていなかった。――労働の歌や愛の歌、セギディーリャ(一)やブーレ(二)、祝祭の歌や宗教的な讃歌といったものである。写真や映画やテレビが現れる以前は、イメージというものは場所、時、季節に縛り付けられていた。今や、記号は解き放たれている。《領土》は事物を記号から切り離したが、結果として、それら事物と記号を慣習や法や国家の恣意性によっていっそう強く再結合させることになった。《商品の空間》上では、諸々の記号の流れが留まることなく駆け巡る。断絶はあまりに見事に機能し、超越性はもはや絆を持ちようがない。書き物《エクリチュール》は、言論《ディスクール》の分析を、語の物化を、言語の最初の脱文脈化を可能にした。諸々のメディアは、あらゆる記号の大規模で一般化された脱文脈化を操作しており、いかなる超越性ももはやその脱文脈化を調節しにやってこないほどだ。
《領土》の記号論は事物とその表現とを区別した。《商品の空間》上、あるいはメディアの空間上では、本当のところ、もはや事物も指示対象もオリジナルもないのだ。貨幣は金本位制度不在のままに流通し続ける。ラジオで聴かれるか、もしくはレコードに録音されているメロディーは、私がそれを耳にするようには決して奏でられてはいなかった。――それはスタジオでの録音の結果でしかない。つまり、スペクタクルの範囲でしか存在しないのである。私たちに事物そのもののシグナルを送り届けるというより、むしろ新聞やテレビは出来事を創り出し、メディア的リアリティを生産し、それら固有の空間において進化する。典拠として参照されるのはメディア圏でしかない。記号のデパート、すなわちスペクタクル[5]はこうしてある種の超現実（surréalité）となる。そこでは、いかなる言葉も、あるいはイメージもそれが何らかの効果を持つというのなら、通用すべきものとなる。メディア的な流通への推移は表象に取って代わるのである。――《テレビですでに見た》、というように……。

《商品》の記号論において、記号はもはや表象をしない。それは軌跡を描く。記号は、もはや垂直に序列化された断層を辿って機能するのではなく、水平な無数の連絡線を辿って機能するのだ。

ここでは記号は、もはや意味や対象に照準を合わせてはいない。――それは流れ出し、放散し、拡散し、伝播し、クローンを作り出し、増殖する。それは、もはや超越性によって信任を得た代表者ではなく、ウィルスである。みずからを複製することに躍起になり、メディアの空間を占領するために、自身とは別のウィルスと速さを競うウィルスなのだ。記号の流通は、意味の逸すべからざる必然性にも、超越性のヒエラルキーにも無縁になる。それは膨れ上がり、暴騰し、あっという間に弱まり、一時的な隙間に身を落ち着け、出来事、差異へと突き進み、それを無化し、あらたな差異を探し求め、もっぱら市場の《諸法則》や、絶えず流動的なメディアの風景の、より大きな趨勢に従う。

再生産の、拡散の、果てしない変異の空間において、記号はもはやそれらが指し示す事物、それらが増殖させる存在を呼び集めはしない。まさにそれこそが、スペクタクルなのだ。――あらゆるリアルなものが記号の側へと移行してしまったのだ。事実、人々、作品といったものは記号である。またそれらは、そのようなものとして処理され、再生産され、拡散される。記号はただ不在の事物を参照させないだけでなく、もはや系列《セリー》の始まり、《オリジナル》に導くこともできない。《商品の空間》のうちにあっては、記号は、記録、再生産、拡散の結果でしかないのだから。それは流通においてしか記号たりえない。不在が過剰という環境そのものに勝利する。――かくして、ウォーホルはシルクスクリーン版画を、デリダは脱構築を、ボードリヤールはシミュレーションを扱い、またフィリップ・K・ディックはリアルなものが幻影によって作られる、パラノイア的宇宙を築き上げるのだ。

《智慧の空間》、あるいは記号学的生産性

《智慧の空間》の記号学は、意味作用の領域における、存在への、現実的で生き生きした実存への回帰として定義される。不在の世界からのこの脱出、現実性との交渉のこの回復は、むろん一つの客体化（objectivation）の過程としても、何らかのシニフィエへのコード化された関係としても、一つの超越性による諸記号の保証としても理解されてはならない。現実的とは、活発な主体たちによる実践的で、知的で、また想像的な活動を前提にしたものなのである。《智慧の空間》において、集合的な諸知性体は意味作用の内在平面を再構築する。そこでは、《領土》における分離、《商品》におけるスペクタクル的な流通から逃れながら、諸々の存在、記号そして事物が相互参与の力動的《ダイナミック》な関係を再発見するのである。

歴史のあるいは私たちの個人的な生の、あるごく稀な一時に、私たちはシニフィアンの創造を再びわがものとし、言葉《パロール》を取り戻す。《智慧の空間》は連続的な発話の場となろうが、しかしそれは実効的で、現実を変えることができる言葉《パロール》の場なのだ。《智慧の空間》においては、生き生きとした息吹は共同のものとなる。それは諸個人の不確かな融合のためではなく、同じ泡、虹色に輝く何千もの泡たちをひっくるめて膨らませるためである。そしてその泡のどれもが束の間のコスモス、分有された意味作用の世界なのである。

意味作用の領域における現実的なものへの回帰は、さきに見たように、生きた諸主体が連座することを想定している。しかしそれはまた記号の空間が可感的なものになり、一つの（あるいはいくつもの！）物質的空間に似るようになるということも示唆している。その空間に人は入り、そこで自分の位置を知り、他者と出会い、探求し、触れ、変えることができるのである。《智慧の空間》とは、この潜在的《ヴァーチャルな》現実性であり、現れては消えるようにして、点描画のように、至るところ潜勢的という仕方（en puissance）ではあるけれども、すでに現存しているあるユートピアなのであり、人類はそこにおいて共に夢見、思考し、行為しているのだ。

《智慧の空間》はトポロジー的な変形を受け入れる。各々の集合的な知性体もしくは想像体はそこにあらたな諸平面、井戸、鉱山、空を開く。そしてそれぞれの区域に意味作用の一つの質、意味づけ（signifier）の一つのあり方が展開されるのである。

《商品の空間》内では、砲弾‐記号がそれぞれの標的を求めて充満する。《智慧の空間》内では、集合的な知性体は夥《おびただ》しい多様性を持った記号論の諸変異を組織する。将来の芸術はもはや諸々の記号ではなく、ポストメディアのコミュニケーション装置を練り上げるのだ。

今後は、ハイパーテキスト、グループウェア(6)、相互作用的なマルチメディア、ヴァーチャルリアリティ(7)、人工的知性あるいは人工生命のプログラム(8)、動的イデオグラフィー(9)、デジタル・シミュレーション装置と相互作用的な情報システム(10)を携えながら、集合的諸知性体は突然変異的な諸々の記号論を探求することになる。《智慧の空間》上では、《領土》のロゴス中心主義はもはや通用しない。

感覚運動的で、可塑的、相互作用的で多元的な操縦装置と連結されることで、イ、メ、ー、ジ、は、《商品》がそれを命じるような幻惑という運命から逃れ、テキストよりもさらに有力な覚醒、認識、そして発明の装置となるのだ。

《大地》の記号論への回帰が問題なのだろうか？　いや、必ずしもそうではない。というのも《智慧の空間》の意味作用は、歴史を、言語や世界の複数性を、資本の脱コード化された流れを経由するのだから。第四の空間では、諸々の記号はもはや、何らかの宇宙《コスモス》的な囲いや、環から環へと推移するしごく秩序立った螺旋《スパイラル》といったものを参照させるのではなく、表意作用の漂う、特異的な線や、変貌する意味作用の空間を参照させるのだ。

集合的知性体は、すでに《領土》的記号の専制と超越性に出会っていた。それゆえ、集合的知性体は註と解釈の煩雑さには精通しているのだ。解釈学、《領土》についてのこの学が集合的知性体に教えたのは、知覚対象、記号、事物、意味をあまりにも緊密に結びつけていた膠《にかわ》を溶かすことであり、それによってようやくそれらの遊びが可能になったのである。

集合的知性体は、《スペクタクル》に慣れ親しんだのであり、経験を積み、記号へと還元された一つの現実を享受したのである。それゆえに、集合的知性体は、本来的なものへの憧憬《ノスタルジー》に駆り立てられるのではなく、技巧の、シミュレーションの、そしてより一層自由な創造的想像力の戯れに敢然と突き進むのだ。

集合的知性体は、《領土》の権力と《スペクタクル》の流通によって奪い取られた、記号論的な生産性を再び我がものとする。そして、もし人間が記号の諸体系を作り出したように、人間にとって意味作用の要素においてしか世界というものがありえないのだとしたら、集合的知性体は世界を取り戻すのである。

今まで、人は言葉《パロール》を、ある革新的な運動の、ある危機の、ある矯正の、ある並外れた創造行為のおかげでしか再び取戻してはこなかった。もし、そんな風に、つねに物事を創設する（instituant）プロセスが語られ得るとしたら、当たり前で、落ち着いていて、定着した（instituée）言葉《パロール》の獲得はどうなってしまうのだろうか。ここに集合的な諸知性体がある。――諸々の主体性が不断にみずからを特異化することを後押しする人間的な環境。独身機械のための作業現場。変化しつつある記号の都市のプラットホームや広場を行進中の精神的なノマドの軍隊？　これはシュールレアリストらが夢見たことではないのか？　彼らはその夢を実現する技術的な手段を持たなかったわけだが。

意味を生み出す新しい方法の各々は、別の主体性を、存在の別の諸性質を創り出す。集合的諸知性体の記号論的な生産性は、存在論的な生産性へと実体変化を遂げるのだ。

ある空間から別の空間へと、現実化させ、生命を与えること。これは意味を白日の下に導き、記号によって顕示することである。人類においては、歌われなかったものは現実に存在しはしない。

第十一章　空間と時間の形象

《大地》——太古のさすらいの線

ノマドたちは、《大地》の上に、さすらいの線を描く。その線は、トナカイやバイソンの群れの移動の線であり、水場の周期的な出現に応ずるものであり、季節による採集・狩猟場所の変転にしたがった行程である。

神々や祖先は、そうした東奔西走の中で、山々や大河、岩々や大木に名前をつけた。ノマドたる《大地》で際立っている遺跡は納骨所のようなものであって、それはギガントマキアつまり英雄たちの戦いの名残りである。女性たちと神々の間の禁断の愛の証拠物が至るところに現れる。先史時代の天上に、あちこちで神話的動物の硬直した輪郭が描かれる。

《大地》は人々の記憶である。その風景は、叙事詩の地図であり知恵の貯蔵庫である。空間の全体が生きている。歌や物語は《大地》を語る。《大地》は夢の時《ドリームタイム》、今でもそこにある起源の時を覚えている。そしてもし歌が繰り返されず、旅があらたに企てられなければ、すなわち、もしさすらいの線が捨て去られれば、《大地》は神々と共に死ぬのだ。

そこで祖先の足跡にしたがい、私たちは《大地》の上を再び歩み始める。私たちは同じ場所へと戻り、改めて《大地》を賛美する。こうして過去はよみがえり、決してそれは過ぎ去りはしないのである。ここでは、空間は力によって踏破され、名所や強度や中心によって点々と区切られ、禁忌の場所によって遮断される。《大地》は質、強度の空間、記憶－空間、叙述－空間を生み出す。それは、集合的主体性が一つのコスモスの中へと受肉するということなのである。

新しいものが到来するとき、しかもそれが不可避的に到来するとき、諸氏族はそれを起源の時に投げ入れる。発明は実は想起である。その結果、一種のコスモス的回帰によって、《大地》の上での生成は永遠性を養う。《大地》の時間、それを私たちは太古と呼ぶ。

太古の《大地》はその時間をみずからと共に運ぶ。太古の《大地》は常にすでに現前し、決して過ぎ去ってしまわない。私たちは月に行くようになっても《大地》の上にいる。巡礼者、旅行者、冒険者そして詩人が大地を呼び覚ます。人の住んでいるあらゆる空間が《大地》を蘇らせるのだ。

《領土》——囲い、登記、歴史

《ある土地を囲い込み、これは俺のものだと言うことを思いつき、それを信じるほどに単純な者たちを見つけた最初の人が、市民社会の真の定礎者であった(1)》。文明社会の定礎者、すなわち《領土》の定礎者である。しかしここでは、専有というよりもむしろ囲い込みという行為自体の方を、整地や堀の掘削という仕事の方を、強調しよう。創設とは《領土》を作り出す行為そのものである。工学（génie）と建築という意味において、すなわち、持続するものとして設立するという意味において、何かが創設されるたびに、《領土》の帝国は広がるのである。

定礎(2)は、その語によって同時に、空間の生成と時間の創始のことを言う。すでにそこにある一つの場所への登記ではなく、先在する一つの持続の内に居を定めることでもなく、それは、まさしく《領土》的な時空間を生み出し、拡張することであって、絶え間なく創設と再創設の仕事を続けることによってのみ、維持される。定礎と帝国。

農民は畑を境界づけ、それを掘り、耕し、植える。王は掘を穿ち、街の周囲に壁を建て、中心に王宮を建設する。聖職者は神聖な空間の境界を定め、ペリスタイルの柱を建造し、寺院の中心の秘密の場所に、聖所をしつらえる。そこに偶像、祭壇あるいは不在を置くために、である。書記はテキストが書き込まれ、縁取られる、粘土板、パピルス、犢皮紙《とくひし》、ページを用意する。それは常に、《領土》化の同じ二重の所作である。すなわち、表面を境界づけ、次いで割り当てられた表面を確立し、耕作し、登記するのである。

囲いは、家畜化され、印付けられ、選別された動物を閉じ込める。国境はノマドの通行を妨げ、さすらいの線を断ち切る。国家は放浪者を閉じ込める。運河と街道は流れを一定方向へ誘導する。税関、門、扉、堰は絶えず内と外を回復させる。書記にとって、考査と試験は知の周りに障壁をたてることである。

ここでこそ時間が生じる。というのも、《領土》は空間とともに時間を作るからである。ローマの要塞線、中国の万里の長城、あらゆる要塞は消滅と忘却に対する城壁であり、持続し、留まり、過ぎ去らせないための努力である。時間は王朝の創設以来、《都市》の創設から流れ出す。耕され、種をまかれた畑は、のちに収穫を呼び寄せるが、それは差異の作用、遅延の作用によって、《領土》的な時間を作る。農業は持続と猶予と蓄え《ストック》の効果とそのリスクを創始する。ここには、納屋、サイロ、倉庫、地下貯蔵庫、しまい込まれた宝物、雌牛のやせ衰える飢饉の年への配慮、未来への賭けがあるのだ。

意味のストック、署名印が押され、記号の蒔かれたページは後で読まれ、解釈され、注解されることを呼び寄せる。エクリチュールは言説を継続し、保存する。言葉《パロール》は過ぎ去り、書かれたものは残る（rester）。Rester は restare（留まること）に由来するが、restare 自身は stare に由来する。すなわち存続させられること、植えられること、定礎されることである。

以前と以後は、内と外があることによってしか、存在しない。《領土》は歴史の線形的時間を分泌する。歴史は太古よりも速く流れはしない。それは別の速度であり、時間の別の質なのだ。すなわち、《領土》の緩慢さである。

《商品》――循環、リアルタイム

脱領土化されたもの、人々、事物、技術、資本、記号そして知は、《商品》の循環において際限なく刷新され、巡っていく。商業の戦略はもはや城壁を築くことではなく、ネットワークを作り上げ、ショート回路《サーキット》を組織する。コミュニケーション、輸送、配給、生産のネットワークは、循環の空間を織り上げながら、解きほぐせないほど絡みあう。

資本主義は地球的規模のものである。ある大陸の出来事の推移は別の大陸におけるもっともささいな活動にも作用する。循環はグローバルな相互依存性を構築したのだ。

循環は街を侵食し、覆い、閉鎖し、塞ぎ、弱める。それは、田舎を貫き、引き裂き、切り離す。街と田舎の《領土》的な区別はもはや通用しない。都会的なもの（urbain）に取って代わったのだ。鉱山の周囲に、港の周りに、線路沿いに、都会的なものは成長し、転移する。街道と高速道路に貫かれ、地下鉄が通り、バスと市電の路線が縦横に走り、飛行機が上空を飛び、道路や運河やネットワークの結節点《ノード》となり、すべての流れ《フロー》が残す集積となって、都会的なものは中心が至るところにあり、外郭がどこにもないような一つの街となるのだ。

倉庫地区、工場地帯、ビート畑と空港の間で失われた都市、《郊外》、《ニュータウン》、商業中心地、これらあらゆる場所なき場所は、聖化されもせず、歴史もなく、あらたな循環によって寄り集まったものであって、一つの街を構成するに至らない。それらは人であふれていたとしても、人はそこに住み着くことはできないのだ。

巨大都市はもはや街ではない。それは世界‐都市、膨れ上がるメガロポリス、地球上のブラックホール、巨大なアトラクターである。ラゴス、カルカッタ、カイロ、メキシコ、車なくしては生活しにくい街ロサンゼルス、混沌の街、東京。

しかし、都会的なものが、《商品》の空間的な姿を描き出すのではない。都会的なものは、《領土》の上での、諸々の動体（人、事物、資本、記号《シーニュ》）の加速の足跡でしかないのだ。棄て去られた大地、脱領土化された《領土》、都会的なものは、私たちがそこから切り離されるとき、循環の裏側を、外部のネットワークという側面を表に出す。《商品の空間》は、徹頭徹尾、その循環の内部に、高速道路上に、あるいは列車の中に息づいているのであって、横断された風景上に息づくのではない。航空機の中にであって、空港の近くにある田舎にではないのだ。この空間は諸々の動体の強度の空間であり、一つの運動‐空間、そこで人が速度、加速、遍在《ユビキタス》そして瞬時のコンタクトを享受する空間である。そして、諸々のネットワークの網目はさらに別のネットワークの中を循環する。ポケットの中のテレビ、イヤホン、鞄の中のコンピュータ、それもあらゆる場所で別のコンピュータに接続可能であるコンピュータ、携帯用ファックス、自動車内または列車内の電話……。動体の中の動体はそれらの速度を組み合わせ、メッセージを交換し、一つの動的で相対的な空間の中で交差し合う。そこでは、あらゆるものがあらゆるものと関連して動き出し、距離は何ものでもなく、速度がすべてであるのだ。

アインシュタインの相対性理論は明らかに《商品》の運動‐空間の産物である。その理論を説明する際の思考実験が示しているように、時計、列車、エレベーター、宇宙船、それらは互いに速度の関係にある。ジャストインタイム（一）、すなわちゼロストックは将来と持続についての《領土》的な作用を無にする。遅延（différé）というものは、メディアの直接性と同様に、産業の無遅延の（zéro délai）中で消失する。遠距離通信や情報処理の領域におけるリアルタイムは、ついには、伝送、計算と応答、情報の処理と即座の呈示といった、即時性を指し示す。加速の地平において、速度の台風《サイクロン》の目のなかで、リアルタイムというものは不動でありつつ、《商品》の時‐空間を動かす。リアルタイムは商業の時間のリアリティであり、その時間のエンテレケイアであり、理想である。時間はもはや逐次的ではなく並行的であり、線形的ではなく点括的である。同時性という一つの時間であり、それは加速の限界である。

リアルタイムのもっとも高いレベルは諸組織化に関わる。グループウェアによるフレキシブルな職場のように、デジタルネットワークは昨今、組織構造の相対的脱物質化を可能にしている。それは究極の脱領土化である。フローチャート、生産工程、管理のための諸構造はソフトウェア上に移され、それによって動的になり、柔軟になる。ヴァーチャル企業は市場の変移にたいしてリアルタイムに適応する。私たちはここで、《智慧の空間》の領域に近づいている。しかし、まだ加速しているだけで、そこに到達はしていない。そこへのある質的跳躍が必要なのだ。別の速さ、別の強度が集合的知性体を活性化するのである。

《智慧》――主体的時間、内的諸空間

時計とカレンダーによって示される時間、時間の使用に関わる時間、機械的時間、諸速度の基準、諸活動を同期させ、諸組織に連繋させる時間、これらの時間すべては、天体の規則的な進行に同調している。[3] 超越的な時間は《大地》を従属させるために天から降りてきている。これは《領土》の空間を統一する時間である。時計、『モダン・タイムス』の大時計[4]は、機械と〔その機械的な動きが奏でる〕地獄のカデンツァの時間を指し示し、給与労働の時間、輸送に要する時間、空き時間、盗まれた時間、退屈な時間を指し示す。《領土》は、生きた、主体的な諸時間をかろうじて均質化し飼い慣らしていた。《商品》の空間はそれらを接収する。

《智慧の空間》においては、集合的知性体は各々固有の持続を分泌し、諸個人は主体的な時間性を再び我がものとする。[5]《智慧の空間》は遅延を消滅させるが、それはリアルタイムにまで加速することによる、商品の様式によってではない。というのも、リアルタイムはいまだ時計に、外的な時間に差し向けられているからである。《智慧の空間》は座標系（référentiel）を変えることによって遅延を廃棄する。それは内的諸時間において育つのである。高速の持続、強度の持続、あらゆるすべては一つの躍動（élan）のうちに包摂される――集合的成熟の穏やかさ、平穏さのうちに。これら

の速さ、これらの遅さは時計やカレンダーとのいかなる関係も持ってはおらず、それらはそれ自身にしか差し向けられない。これらは存在の質なのである。《智慧の空間》においては、諸時間はすべての生きた源泉から流れだし、混淆する。諸時間はリズムのように湧き出、呼応しあうのである。

遅延は内的な諸リズムを妨げる。官僚的な遅さは諸々の躍動を打ち砕く。リアルタイムの常軌を逸した速さは、ゆっくりと成長しようとするものを、急き立て台無しにしてしまう。しかし、だからといって、集合的知性体はすぐに、すべてを要求したりはしない。《休止時間無しに生きること、邪魔されずに享楽すること》の盲目的な支配を第四の空間は拒絶するのである。

ユートピアへの批判に対して、私たちは反論する。確かに、《智慧の空間》はユートピア的だろう。しかし、それは可能なある一つのユートピアだ。実際、これら主体的な時間性がそれ自身に閉じこもり、孤立、自閉症、《愚かさ（idiotie）》（語源学的意味では、idiot は特殊のことである）にしか行き着かないのではないか、という恐れはあるだろう。この危険に対して、私たちは二つの打開策、一方は防御的、他方は攻撃的な打開策を対置する。

防御的打開策は以下のようなものである。すなわち、集合的諸知性体は先立つ諸空間を棄て去ることはなく、存在の別の諸々の質、別の諸時間を繰り広げるだけであることを思い出そう。それらの領域においては、《領土》的な同期化も商業的な同期化も常に作動している。

攻撃的打開策は以下のようなものである。すなわち、《智慧の空間》の秘密というのは、まさに、技術的、実効的である次のような可能性である。すなわち一つの集合的主体性を創造するために、パーソナルな諸時間性を合成する可能性であり、集合的で、創出的な時間を個人的な諸主体性に響き渡らせる可能性である。それゆえ、自分たち固有のリズムに従うとはいっても、各個人は孤立していると責められることはないのだ。

例えば、知の樹木の仕組みにおいて、(6)諸個人の修習のカリキュラムこそが、あるコミュニティの知の樹木を構成する。ところで、これらのカリキュラムはカレンダーの時間と関係を持っていない。すなわち、各免状の獲得の日付はカレンダーには記されていない。修習したいという主体的なモチベーション、それらの内在的な秩序しか考慮されていない。このように、諸《空白》、諸欠落、これら超越的な時間性に照らしてのみ空虚あるいは空疎であるような諸期間は、《智慧の空間》には登録されることはないだろう。《暑い時には何をしていたのですか？　はばかりながら、私は歌っておりました……》。そのうえ、諸個人の認知的紋章、樹上への諸個人のカリキュラムの投影は、もはやパーソナルな獲得の順序を登録さえせず、そうではなくて、創出しつつある集合的順序に、すなわちコミュニティの樹の順序に各人の諸能力を結びつけ、こうして、諸個人に対して、集合的知性体の他のすべてのメンバーによって分かち持たれている一つの状況、一つのコンテクストに応じて自分の方向を定められるようにするのである。主体的時間性は一つの共通の空間を成す。

《商品》のリアルタイム〔性〕というものが《領土》によって諸々の時間をあらかじめ飼いならされるのを前提としていること、天の時間という超越性を前提とすることを、私たちは見てきた。同様に、《智慧の空間》は、《商品》空間上に産み出されたリアルタイムの諸技術を用いること無しには、その自律、その不可逆性を持ち得なかったであろう。しかし、これらの諸技術は内側へと反転させられ、他の目的へと活用されるのである。外的な一つの時間における諸同時性を打ち立てるためにではなく、生き生きとした諸々のリズムの調整、意味の動的な諸コミュニティ、同期していない諸状況を打ち立てるためにである。

空間というものは結果として生じるものなのだ。集合的思考の時間に基づいて、主体的近接性つまり内的距離の間に張られた意味の諸空間が形成され、また変容するのである。

《智慧の空間》は集合的諸生成から出現する

集合的諸知性体は一つの主体的時間を我が物とする。なぜならそれら知性体の時間の経過はいかなる外的で先在する空間にも、つまりどんな物理学的運動にも依拠しないからである。それら知性体の時間は、発生し、成長し、変転する。ノーバート・ウィーナーの『サイバネティックス』[7]の冒頭に置かれた対比に従えば、それら知性体の時間はニュートン的であるよりはベルクソン的な時間であるだろう。

集合的知性体は、《領土》が樹立してきた時間と空間との諸関係を反転させる。《領土》というものは、創設以来、自分の時間を流れさせてきたのだが、その創設は空間に対する一つの操作であることを、私たちは思い出す。《領土》は、内と外からその持続を作り上げる。諸生成をコントロールし、方向を定めるために、《領土》は諸々の空間的装置を用いる。すなわち壁、水路、窓口、跳ね橋、官僚的迷路、追放と帰属の終わりなき諸同心円。

ところが、集合的知性体は《領土》の道とは完全に逆方向を行く。なぜならば、それは時間を空間に変えるからである。集合的知性は、出来事の多数性あるいは集合的生成の多数性を力動的で質的に差異化された空間に翻訳する諸装置の周りに組織される（それは、もちろん、諸記号《シーニュ》の空間、地図作製法的《カルトグラフィック》空間の話であって、物理学的な空間の話ではない）。

《領土》は国境、ヒエラルキー、構造を永続化することを欲している。それとは反対に、《智慧の空間》は生まれつつある状態に常にある。その空間は集合的諸知性体を活気づける特異な行為や物語から不断に現れ出るのである。その空間は決してア・プリオリに構造化されてはいない。それどころか、《智慧の空間》は表現し、地図を作製し、種々の主体的で必然的に予測不能な持続の組紐的なあり様を可視化するのだ。

《智慧の空間》に外部から国境を刻むことなどできないし、《智慧の空間》を分割することも、そこに帝国を設立することも、そこに聖域を定めることも、その空間内で《この領域は俺のものだ》と宣言することも、税関を設置することもできない。もしそんなことをしたら、必然的な結果として、それはもはや《智慧の空間》でなくなり、再び、いつもの《領土》となるであろう(8)。それゆえ、そうした《領土》の上に、平滑なあらたな一つの空間を再構成しなければならないだろう。それは障壁がなく、連続した空間であって、集合的な生成作用が描き出す多重的で可動的な形を受け入れる

四つの空間の一覧（1）
アイデンティティ，記号論，空間，時間

	大地	領土	商品の空間	智慧の空間
不可逆点	紀元前 7000 年	紀元前 3000 年	1750	2000?
アイデンティティ	宇宙《コスモス》との関係 《ミクロコスモス》（小宇宙） 血統 婚族関係	領土との関係 《ミクロポリス》（小都市） 所有 住所	生産と交換との関係 《小さな家》 職業 雇用	あらゆる多様性における智慧との関係 《ポリコスモス》（多元宇宙） 所属のアイデンティティに対する，配分的，ノマド的アイデンティティ 量子的アイデンティティ
記号論	現前 諸々の記号，モノ，人間の相互参与 照応	不在 記号とモノや人間の断絶と分節 表象	幻影 記号，事物，人間の分離 伝播	記号的生産性 意味作用の世界における諸存在（人間）の折り畳み 突然変異
空間の形態	さすらいの線 記憶−空間	閉鎖 定礎	ネットワーク 循環 都市	集合的な生成変化から生じる変成空間
時間の形態	太古	歴史 閉鎖と定礎という空間的操作によって産み出される，《緩慢な》遅延した時間	リアルタイム 時計による抽象的で一様な時間	主体的時間性の再適合 リズムの調整と協調

ような仕方で成立する空間である。知性的な諸コミュニティは、《領土》を逃れ、《商品》の諸ネットワークからも抜け出して、思考しつつ、夢想しつつ、さまよいつつ、それらコミュニティが産出する《智慧の空間》へと向かうのである。

都会的なものは、おそらく、商業的な流通に照らして、住みにくいままに留まるだろう。あらゆる事柄は、都会的なものが拡大し続けるだろうと思わせる。しかし、その都会的なものの上に電子会議が、集合的諸知性体の無限の対談が開かれるのである。ロサンゼルス（スペイン語で「天使たち」）を越えてである。すなわち、天使たち、諸記号《シーニュ》のメガロポリス、闇夜の中、いくつものコンピュータのモニタによって倍加された天において、ついに可視的となった精神の都市。

第十二章　航海《ナヴィゲーション》の道具

《大地》――語り、海図、アルゴリズム

吟遊詩人はオデュッセウスの旅を歌う。セイレーン、魔術師、キュクロープス、海の怪物、奇妙な人々、不思議な島々、向かい風、流れを歌う。諸々の特異性が地中海を区切る。英雄の出会う様々な事象は可能な諸航海の一空間を組織する。オデュッセウスはついには、イタカ島に帰還する。『オデュッセイア』は初期の海図の一つである。海図はティルスからマルセイユへ、あるいはナポリからカルタゴへ向かい、すべての指示が船乗りに港へ無事に到着することを可能にする。それは、行程の各々の部分について、暗礁、深さ、航海の方向、その一日分の距離の調査目録を作る。海図は現在位置を測定することではなく、諸特異点を識別することを可能にする。すなわち、浮標、〔沿岸に固定してある〕航路標識、灯台をである。推測するに、初期の航海は、質的な空間において、予測通りの、また時として失敗した出遭いによって、さすらいの線を何とか先に進めさせるのである。

オデュッセウスは、《大地》の管轄下にある、水の上を、彼の海洋を遊動《ノマディゼ》するのだ。

羅針盤はといえば、それも《大地》的なものである。それは《大地》の特異点である磁北との関係によって向きを決める。そして磁場は揺れ動く。何日もかけてこの岬へ、また何日もかけて別の岬へと、羅針盤は近接性の触覚的な空間を作り上げる。概観的で、大まかで、視覚的な諸空間を構成する《領土》とは反対に、《大地》は触れることによって知られ、継起的な接触によって、その特徴的な凹凸など、際立った組織を繋ぎ直し、結び直す。ホメロスは盲目なのだ。

海図というものはあなたが英雄であるような一つのオデュッセイア、可能な旅についての「千夜一夜物語のような」数限りない語りのためのデータバンクなのである。《大地》において、知識の基本的道具は語りだ。単に、重要な血統、傑出した人物、一民族の信仰を要約する神話や叙事詩だけでなく、実践的な知を組織する形式としての語りもまたそうなのである。実際、私たちがすでに見たように、海図は、航海者が次々に異文の語り手や著者に変わっていくような、語りの諸平面と諸要素を含んでいる。吟遊詩人やグリオ[一]は《大地》を識別する英雄達の冒険を物語り、そこに人物や、通り名をもった場所を登場させ、彼らの後に訪れる人々のために、それを組織する。語りを保存するとは、一空間上における可能な諸々の質と行動の秩序付けられた目録を伝える、ということなのだ。

語りの抽象的な構造は、一般に、アルゴリズムである。すなわち、それは出発の状況から到達の状況へと移行させるようなある一定の秩序における、一連の行動の記述である。[一]《大地》においては、技術的な知、さらには数学的な知もアルゴリズムにしたがって、保持され、利用される。アルゴリズムは証明を必要としない。語り残されたものは、私たちに今度は英雄の場所を占めるように促す。生き生きとした語りは、私たちをイタカ島へと帰還させるのだ。

《領土》——投影の諸システム

十五世紀から十六世紀への転換期において、ポルトガルの船乗りたちがアフリカ大陸を一周し始め、コロンブスが西方からインドへの到達を計画したとき、重要なのはもはやイタカ島への帰還などではなく、未知の海々を冒険し、いまだ名もなき諸海岸を目指すことであった。ここでは、諸々の語りや海図はもはやなんの助けにもならない。こうして天文学の助けを借りた航海が始まる。操舵手は、象限儀《クアドラン》や天文観測儀《アストロラーベ》によって、水平線の上方で北極星や太陽の高さを可能な限り正確に測定する。時刻や日付、天測暦により、緯度を導き出す。これが現在位置を測定する（faire le point 点をなす）ということだ。ここでいう点とは、もはや特異点ではなく、指標や記号《シーニュ》のことでも、水の色や渦巻でも、陸‐海上の目印でもない。それは、抽象的な点であり、天空の座標のこの世での投影、《領土》の一点である。

（おそらく、エレアのゼノンが運動の不可能性についての彼の有名なパラドックスを定式化することができたのは、抽象的な点で構成された一つの空間を発見したからだ。エレアのゼノンは正しい。

《領土》の上では、アキレスは決して亀に追いつかない。《領土》の上では前進することはなく、ただ現在位置の測定ができるだけである。しかし、諸々の遠出や経路、旅によって構成された《大地》の上では、アキレスは亀に追いつく。つまりアキレスは、船乗りのように、二つの空間の中に生きているのだ。彼は自分の位置を定め、また《領土》の上で自身を方向づけるが、しかし彼が進むのは《大地》の上である。(2)

カフカの測量技師は、城の中心部――小説的《領土》の中心――に決して辿りつかない。なぜなら、彼は《大地》との接触を取り戻せるようにも、《領土》から上方を通って外に出られるようにもならないからである。測量技師は、その職業が明白に表しているように、《領土》の中に閉じ込められた男、無能のアキレスなのだ。カフカの全著作は、《領土》についての一つの省察として考察されるだろう。)

航《ナヴィゲーション》 海のあらたな方法のおかげで、人がかつて行くことのなかった海域においても、どんな物語もいまだ標識を立てていなかった航路においても、少なくとも緯度において、船乗りはみずからの居場所を知ることができる。それ以来、地図は単に距離、角度、方位に従って、すなわち《大地》の上での近接性という関わり方に応じて、目算で作られた図面の蓄積と突き合わせによる産物ではもはやなくなった。今や、地図の各ポイントは天体によって目録化され、恒星天によって縫い留められることになるだろう。やがて、方位盤は斜状で着色されたいくつもの線を海図にもはや引くことはなくなる。緯度と経度で目盛りの打たれた地図の規則正しいグリッドがそれと入れ替わる。まずもって、赤道、南・北の回帰線、両極地、緯線、経線は天球の座標である。そのことはいまだに(《これらの緯度下では……》、《これらの回帰線下では……》)といったいつくかの言い回しが証言している。科学的な地理学は、プトレマイオスの著作が物語るように、古代にまで遡るにも関わらず、天球の座標が地球上に体系《システム》的に投影されることが普通に行われるようになったは、十六世紀になってからに過ぎない。《大航海》時代が《領土》的空間の設立を仕上げたのである。こうして、もはや地球の表面は、波乱に富んだ旅の途上で祖先たちや英雄たちあるいは神々が出遭い、ちりばめた特異な図像によっては組織されない。あらたな空間の上では、《大地》は天から落ちてきた網によって碁盤目状に整頓され、締め付けられる。たとえ誰も各々の点に名を付けなかったとしても、各点は座標を持ち、一つの住所を持つ。物語あるいはアルゴリズムはシ、ス、テ、ムに取って代わられる(そこにおいて、科学的な地理学は明らかにそのうちの一つの個別的な事例でしかない)。物語やアルゴリズムは、経験によって定められた冒険の諸線や一連の諸操作を配置していた。システムは空間の全体と可能的なあらゆる操作を一挙に把握する。システムにおいては空間の総体が既に数え上げられているために、それはいまだ何人も赴くことのなかったところへ向かうことをも、初回の操作を確実に実現することをも可能にする。

知の秩序において、《領土》とは何か。《大地》の上への天の投影である。内在的で諸特異点からなる間隙のある一つの空間上への、超越的な秩序、天の秩序、全体的な秩序の設定である。ノマド的な《大地》は天によって固定されるのである。

《商品》——統計、確率

《商品の空間》においては、存在するものや記号、事物といった諸々の点を、一つのシステムの中で定めるのはもはや不可能である。何しろ、すべてが休みなくそこで循環し、そこで揺動するのだ。そして、商人が意識しなければならないのは、単に、不動の一つの《領土》を根底に置いた諸々の移動だけではなく、非常に多量なデータの塊《マス》や、出来事の異型発生的で多極的な流れの、一斉の変化である。

商業的ネットワークにおける瞬間、各局面において、諸々の流量や、商船の積量、価格、売上金額、為替レート、メディアの消費量、そして死と誕生は、勘定され、測られ、記録されうる。しかし、荒れ狂う大数の海洋は、もはや、まったく固定された領域に覆われてはいない。ただ一つの支えとして、情勢の不確かな空があるのみである。この無秩序な大洋のざわめきを出発点として、どのように決断するのか。それらすべての変動から、どのように諸々の事物の状態を思い描き、どのように総体的な方向づけを判別するのか。

統計や確率は、十七世紀に初めて現れ、それらの発展は資本主義の拡大に伴った。商業空間というものの流動的な地図の作成を可能にしたのは、それら統計や確率なのである。諸々の指標、年利率、パーセンテージ、平均、流行《トレンド》、グラフ、視聴率、ヒストグラム、そして《円グラフ《カマンベール》》は、不均質な大衆をひとかたまりにし、個別的な歴史の数々を要約し、諸々の出来事の分散した多数性の、包括的な輪郭を見せてくる。

だが、たとえ、《商品の空間》上における方向付けについて他の諸々の手段がないゆえに、これらの道具が(3)どれほど不可欠だとしても、それらの欠陥はすぐに明らかになる。ここでは、《領土的空間》上でのように、諸個体性が一つのシステムによって定められることはもはやなく、それら個体性は大衆《マス》というものの中に溶け込んでしまう。統計的な輪郭は、特異な肖像を包み隠す。これらの確率・統計的過程は、モル的な諸均衡や、諸々の状態に関係づけられる。統計学（statistique）とは、語源的に、まさに諸々の状態（états）の科学のことではないのか？　諸々の動的《ダイナミック》な布置(4)は平均へとならされ、戦略は大数の法則と確率の支配下に置かれる。諸々の質は、量へと還元される。

《智慧》——シネカルト

《領土》における位置の評定の道具は、永続的な一つの空間と諸対象を目標としている。《領土》の慣性《イネルシイ》は強固で、基準となる諸点は固定されている。永遠的で抽象的な一つの空間における、運動のこの遅さを幾何学はイデア化した。経済的空間は流動的で、相対主義的なものである。ここでは、移動しそして変化するのは、まさにその地盤自身である。《商品》は流通し、それらの価格は変動し、それら《商品》は同じ瞬間においてもある場所と他の場所で異なった価値を持ち、生産システムは進化する、等々。あの天文学的な天空の後を、一つの気象学的な天空が継ぐ。さて、智慧は《商品》よりさらに速く生まれ、流れそして死ぬ。知識の価値と組織化は、変わりゆく文化的、社会的そして専門的文脈に密接に関わっている。それらは、ある一定の瞬間における、各個人の特定の目的と目標にさえ依存する。状況に応じた活発な実行だけが、それら知識に意味と価値を与えるのだ。

《智慧の空間》におけるあらゆる困難は、組織するものを組織化すること、主体化するものを客体《オブジェクト》化することである。智慧についての智慧は、本質的な、根源的な、不可避の循環論に従属している。知識の知識は、取りも直さず、知識のある変換であり、絶え間のない漂流であり、不断に再活性化、再評価をするために動《ダイナミック》的な状況へと置くことである。

《智慧の空間》の地図作製法は、もっぱら量的である統計学に基づくことはできない。ミシェル・オティエと共に私たちは、特に《智慧の空間》のために考案された位置評定、方向づけそしてナヴィゲーションの器具の、ある新しい型を提案し、それを動的地図《シネカルト》（cinécarte）と呼んだ。集合的知性体は、ある流動的な情報宇宙の中へのナヴィゲーションに身を投ずる。シネカルトはこの相互作用から姿を現すのだ。シネカルトにおいて、情報の宇宙（あるいはデータバンク）は、ア・プリオリに構造化されてはいない。すなわち、《領土》での仕方のように、ある超越的な組織化に従っては構造化されない。まして商業的なやり方での統計的平均あるいは分布によっては規準化されなどはしない。シネカルトは、情報宇宙のすべての諸対象の属性から区別された質的な空間を展開させる。

この空間のトポロジー的組織化は、情報宇宙の諸対象あるいは諸行為者《アクター》が互いに維持する、関連や関係の多様性を表現する。考察されているその宇宙の各対象あるいは諸対象の群《グループ》はシネカルトにおいて、視覚化されることができる。諸対象間や、これこれの対象とその対象がいまだ所有するに至っていないこれこれの属性との間の近接性、等々が測定されうるのだ。

相互作用的なシネカルトにおいて、あらゆる質、あらゆる特異性は位置づけられることができ、視覚化可能である。シネカルトにおける諸点は、《領土》の地図上のように抽象的でただその座標によって同定されるような単位ではない。シネカルトの各々の点は、他と異なる属性であり、特定の質であり、アイコンや独特の記号によって明示される。シネカルトは動的なモザイクであり、永続的な再構成のうちにあり、そこでは各々の断片は既に完全な形象となっているが、しかし各々の瞬間毎に、総体的な布置においてでなければ、その意味とその価値を持たない。そして、各々の記号－点の背後で、ハイパーテキスト群、メッセージシステムがずっと以前に情報を与えており、より深く探求へと誘い、《智慧の空間》上でのナヴィゲーションに必要なリソースのカタログを詳細にしている。シネカルトは諸特異性によって織られた動《ダイナミック》的なマクロ－特異性を探索する機会を与えるのである。

情報的世界における諸対象あるいは諸行為者《アクター》は、変異し続け、諸属性を失ったり得たりし続ける。それゆえ、シネカルト上でそれらは移動するのである。しかし、シネカルトは情報的諸対象の諸関係を表現するのであるから、行為者たちが変形し、あらたな行為者、あらたな属性が生ずると同時に、シネカルトは進展し再編成される。それゆえ、シネカルトの変異という連続的フィルムは情報の主要な源であって、単に与えられた時間における、瞬間的な状態ではない。
シネカルトから一つの共同体《コミユニテイ》を作るような使用法、共同体がシネカルトとそのメッセージシステムにおいて持つ交流は、基準の複数性に則って、情報的宇宙の諸対象、諸属性に価値付与することを手助けする。集合的使用から生まれる諸価値は、色彩の働きによってシネカルト上に見えるものとなり、また逆にこのことは、集合的知性体の使用とナヴィゲーションに影響を与えることになる。最後に、集合的知性体の各メンバーは個人的にシネカルト上に位置づけられることができる。ここに、二つの事例が現れる。

第一に情報宇宙が集合的知性体自身を、その属性の多様性、その振る舞いをモデル化するもの。こちらの場合、個人はシネカルトを構成するのに寄与する諸々の対象《オブジェクト》－行為者《アクター》（objets-acteurs）のうちの一人ということになる。それゆえに、個人ははっきりとそこに位置付けられる。個人はここにあり、アイコンの星座状の位置づけ（constellation）によって索引付けられるのだ。集合的なもののシネカルト上にその個人の署名があることになる。

あるいは第二に、情報宇宙の諸々の対象《オブジェクト》－行為者《アクター》は集合的知性体の構成員《メンバー》をモデル化するのではなく、それとは別のデータをモデル化するもの。こちらの場合、個々人は彼らの嗜好、関心、情報宇宙の諸対象との関係に基づいてシネカルトに再び組み込まれる。シネカルト上での彼らの立ち位置というものが諸属性のある特定の配置、記号－点のある特定の布置によって、今度は間接的に、再び可視化されるだろう。こうして、この立ち位置、この《あなたはここにいる》という場所から、彼らはナヴィゲーションについてのみずからの戦略を練り上げ、再び編み出すことになるだろう。《領土》や《商品》の諸地図と同様に、諸々のシネカルトは直接に実践的な影響力を持つ。例えば、位置評定、経路や戦略を立案すること、共通の表象を共有するおかげで人間の諸集団のなかで連携ができること、等々といったように。シネカルトは、一つの状況を読み取らせる。集合的な知性体あるいは想像体の構成員に共通する意味作用からなるある動《ディナミック》的な布置、ある質的な空間を読み取らせるのである。

シネカルトを用いることで、ある人間の集団がまさに集合的知性体へと組織されるのである。逆に、シネカルトは一つのヴァーチャルリアリティなのであり、情報宇宙のただ中にある集合的知性体の探査的な行動によって生み出された一つのサイバースペースなのだ。

諸々のシネカルトは知識の諸世界における集合的知性体のナヴィゲーションに随伴する。すなわち、諸々のシネカルトは自身の諸発見を物語っているのである。それらシネカルトは《智慧の空間》の見取り図を描き出し、更新されるたびに再び描き出す。それらシネカルトは一つの集合的な主体性を表現しているのだ。ナヴィゲーションや進路決定のための固有の道具を集合的主体性に与えることで、それらシネカルトは《知恵の空間》(L'Espace de sapience) を作り上げ、その空間を不可逆的かつ自律的なものとすることに寄与するのである。

二〇〇一年、智慧の旅《オデユッセイア》。

第十三章　知識の対象《オブジェクト》

各々の人類学的空間において、特権的な知識の対象《オブジェクト》は、その空間に固有の形状を探る。さらに、これらの対象は当該の空間に特有のナヴィゲーションの諸装置によって構成されている。人類学的諸空間はそれ自身、その固有の道具によって考えられるのだ。

《大地》の対象――永遠の開始－生成変化

《大地》において、語りの対象となるのは起源（origine）ではないだろうか？〔実際、〕氏族は、生まれながらにして、最初から、一つの事物、一つの制度を含んでいる。

しかし、語りは伝えられ、保存され、循環し、変化する……。語りの観念はすでに、書き物《エクリチュール》による固定化に由来しているのである。《大地》においては、おそらく語りはなく、ただ再開し脱線し続ける、物語ることの際限のない連鎖だけがある。それゆえ、物語ることの真の対象は、おそらく、《領土》の線形的な歴史（histoires）におけるような、起源ではなく、言い換えれば固定した出発点ではなく、起源がたどれないほどの太古（immémorial）なのである。大地的な智慧の対象は永遠の開始－生成変化である。

どこにも位置づけられず、日付もない、匿名のアルゴリズムは、時間の外にあって既に幾千回も成し遂げられ、常にあらたに成し遂げようとしている、このような開始－生成変化を表現している。アルゴリズム、あるいは儀礼。

《領土》の対象――幾何学あるいは天体によって固定されたノマドの《大地》

《領土》の対象は、計測され、碁盤状に区切られた《大地》である。すなわち幾何学（計測された－大地（géo-métrie））である。伝説が語るように、幾何学の誕生についての象徴的人物であるタレスは、クフ王のピラミッドの高さをその影の長さから計測しようと企てた折に、自身の名を持つ定理を発見した。タレスはピラミッドの高さとその影の長さとの比が、地面に突き立てられた棒の――既知である――長さと（太陽の高さが同じであれば）その影の長さとの比は必ず同一である、と証明したのである。ミシェル・セールは幾度も幾何学のこの《はじまりの風景》の意味について、考

察している。(1)

《領土》とは計測され幾何学化された《大地》であるならば、幾何学の誕生は《領土》の系譜の一つを示していることになる。タレスの逸話の中に、私たちの《領土》の定義の三つの例を読むことができる。すなわち、《大地》は天によって固定されるものだ、というのがそれである。

まず、《大地》は天文学上の天体によって計測される。太陽とその傾斜角、その結果として生まれる影といった風に。

次に、砂漠というノマドたる《大地》が、国家という天によって計測され、専制君主の墓によってここに受肉する。国家の最高位は常に天上的であるかあるいは神的である。例えば、中国の皇帝は天(天帝)の息子(天子)であり、ファラオやルイ十四世は太陽王なのである。ピラミッドは、それ自身、官僚的で祭司的な国家の一つの像である。

最後に、《大地》は、諸観念の天によって計測され、固定化される。というのも、タレスの定理は幾何学の最初に証明された諸命題の一つであり、ここに数学的観念性の支配が始まるのであり、そこからプラトンは知解可能かつ不変の諸形相の天という理想的な姿を作り出したのである。

厳密な諸科学、とりわけ古典物理学が、幾何学という源泉から生まれる。そしてそれら諸科学は宇宙《コスモス》を《領土化》したのだった。《自然という書物は幾何学の文字をもって書かれている》。書き物《エクリチュール》と幾何学。――こうした言い回しによってガリレイが示しているのは、《領土》を形成するための諸々の道具である。

商業の対象——流れ《フロー》、炎、群衆

第三の空間に特権的な対象《オブジェクト》は、明らかに諸々の商品の生産と消費である。経済学は、言ってみれば、一般化された商業的な交換によって開かれた空間の幾何学ないし地図作製法である。

しかし、それ自身が考えられるためには、第三の空間は貨幣や財や人の変動と流動を素描することに止まりえない。その空間は、加速され、カオス的で、不確かで、脱領土化がさらけ出す世界を把握できなければならない。それゆえに、《商業的空間》の諸対象は、単に経済学の対象だというのではなく、また、拡散し、流れ、揺動し、変容し、そして消滅するあらゆるもの、〔そういうあらゆる原動機的《モトゥール》な〕機械を養い、それらの循環を回すすべてのものでもある。

かくして、産業革命の炎と蒸気の間で、熱力学すなわちエネルギーの諸転換の科学が十九世紀に生まれたのである。(2) 電気通信、電波を介したマスメディア、電子機器の発達に伴い、二十世紀初頭は技術的なネットワーク内における記号の循環を基にして考えられた情報理論を作り上げる。コード化、コード解読、翻訳のプロセス、コミュニケーションの通信路においてメッセージを脅かし、破壊する《ノイズ》に対する戦いは、そのあらたな科学が解決しようと試みる最大の諸問題である。

サイバネティックスのような、情報の数学的理論にとって、一つのメッセージによってもたらされる情報量の多さは、当該のメッセージの発生の確率に反比例する。(3) この定義によれば、メッセージが完全にランダムならば情報量は最大であろう（そのことは常識には明白に反する）。それに対して、メッセージが非常に冗長であり、参照対象となっている世界の状態に関して不確定要素を減らすのにほんの少ししか寄与しないとすれば、情報量はゼロに近づくだろう。従って《理にかなった》情報は、大抵の場合、《結晶と煙のあいだ》[4]に位置づけられるだろう。つまり、冗長な秩序とカオスのあいだにである。ここでは、情報は熱力学のために作り上げられた数学的な手段から理解される、すなわち最終的には、統計と確率によって。

メッセージを蝕み、混乱させ、そしてダメージを与える、情報の分野での《ノイズ》と、区別をごたまぜにしてなくしてしまい、緊張を解消する、エネルギーの分野での《エントロピー》の類比については多くの言葉が費やされた。ノイズは単に諸メッセージの破壊者ではないだけでなく、またあらたな情報の創造者でもあるから、自己組織化の原動力の一つである、無秩序から組織化への逆転を解く鍵は、エネルギーの位相から情報の位相への移行において見出された。これらの思索は、第二次世界大戦の終結以来進行中の経済的な大変動と歩調を合わせている。すなわち、コミュニケーションの諸ネットワークがエネルギーの割り当てを先導し、記号の管理が物質的な財の生産を指揮する、というものである。

しかし、注意しておきたいのは、《情報理論》と呼ばれるものが、実際には諸々のメッセージの伝達および循環についての一つの数学的なアプローチでしかないということである。その理論は、時として非常に精緻な、洗練と転換をもたらすきっかけとなった。しかしながら、量的な諸手段とその理論が入念に作り上げた諸概念をもってしても、[5] 意味作用（signification）という語のもっともあたり前の意味での語義を取り扱うことには到底およびえなかった。

脱領土化された循環と加速の人類学的空間が広がるにつれて、物理学は法則よりも過程に、均衡状態よりも不均衡に関心を寄せるようになる。[6] 自然科学で取り扱われる決定論的なカオスとフラクタルな対象[8]は、それ以降、人間世界を観察するにあたっての特等席の座を占めることになった。[7] 熱狂、不規則な振る舞い、不確実性といったものを反映しているのだ。

周波数、高調波、振動、発動機《モーター》のうなり、メッセージ、スピーカー、とてつもなく多人数の叫び、宣伝、バックグラウンド・ノイズ、カオス、メディアの混沌、ビッグバン、宇宙の果てに向かって張られた金属製の巨大な耳。《大地》が触覚的であり、《領土》が視覚的であるように、第三の空間、反響室ではあらゆる音が鳴り響いている。

《智慧の空間》の対象、人間科学を超えて――意味と自由

《智慧の空間》における特権的な知識の対象は、諸々の集合的知性体とその世界である。

集合的知性体というのは、つまり相互に伝達しあい、それら自身のことをお互いに思考しあい、共有された意味のもろもろの連関や文脈を、絶えることなく分配し、取引しあっている人間的な共同体のことである。集合的知性体の世界とはつまり、それらの資源《リソース》であり、環境であり、諸々の存在

や記号やモノたちとのコスモポリタン的な結びつきであり、宇宙的《コスミック》で、技術的で、そして社会的な様々な機構のうちでそれらが関わり合うもののことである。集合的知性体の世界は、安定したものでも客体的なものでもない。それは絶えず繰り返される交渉の再開や、練り上げ、使用、動く価値評価といったものの帰結である。したがって、この世界は、集合的知性体の変貌するリズムに合わせて流れを変え、姿を変えるのだ。

それゆえに、《智慧の空間》に特権的な対象は人間一般でも、人間科学あるいは社会科学の対象でさえもない。《智慧の空間》に特権的な対象とは、その空間に固有の概念的かつ技術的な諸手段をもってしか把握されえない、その空間に特有の一つの形（figure）である。そうはいっても、第四の空間に格好の知識の対象に任ぜられそうな候補は、認知ではないのだろうか？　確かに、第二次世界大戦の終結以来、認知科学(9)は潜在的に《智慧の空間》の登攀《とうはん》に寄り添っている。実際、認知に関する科学と技術は諸々の情報機器と第四の空間のいくつかの概念器具を鍛え上げている。しかし、実際にそれら科学や技術が人類学的な真の激変に一役買っているとはいえ、今日において、認知科学はみずからが引き起こすことのできるはずの効果の高みに達してはいない。知性というものはずっと以前から人工的であり、諸記号《シーニュ》を備え、諸技術によって整備され、生成変化しつつ、集合的であるのにも関わらず、実際のところ、それら認知に関する科学や技術は、時間、場所、そして文化とは独立に、人間知性一般を取り扱うと見なされているのである。

私たちは『知性の技術』において、ある《認知生態学》のプログラムを素描しながら、認知科学の観点を拡張することを提案した。智慧というものの《生産》と《分配》の体制は、人間の認知システムの特性にだけ依存するのではなく、集合的組織の諸様相、コミュニケーションの諸機構そして情報の取り扱いにも同様に依っているのである。したがって認知生態学は、認識の生物学的、社会的そして技術的な決定因子（déterminants）のあいだでの諸々の相互作用の研究に力を注がねばならないであろう。しかし認知生態学は、人間科学あるいは社会科学の支配下になおある。さて、私たちはまさにここで人間科学の彼方を指し示したいのだ。

人間科学が本当にそれらの対象の特性を考慮に入れるならば、それらは自由と意味作用を扱うであろう。意味作用の概念はここでは、そのもっとも拡張された語義において理解されねばならない。問題はある記号がそれの関わる対象を指示する仕方、というよりむしろ、ある出来事と文脈のあいだの関係なのだ。人間的領域に固有なある存在（entité）の意味作用は、ある動的布置との関係においてしか現れないのであって、指示の単なる矢印にとどまるのではない。人間存在は、それらが人間として考えられており、物理学的対象ないし生きている身体としては考えられていないとき、意味作用の空間の中で進歩すると言うことができよう。それらの空間とは、人間存在がそれらを満たし、そして歩き回るにとどまるだけではなく、生産と改変にもまた全面的に寄与するような空間である。

同じように、上述した人間諸科学の興味を引くであろう生成変化は、時間の《中での》諸々の出来事の単なる継起では明らかになく、意味作用のあたらしい諸形態とあたらしい諸世界の創造と破壊であって、それら固有の時間性を創設するものだ。出来事は単に日付を記入されているのではなく、潜在的に《日付を記入しつつある》のである。すなわち、出来事は人がそこに暮らしている意味の布置に影響を与え、変容をもたらすような能力を持つ。時宜を得た機会と瞬間の諸概念は、私たちがそこに身を投じる企てと戦略から切り離せない。それらは、生産され、動き、私たちの生を織りなす特異性をちりばめられた諸々の時間に属しているのである。

価値評価は人間世界にその起伏をもたらす。良いものも、美しいものも、有用なものも、貴重なもの等々も考慮に入れないで、いわゆる客観性に閉じこもれば、まさしくそれは客観性がその対象を欠くことになるのだ！　今日に至るまで、経済学は価値というものを論じることに成功した唯一の人間科学である。たとえ価値の源ないし出所についての論議が経済学者たちを分裂させるにせよ、そうなのだ。しかし、商品経済のアジャンスマンとは別の価値づけに関する多くのアジャンスマンがある。だが、私たちはいまだその実効的な仕方を説明することができていない。

要するに、人間科学は諸々の特異性を考慮に入れるべきであろう。それらの科学が取り扱う諸々の客体は、一般的な法則に従う受動的存在体としてよりはむしろ、意味作用の世界における空間や時間性や価値の創造、維持、そして破壊の能動的行為者《エージェント》として私たちの興味をひく。意味と自由の秩序において、特異なもの（un singulier）は常に集合的なものあるいは共同体との間で共－定義（co-définition）の関係にある。特異なものは決して別個に考えられうるものではなく、常に関係において考えうるものであり、何らかのア・プリオリな規準あるいは普遍的な法則と共に考えられるのではなく、別の特異なものたちとの間で考えられ、それらと創発的で暫定的な《諸法則》を生み出すための交渉に入るのである。一と多、あるいは普遍と特殊の関係という有名な問題は、ここでは自律的な諸々の特異なものの間の調整あるいは共働という問題へと翻訳し直されるのだ。

となると、どんな尺度をもって、人間科学が得てきた諸々の手段（構造、統計、数値モデル）は、実効的な仕方で、私たちが今しがた言及したばかりの意味作用や出来事や価値、そして特異性を理解できるようにさせるのだろうか。

構造。数学のいくつかの分野からインスピレーションを受け、二十世紀の初めに言語学において構造分析の諸手法が現れる。ついで、それらは他の多くの領域でも用いられ、とりわけ人類学において顕著であった。離散的な諸要素（対立、代入など）からなる諸システムの内的関係を考察することで、構造分析はシニフィアンという現象の主要な次元を明らかにした。しかしながら、構造への注視は、当の諸構造の発生についても、それによってそれら諸構造の諸要素が審級化し文脈において意味を持つ仕方についても、私たちに教えてはくれない。構造分析は範列《パラディグム》の静態的な面しか鮮明にしない。確かに、構造意味論は存在するが、語用論（そしてもっとも強い意味における意味作用）を定義する状況、出来事、機会そして行為の諸概念は、この手法の射程外にある。さらに、諸構造は一般に《手製で》、根気を要し、常に議論の余地のある解釈の仕事の結果として形作られる。しかし、専門の研究者の慧眼に依存するよりも、諸《構造》は、それらを占める諸々の主体（言語学における話者たち、人類学における諸文化など）の解釈プロセスを表現する、とした方が良いだろう。構造はシステムの一つの様相なのである。そんなわけで、構造主義は領土に固有の認識の手段であって、職業的解釈者によって扱われ、その対象を座標あるいは超越論的カテゴリーに従って配分し、原理上、すべての可能的《事例》の組み合わせによって再構成する。もし人間世界、諸々の親族システム、諸技術、諸神話などについての一つの文法を想定できるとしても、——私たちは断言するが——この文法がそれを産み出し、活気づけ、意味を与える語用論に再び身をゆだねない限り、死文であるに留まるだろう。

統計学と確率論。私たちが見たように、統計学と確率論は十七世紀に、貨幣経済一般、とりわけ保険制度の発展と連携して現れ、十九世紀初めに国家の管理機能の拡大と共に発展する。私たちの意図はそれらが非常に多くの領域で役立っていることを否定するものでは全くない。しかし、私たちがすでに強調したように、これらの道具は常に、それらが《大数》において扱うところの諸対象と関連している。確率、平均、パーセンテージ、標準偏差そして分散は、特殊性を融解させてしまい、結果として、それらを定めるのに役立つものとして、特殊性を諸々の基準に従わせてしまう。それらは、諸特異性それ自体の複合、諸々の出来事、それらの反響、動的《ディナミック》な布置、そして意味作用という世界一般に生じるあらゆるものを、うまく把握することが出来ない。それら確率などが社会学、人口統計学、ゲーム理論そして多くの他の人間科学の諸分野において非常に役立つとしても、統計学と確率論は《商品空間》の手段であって、自由と意味作用を扱うのには適さないのである。

コンピュータによる操作。結局のところ、一連の科学的な道具すべてが一九三〇年代以来発展させられたのであり、その主要な特徴というのは、古典物理学によっては無視され、そして生命体と思考といったものの把握には必要な諸概念に、操作的で形式化された一つの翻訳を与えることである。すなわち、情報、合目的性、計算、推論である。それが関わっているのは、今日とても流行しているチューリングマシン、シャノンの情報理論、オートマトンの理論（マカロック、フォン・ノイマン）、ウィナーのサイバネティックス等々に端を発する一連のものである。当該の形式的な諸々の手段は、エンジニアの諸科学（情報科学！）と生物学において多くの用途を持っていた。それらの手段が人類学者、社会学者、家族療法医、マネージメントの専門家たちに与えた多量の明快な隠喩に加えて、こうした諸々の形式的道具だての人文諸科学における主要な用途は、とりわけ認知諸科学、すなわち言語学（とりわけチョムスキーの生成文法と共に）、認知心理学、ニューロサイエンス、つまりは人工知能に関わるものである。この最後のもの（人工知能）は、単なるエンジニアリングに還元されるのではなく、むしろ修習、記憶、推論、知覚のメカニズムの解明にまさしく寄与するものなのだからだ。

再び問うてみよう、情報やオートマトンの理論によってもたらされた諸々の手段が、人間世界を構成する歴史性、意味作用、影響力のある諸特異性を考慮に入れ得るのだろうか？　シャノンの理論によって測定される情報量は、この情報という言葉によって私たちが通常理解しているところのものとは、ほんの少ししか関係を持っていないことを繰り返そう。シャノンの理論はメッセージの《意味》を考慮に入れず、ただ単にそれらメッセージの発生の確率を考慮するだけである。そしてそのことは先に触れた統計学と確率論についての議論に私たちを連れ戻すことになる。コンピュータ言語学は統辞《シンタクス》を扱うことに優れているけれども、文脈における意味作用について私たちに教えてくれるだろうか？　しかし、それこそがコミュニケーションにおいて大事なものなのではなかろうか？知性への計算主義的なアプローチは認知機能にまつわる小さなモジュールの部分的なモデルを構成するが、しかし、みずからが創り出す意味へとアプローチできない知性など一体何であろうか？

これほど実用化されている形式的な手段と、情報科学といった諸学科を評価しないとすれば、私たちの態度はおそらく、不当だということになるのであろう。けれどももしそれらの限界を強調しないとすれば、集合的諸知性が互いに認識しあう《智慧の空間》を開くのを遅らせることになる。第四の空間の知識の対象は人間科学の彼方にあるが、その理由はその〔第四の空間における〕主体である集合的知性体が、自分自身の客体的な智慧を生み出すなどとは主張しないし、自分の世界の客体的な智慧を生み出すとも主張しないからである。意味作用も自由も外在する諸《対象》ではない。動《ディナミック》的な布置、創始される諸々の時間、価値付与、人間世界に固有の諸特異性の間での交渉は、それらが展開する諸空間の内側からしか把握されえない。私たちがそれらを理解するには、それらが私たちを触発しなければならない。ここでは、知識は主体的な連座（implication 折り畳み）と不可分であり、智慧の主体がそれらの対象によって作られることと不可分である。第四の空間上では、知識の集合的主体はその対象に、すなわちその世界に深く入り込んでいる。ちょうど、主体というものが依存し、作り上げることに寄与している、生命的環境におけるように。

《智慧の空間》では、各々の発見は一つの創造である。《智慧の空間》上を遊動《ノマデイゼ》する思考的共同体（communauté pensante）は、いかなる天のもとで固定されるのでもなく、またそれを区画するいかなる超越的カテゴリーの体系もない。質の生産と評価の中心として、思考的共同体は量的な〔種々の相場や政策の〕変動にも、〔富などの〕分配にも還元されるままにはならない。突如出現し、混ざり合い、消え去る特異な署名であふれている、《知恵の空間（l'Espace de sapience)》は、嗅覚的である。《智慧の空間》、もしくは味わいの宝庫。

《智慧の空間》上では、認識するとは次のようなことである。一つの同じ運動について、その同一性を定義し直し、活動的《ディナミツク》な布置を見出し、そして変様させること、価値評価の、意思決定の、そして価値評価の諸基準の恒久的な再評価と決定の、弁証法《ディアレクテイツク》に専念すること、である。《智慧の空間》における認識の手段――シネカルトや共有された意味作用のヴァーチャルな世界――は客体化されない。この手段は意味創造の過程の不断の再起動のよりどころとして役立つのだ。自己認識の道具でありまた可能なものたちを活用する（mise en valeur）道具として、それは自由の行使へと誘う。

シネカルトは、諸々の集合体が手助けして出現させる世界との関係において、それらの集団が際立ち、動的《ディナミツク》に特定されるようにする。例えば、集合的諸知性体は、知の樹木を用いて、(10) リアルタイムに自分たちの能力と修習を調整し、それと同時に、継続的に諸々の智慧の分類を管理する。健康についてのシネカルトを用いて、集合的諸知性体は自分たちの医学の実践を絶えず改善し、薬学的・医学的な資源を管理し、個人個人の疫学、予防策、育成と責任能力の自覚を巧みに構成する。諸々の語のシネカルトを用いて、集合的諸知性体は自分たちのコミュニケーションの意味論的な図表を描き、読者たちに自分たちが興味を持つテクストを選択することができるようにし、作者たちに執筆の手助けを与え、すべての人々が、各々のメッセージを進化しつつある包括的な文脈の中に位置づけることができるようにする、などといったように。(11)

知の樹木は副次的にしか、動《ディナミック》的な認識論を生み出さない。知の樹木は何より、修習と形成の自主管理である。健康の空間は、共同体の自己 - 医療行為という運動そのものの中でしか疫学的なデータを供給しない。諸々の語のシネカルトは、まずは、コミュニケーションのネットワークのただ中、文献的資料のただ中において、自己の居場所を知ることに役立つ。――それはまた同時に、テキスト上のプラグマティックな道具でもあるわけだ。ある集合的知性体における個人たちのネットワークの動《ディナミック》的な地図作製法は、もっぱら副次的な意味で、自己 - 社会学などなのである。集合的知性体は自身を認識するために自分自身を分析したりしない。なぜなら集合的知性体は自分を認識することを生き、そして生きながらでしか自分を認識しないからである。《智慧の空間》上では、認識はもはや客体化せず、主体化する。それは複数的で、開かれそしてノマド的な一つの主体性においてそうなるのである。

《智慧の空間》上では、特権的な知識の対象は、《大地》の永遠の生成変化 - 始まりを反映している。これは集合的知性体とその世界の、生成変化の永遠の再開なのである。

第十四章　認識論《エピステモロジー》

《大地》――肉体

《大地》においては、智慧の主体は氏族、そのすべてのメンバーである。その氏族は、ある世代から他の世代へと、習得し、そして伝える。そのようにして認識の持続が途切れないようにするのだ。智慧は集合的主体において分配される。智慧はその集合的主体の存在、その生命、その実践に内在している。したがって、もし仕事と諸機能の分割があまり推し進められないならば、小さな集団――あるいは極限すればある一人の個人――が知識の総体を支配することになるだろう。

智慧の支持体、《大地》の百科事典は、私たちが見てきたように、《大地》それ自身に他ならない。しかしその世界の智慧を担うもの、それは巧みな、熟練した身体、それら身体の記憶、それら身体の反復された行為なのである。《大地》においては、一人の老人が死ぬ時、それはまさに一つの図書館がついえるということである。

《大地》的な智慧とは受肉したものである。発見するのはここでは直観であり、想起するのは肉体なのだ。おそらくは、ラディカルな現象学もしくは経験論が、人類学的な第一の空間にもっとも良く相応する認識論である。

《領土》——本

《領土》においては、文書の専門家のカースト、聖なる文書の解釈者集団、組織《システム》の番人たちの総体が智慧の主体である。

《領土》的な智慧は、割り当てられ、独占され、超越的な一領域である。そうした知は密封された本のように、外部に対して閉ざされている。複雑な諸分割、諸々の同心円、到達困難さの順の度合いにのっとって、内部で閉ざされ、切り分けられ、階層化されているのだ。智慧はここでは《領土》の似像である。すなわち、いくつもの壁に囲まれ、智慧は農夫たちや無学文盲な人々を置き去りにするのだ。もちろん、ひとたび街の門を通り過ぎても、さらに次々に立ち現われる寺社の囲い地、ピラミッドの秘密の部屋に入らねばならないのだ。

唯一の書物（Le Livre）は《領土》の智慧を担っている。諸々の書物でも、図書館といったものでもなく、唯一の書物がだ。——聖書、コーラン、神聖な諸テクスト、諸々の古典、孔子、アリストテレス……。《領土》がこんなにも読み、そして書くのは、こうした唯一の書物を解釈するためでしかなく、際限なく解釈できる唯一の書物、唯一の言葉といわれるようなものは、すべてを含み、すべてを説明し、すべてを解釈し得るものなのだ。唯一の書物、あるいは体系。解釈学あるいは演繹。——拡大中の諸帝国、起源から、定礎から、繰り広げられる歴史、《領土》の諸形態。体系はと言えば、良く基礎付けられた一つの建築物、一つのピラミッド、一つの要塞といったものである。

記号学と同様、認識論《エピステモロジー》の大多数は、《領土》に留まっているように思われる。理論と経験の弁証法《ディアレクティック》は明らかに《領土》的ダイアグラムの領域に属する。すなわち理論という天空が、ノマド的な、地上の実践と経験の上に覆いかぶさり、それらを組織するのだ。そして、実践と経験が理論に影響を与え、理論を豊かにし、あるいは理論を覆すと言われるにせよ、私たちは同じ垂直の図式の内部に留まっている。日時計とグノモン[1]の地上に落とす影が天空を知り、計測するのに役立っていたのは最近のことではないが、しかし、現在でもなお天空はそれ自身において、計測され、投影され、反射しているのだ。《大地》がそこにあるのは、結局のところ、天空、その諸法則、その超越性、その普遍性を称揚するためでしかない。認識論《エピステモロジー》は天球の音楽を広めるのであって、《大地》の歌を広めるのではない。確かに、《領土》的な智慧は天空と《大地》の弁証法《ディアレクティック》によって維持される。——経験も実践もなしには、理論はない。しかし、常に真実を語るのは理論なのだ。

合理論とごく普通の経験論との対立は、超越論的主体と現象との対立のように、なお同じ《領土》的空間、同じ垂直上の隔たりに属している。パラダイム[2]の継起として考えられた諸科学の歴史に関して言えば、その歴史は《領土》の表面、ないし水平性について述べるものだ。——ある領野あるいは分野の定礎と安定化、あらたに支配的になったパラダイムによる凋落、転覆といったものについて語っているのである。まるで諸帝国の歴史のような、束の間の歴史である。パラダイムによる認識論《エピステモロジー》は、《領土》的な時代の流れを追うことしかしていないのである。

《商業空間》——ハイパーテキスト

《商品の空間》においては、智慧の主体は、私たちが今後テクノサイエンスと呼ぶところの、軍事、産業、メディアそして大学の複合体である。特別な寺院の番人に留まるのとは大きく異なり、テクノサイエンスは現代社会の加速されカオス的になった進展にみずからを巻き込んでいく、原動機《モトゥール》なのだ。この第三の空間上では、知識は、もはや財宝のように閉じられたり鍵をかけられたりしていない。それは至るところに浸透し、拡散され、媒介され、あらゆる場にイノベーションの種を蒔く。テクノサイエンスは集合的な智慧の癌細胞であり、無秩序に転移する。智慧はもはや静的なピラミッドではなく、それは実験室、研究センター、図書館、データバンク、人々、技術的な手順、メディア、記録と計測の諸装置といったものどもの広大なネットワークの中で、増大し、旅をする。それは、人間たちと非‐人間たちとの間で、分子と社会集団、電子と制度を結びつけつつ、その同じ運動を広げることをやめないネットワークなのである。(3)

ロビンソン・クルーソーと『百科全書』の十八世紀は、おそらく、ただ一人の人間存在だけで諸々の智慧の全体を把握することが可能であった時代の終わりを画している。《商品の空間》の百科事典は、もはや生者の集団の記憶の中にも、唯一の本の中にも、何らかの閉じた体系の中にも、休らってはいない。——ライプニッツが最初の思想家であったことをミシェル・セールが示した(4)、諸翻訳と参照の空間の中で、その百科事典は循環しているのだ。ディドロとダランベールは今やすでに、体系構築的な（architectonique）ダイヤグラム、〔つまり〕きちんと秩序づけられたヒエラルキーを見捨てた。『百科全書』がアルファベット順の無秩序によって分類されたからである。ハイパーテクスト、その真の組織は、内的な参照のネットワークの中で駆け巡る。百科事典《エンサイクロペディ》的な図書館は、唯一の本を追い払う。そしてその図書館は、拡大し、あふれ、索引カードやインデックスによって自分自身の居場所を理解しようと企てる。引用と出典は、読むこと《レクチュール》のネットワークを、別々の書物であるという古い境目を浸食する、智慧の中での循環のネットワークを、浮かび上がらせる。やがて、学術雑誌が増加し、論文の洪水を放出し、それらはそれらで無数のデータバンクを提供する。いかにして科学的・技術的な情報を分類し、編成するのか？　また同様に、美術館の所蔵する画像を、視聴覚的なアーカイヴを、そしてあふれ出しつつある情報一般を、分類し、編成するのか？　こうした影響に対して旧来の学問分野の硬直した集団をなおも機能させようとする不器用な努力は、失敗にしか行き着きえない。智慧というものは流動的な周縁、交差点、干渉においてしか生きておらず、すべては輸入－輸出という問題になっているのだからである。

　テクノサイエンスは、カオスとフラクタルについての智慧を生み出すだけではない。それはカオス的な、そして細分化された知識を生み出す。そして、あらためて、人々は循環させ、広める。――学問的セミナー、講演、シンポジウム、客員教授、外国人学生、学際的集会、マスコミ報道、報道合戦、公式発表。つまりは不協和音だ。人々は、コミュニケーションというものがメッセージの受信と送信から成り立つ、と信じている。それゆえ、不可避的に、《コミュニケーションすれば》するほど、人々は互いを理解できなくなるのだ。《商品の空間》は、バックグラウンド・ノイズ、興奮した群衆、大数といったものを余儀なくさせる。そして科学計量学《サイエントメトリー》（Scientometrie 科学研究活動の効率などを計量的に扱う学問）は平然と、出版の統計と特許の登録を作成する。

パラダイムはもはや通用しておらず、人々は諸領土を構成する時間さえももはや保持せず、それはもはや問題にすらならない。――広め、循環させ、ネットワークを構成しなければならない。もはや理論化する時間さえない。すなわち人々はモデル化し、シミュレーションし、操作する。テレビで放映された《第一報》、シミュレーション、CGの《デモ画像》が理論に対してもつ関係は、視覚映像が古典的小説に対する関係と同じである。科学とメディアは反響し合っており、互いに浸透し、人間的な結びつきなしの諸記号の領域を増大することに寄与する。宇宙の起源についての、核戦争の、オゾン層の穴の、または世界経済についての、コンピュータ処理された諸々のシナリオが増加する。これらのシナリオは、コンピュータによって補強された一種の想像力の成果であり(5)、そうした補強が加速することで、普通の認識論の様々な形をはるか後方に置き去りにしてしまう。昔懐かしい経験や理論といったものたち、それらは《領土》の見捨てられたパラダイムの中で、冷やかに見つめ合う。

《智慧の空間》——コスモペディア

第四の空間において、智慧は集合的知性体に内在的である。しかし、純粋に、また単純に《大地》へと回帰することが問題なのではない。というのも、たとえ智慧がその主体に内在的であるとしても、それは、ラディカルな内在性においてであり、その内在性とは、同時に《領土》と脱領土化を横断することに成功したものなのである。——統一性もコードもない内在性なのだ。

思考する共同体における智慧はもはや、共通の智慧ではない。というのも、今後はただ一人の人間あるいは一つの集団さえも、すべての知識、すべての能力を制御することは不可能であり、それは唯一の肉体に集めることのできない、本質的に集合的な智慧だからだ。しかしながら、集合的知性体のすべての智慧は特異な生成変化を表現し、これらの生成変化が諸世界を構成するのである。

知的集合体はもはや、閉じた主体、循環的な主体ではない。血縁と語りの伝播による絆によって結合された、《大地》という主体ではないのだ。それは、他のメンバー、他の集合体、あらたな修習に開かれた主体であり、《智慧の空間》において、絶えず、構成され、解体され、遊動する。第四の空間において、知識の主体はその百科事典によって成り立っている。なぜなら、その智慧は生に関する智慧であり、生きている智慧であり、それを知っていることがその智慧なのだ。アイデンティティと知識のこの相互形成こそまさに、私たちが第四の人類学的空間と名付けたものなのである。カントによって開かれた哲学の系譜の中で、私たちは存在論、すなわち存在についての思考をやめ、もはや認識論《エピステモロジー》、知識の理論にだけ没頭するようになった。カントの批判主義とは逆に、集合的知性体によって開かれたパースペクティブは、認識論《エピステモロジー》を存在論へと通じさせる。――知識の方法と同じだけの存在の質があるのだ。

百科事典《エンサイクロペディ》は《知識の円環》、智慧ないし教養を循環させることを意味する。円環は、閉じてはいても、無限というある種のイメージを与えるのではあるが、それでもなおただ一つの次元しかもたない像である。それは一つの線なのだ。それゆえこの像は、大半はテキストの形式において表現された智慧を見事に反映している。というのは、テキストそれ自体がまた、(たとえ、その意味論的構造がずっと複雑であるにせよ) 物理的に線形であるからだ。線の閉鎖 (それが循環を作ること) は、百科事典《エンサイクロペディ》に特徴的な無際限の参照という操作を含意している。その言葉が古代に由来するとしても、百科事典《エンサイクロペディ》は本来、《商品の空間》における智慧の全体性に特有な形式なのである。

第四の空間において、我々はミシェル・オティエとともに、智慧の組織化のあるあたらしい形を、知識の表現と動《ディナミック》的な運営を目指して、つい先頃、情報科学によって開かれた諸々の可能性に大々的に依拠しながらコスモペディア(6)と名づけた。知識の組織された全体のことを、なぜコスモスという名で語り、円環という言葉で名指さないのか？　それは、ただ一つの次元を持つテクスト、あるいはハイパーテクスト的なネットワークよりもむしろ、動《ディナミック》的でインタラクティブな表現の多元的な空間を私たちが相手にしてきたからである。百科事典《エンサイクロペディ》の特徴である静止画やテクストに対して、コスモペディアは非常に多数の表現形式を対置する。すなわち、静止画、動画、音響、インタラクティブなシミュレーション、インタラクティブな地図、エクスパートシステム、動的イデオグラフィー、仮想現実、人工生命等々。極端な言い方をすると、コスモペディアは、世界そのものの内に見出されうるだけ多くの記号論や諸表現のタイプを含んでいる。コスモペディアは非論証的な表現を多重化する。

　世界の、そして生きている思考のうつし絵である、コスモペディアの風景と境界線はいくらかの安定した領域を伴いつつ、変動している。コスモペディアの地図は絶え間ない再定義にさらされている。世界と同様に、コスモペディアはただ言論によってだけでなく、可感的な様式、意味で満ちあふれた諸々の道と近接を辿って探査されるのだ。そんなわけで、コスモペディアという新語を選ぶことが正当化されるのである。

　コスモペディア的な智慧は、私たちを生きられる世界から遠ざけるよりも、むしろそこに近づける。そのことから私たちは、コスモペディア的な智慧によって学問的な表現へと関わることが、世界との美的な関わりをシミュレーションし得るだろうことを理解する。とりわけ、世界の感性的な構成要素、映像的な構成要素、さらにはその想像的な次元をも統合することによってである。第四の空間における智慧の理想的形態として、隠喩的な意味において、人はコスモペディアを理解することができる。けれども、集合的諸知性体はまた、実際にみずからのコスモペディアを作り上げようと企てることもできるのだ。――技術的に、何もそれを妨げるものはないのである。

私たちの考えでは、コスモペディアの主要な特徴であり、その価値をなすものは、まさしく非－分離である。集合的諸知性体にとって、智慧というのはある連続体、パッチワーク状のテーブルクロスであって、その各点は他のどんな点にも折り畳まれ得るようなものである。コスモペディアは諸々の智慧の分離を非物質化する（dématérialiser）。コスモペディアは、諸々の専門性のあいだの差異を解消する。それらの専門性、つまり諸領土は、そこで権力が行使されたところで、当てはまる射程が変化する諸概念と、絶えず再定義される諸対象によって組織された、はっきりしない輪郭をもつ領域でしか、もはや存続しえないのだからだ。それゆえ、離散的で、そして階層化された（《領土》に典型的な）専門分野における智慧の硬直したある組織――あるいは、情報とデータの（《商品》に典型的な）カオス的な細分化――に替わって、連続的で、そして動《ディナミック》的なトポロジーが置かれるのである。

思考する共同体の諸メンバーは、探し、登録し、接続し、参照し、調査する……多元性を持った広大な電子的イメージにおいて、それらメンバーたちの集合的な智慧は具体化される（se matérialiser）のだが、絶え間ない変容にさらされ、発明と発見のリズムのうちで発芽するため、まるで生きているかのようである。

コスモペディアは、特定の時に集合的知性体にとって利用可能で適切な知識の総体を、その集合的知性体に提供するだけではなく、ディスカッションや交渉、そして集団的な練り上げの大事な場としても現れてくる。智慧の複数的なイメージであるコスモペディアは、集合的知性体とその世界、集合的知性体とそれ自身の間を媒介する織物である。知識はそこではもはやそれら知識に意味を与える具体的な争点から分離されておらず、それら知識を生み出す実践、また反対にそれら知識が変様させる実践から分離してもいない。

利用される領域と探査の諸々の道筋に応じて、ヒエラルキーは利用者と発案者、そして作者と読者で逆になる。生化学、あるいは芸術史のある一点に関して調べられればいいという人であっても、彼（あるいは彼女）がスペシャリストである電子工学の何らかの分野、あるいは赤ん坊のマザリング療法の何らかの分野に関して、あらたな表現を付け加えることが可能であろう。

コスモペディアにおいては、どんな読解も一つの書き物《エクリチュール》である。コスモペディアは、閲覧と記入によって曲率を加えられた相対論的な空間のようなものである。本来的な意味での記入は《外科》的手術《オペレーション》を行う（切開、縫合、移植、非連続的な手術一般）。閲覧は、その反対に、空間のマッサージもしくは折り曲げに等しい（屈伸、連続的な処置《オペレーション》）。回答の与えられない疑問や質問は、コスモペディア的な空間を緊張状態に置き、発明や革新が求められている諸領域を告げることになる。

押し寄せてくる複雑性、超越的な視点からそれを組織化したり、次第に錯綜してくるネットワークの中で循環させたりするのに人々が疲れ果てている複雑性に代えて、コスモペディアはあらたな単純性を対置する。ここでは外部から暴力的に達成されるような、切除による何らかの単純性は明らかに目指されておらず、本質的な単純性が目指されている。そうした単純性は《智慧の空間》に内在的な組織原理から生じるのである。カオスと大数を通り抜け、複雑性における呪縛をこえて、ここには連座（implication 折り畳み）から生まれてくる単純さがある。

コスモペディアという近接性の連続的空間は、何よりその動《ディナミック》的な構造において、諸々の表現のあいだの関連、つながり、関係を連座させる。ある命題の状況、文脈、詳細は、言説によってもはや解釈される必要はない。というのも、それらはイメージの流動的な形態に連座しているからである。各命題の文脈、参照項、概念的もしくは実践的な癒着を想起する必要はもはやない。なぜなら、それらは、常にすでにそこにあるからであり、そしてある命題が文脈へと（他の諸命題へと、あるいはコスモペディアの大部分へと）結びつけられる仕方は、相対的な位置、近接性、色彩、光度によって具体化されるからである。

集合的知性体は、その智慧とその世界のイメージを言論に翻訳するというよりもむしろ、形成し、こね、伸ばし、彫琢する。もう一度繰り返そう。《コスモペディア空間》の形態そのもののうちで、の諸関係に諸々の情報が折り畳まれる（implication）ことによって、テクストから智慧の博覧会への大々的な変化による単純化（simplication）がもたらされるのだ。私たちは、《大地》の空間における海図から《領土》の空間における地図への移行のうちに、一つのアナロジーを得ることができる。海図における膨大な数の語りが、地図において航海に必要なすべての情報を含む唯一のイメージによって要約された、と思われたのである。

しかし、二つの根本的な点が、コスモペディアの発明を地理学的地図への移行とは区別する。第一に、ここでは《智慧の空間》そのものを、私たちは動《ディナミック》的に地図作成するのであって、単にある共同体が参照する宇宙の一部分の地図を作成するのではない。第二に、単純化は超越的な座標系からの投影に由来するのではなく、内在平面上での自己組織化に由来するのである。

実際、何がコスモペディアの空間における諸々の表現の関係を折り畳むのだろうか。それは、集合的知性体自身であり、その智慧の内在平面上での、そのナヴィゲーション、登録の道筋、足跡が作る線である。コスモペディア的な諸表現の関係は、多元的な巨大なイメージの構造の中へと折り畳まれるが、それは集合的知性体の生きた諸メンバーもまたそこに折り畳まれるからである。《智慧の空間》を、分泌し、織り、縫い、折り曲げるのは、これらのメンバーたちであり、しかもそれをこの空間のまさしく内部で行うのである。

彼らがコスモペディアに潜るやいなや、空間の全体は彼らの周りで、彼らの歴史、彼らの興味、彼らの問いかけ、彼らの先行する表現行為に従って、組織化し直される。彼らに関わるものすべてが、逆に彼らを包み、手の届くところに並べられる。彼らにとってほとんど重要でないものは遠ざけられてしまう。距離は主体的である。近接性は文脈のうちでの意味作用を反映するのだ。私たちが《商品の空間》の大多数を濾過するのは、そうした折り畳みによってである。《商品の空間》の複雑性、その迷宮的なネットワークから逃れられるのは、その空間に潜ることで得られる単純性によってである。

ひとたび、集合的知性体のメンバーが飛び込めば、彼は泳ぎ（動きまわり、調べ、問いかけ、登録し……)、そして浮かび上がってくる。デジタルな水の記憶——彼の泳ぎは、共有空間の構造を変容させ、またコスモペディアにおける彼自身のイメージの形態と位置(彼の個人的ナヴィゲーション)をも変容させる。各々の潜行、各々の泳ぎとはそのようなものなのだ。あらゆる集団は空間を組織し、それを描き、描き直し、評価し、色付け、温め、あるいは冷やす。各々が、全く単純に、そこに潜り、泳ぎ、生きることで、共有される意味作用の空間を構成し、秩序づけるのに一役買うのである。

折り畳むことの哲学

私たちは集合的知性体とその世界について語っており、文化と自然について語ってはいない。集合的知性体の世界は、同時にそれが参照する宇宙でもあり、(人がその言葉をどうしても用いたいならば)その《文化》、それ自身についての知覚、そして《智慧の空間》における実際のアイデンティティでもある。——いずれの側面も、自己‐組織化しつつある、同じ一つの動く実在と不可分なのだ。

現今の認識論《エピステモロジー》について、私たちはすでにそれが《領土》への執着であることを示したが、そこでの主体はその知識の対象を作り上げている。それはある超越論的主観であるかもしれない。その場合、この主体がそれによって対象を理解する、ア・プリオリな諸形式と諸カテゴリー(時間、空間、因果性、等々）を、その対象に課すのである。それはある科学的な主体であるかもしれない。対象を科学の諸々の尺度、諸概念、理論に従属させてしまうような主体である。さらに、人は歴史的な超越概念や、文化的な布置から生まれ出てくる抽象的な主体といったものを提示してきた。それら歴史的な超越概念や文化的な布置というものは、言語、記録とコミュニケーションの技術、制度、想像的もしくは象徴的な、種々の巨大な組織化形態によってそれらの対象を作り上げ、知覚している。反対に、経験論は〔後から〕主体に刻まれることになる諸対象について描写し、諸経験によって形作られる知性について描写するのである。二つの立場の間で（刻まれる経験論的主体、あるいは刻む超越論的主体）様々な仲介が加えられるようになる。――経験によって発動される生得の諸構造、適応と同化の複雑なシステム、相互作用の弁証法《ディアレクティック》といったものだ。知識の主体と対象の間の関係についてのこれらあらゆるアプローチは、確かにそれらの妥当領域を持つであろうけれども、そのどれもが、《智慧の空間》において優勢な状況には相応しない。実際、それらは、主体から出発するか、あるいはまた対象から出発するか、あるいはさらにそれらの相互作用から出発するのであるが、しかし二つの項は常にまず外在性において考えられている。

《智慧の空間》においては、その対象が主体を作り上げる。ところで、忘れてはいけないのは、対象というのはここでは集合的知性体とその世界の生成変化の絶え間ない再開であるということである。まさに私たちが述べてきたように、主体は主体によって生産されるのだ。[7] 世界に関して言えば、重要なのはまさに《客体的》世界ではなく、集合的知性体の世界、自己において考えているもの[8]（celui qui pense en lui）である。集合的知性体の世界、その集合的知性体に対して意味作用し、その集合的知性体において考えるもの。それゆえ、集合的知性体である限りにおいてその世界を構成するもの。集合的知性体の世界こそが――つねに生まれつつある状態にある――集合的知性体の生成変化するアイデンティティなのだ。主体は対象を折り畳む。半透明のもの、集合的知性体はその思考する世界を包み込んでいる。

しかし同じ動きによって、《智慧の空間》において、諸々の対象はそれらの集合的な主体によって作り上げられる。ただしここでは、主体は、超越論的な様態に基づいて、外在性において、覆いかぶさるようにして、あるいはまたフィルタにかけるような仕方、格子にはめ込めるような仕方で対象を作り上げるのではない。そうではなく、折り畳み（implication）という様態に基づいて、主体はみずからの対象を作り上げるのである。集合的知性体はそれら自身の実践、それら自身の希望、それら自身の関心、それら自身の交渉を凝集させ、その迸りを沈殿させる。集合的知性体は主体的な生成変化を堆積させ、情動を具体化し、そうすることで（そうなることで）、みずからの世界を分泌するのである。ところで、《智慧の空間》においては、認識の対象とはまさに知的な集団の再生産をもたらす認知的な活動力《ディナミック》である。それゆえにこそ、私たちが言ったように、対象は自分自身を生み出すのだ。対象とは、詰め込まれ、圧縮され、こねられ、今なおそしてずっと付け加えられる諸々の主体性の折り畳みである。[9] したがって認識する（connaître）ということ、もしくは一つの対象の内に折り畳まれるということが、結局対象に存在を与えることになる。集合的知性体は、その本性そのものからして、常に認識することをやめず、それゆえに、みずからの世界を造ることをやめず、存在者を生み出すことをやめないのだ。《智慧の空間》においては、対象と主体はつねにすでに一方が他方の中に折り畳まれている。生まれるやいなや、その世界は集合的知性体のもう一方の側面なのだ。

この折り畳みの哲学は、ヘーゲルの絶対知の現代的な何がしかの化身を語ったものではないだろうか？　いや、そうではない。

何故違うかというと、何よりまず、《大地》という認識の形式、《領土》という認識の形式、そして《商品》という認識の形式が存続するからである。それらの諸形式は、ヘーゲル的な流儀の哲学ならそう望むような仕方で《智慧の空間》において解消されるのではなく、廃止されるのでもなく、乗り越えられもせず、また保存されもしない。それらはそれ自身の空間において完全なあり方で存続している。それに次のような意味でも、異なっている。《智慧の空間》は、絶対知というモル的な唯一のメガ‐主体の弁証法的内面性を展開したりなどしないのである。——いかなる偶然性も理性に変えることが可能で、余すところなく全体へと翻訳することが可能な、《精神》、《神》もしくは《哲学》の弁証法的内面性を展開したりしないのだ。それとは逆に、集合的諸知性体の限りない多様性が、《智慧の空間》を滑らかにし、広げ、構成するのであり、そこにおいて各々が自分の世界を展開するのだ。その結果、この空間は、諸々の他者性へ、他の諸空間へ、不確定な将来へ、際限なく開かれている。——《智慧の空間》はこの解放、そしてこの異型発生（hétérogenèse）を糧とするのである。(10)この空間はもともと複数的であり、動《ディナミック》的に複数化する途上にある。有機体的で必然的な進展——それはほとんど非時間的である——により支配されるなどということからはほど遠く、《智慧の空間》は、特異性の突然の出現によって活気づけられ、諸々の創造を待ち受けている。《智慧の空間》上では、諸々の思考は発生状態にある諸世界である。ヘーゲルは全体的な一主体のモル的な生成変化を描き出す。集合的な諸知性体は分岐しながら、分子的な主体化の過程を後押しする。ヘーゲルの体系において、生成変化は《概念》の自己‐運動である。集合的な諸知性体の観《パースペクティヴ》点においては、生成変化の自己‐運動は、開かれた存在論的で概念的な生産性において自己を表現する。

ヘーゲル的な哲学とこの集合的な諸知性体の哲学の間の差異についてはこの通りだ。しかし、ある本質的な類似性は残っている。——思考と存在の和解という狙いである。たとえ、集合的な諸知性体にとっては、存在の諸性質の、そして思考の諸様相の、開かれた多様性というものが問題であるにしても。思考と存在、同一性と智慧、集合的知性体とその世界は、一致するだけにはとどまらない。複数化と異型発生の絶え間ない過程の中に、それらは身を投じるのだ。

四つの空間の一覧（2）
知識との関係

	大地	領土	商品の空間	領土の空間
ナヴィゲーションの道具	物語 アルゴリズム 海図	大地への天空の投影 システム 地図	統計 確率	ヴァーチャルな世界 シネカルト
対象	生成変化－はじまり 儀式	幾何学（土地－測量） 自然の《法則》 安定性	流れ《フロー》 炎 群衆 《人文科学》の対象	意味作用 自由 集合体の動的《ディナミック》な布置 主体－対象－言語 集合的知性体の生成変化の再開
主体	老人	注解者	学者	知的集合体 人類
支持体	身体に取り込まれた共同体	《唯一の本》	図書館からハイパーテキストへ	コスモペディア
エピステモロジー	経験論 現象学	合理論 超越論的観念論 《科学的方法》 《パラダイム》	行動とネットワークの理論 （操作性，テクノサイエンス） 物語論 （モデル操作，シミュレーション，シナリオ） 技術論 （人工知能，人工生命）	絶え間ない変形にさらされる生命的〈連続体〉としての智慧の社会的実践 識別によって，人間を作り上げること 折り畳むことの哲学

第十五章　諸空間の関係——政治哲学に向けて

継起する永遠

先の諸章において、私たちは異なる諸空間を互いに区別し、各々の特性が浮かび上がるように、それらを特徴付けた。これから、私たちはそれらの性質を再検討しよう。それはつまり、諸空間が共通して持つものを研究し、次いでそれらの共存と分節の様態を考察するということである。

あまりに執拗であると思われようとも、繰り返しておこう。——諸空間は、それらが互いに取って代わるのではなく共存するという、まさにその理由から、時代でも、年代でも、時期でもない。しかしながら、構造化し、自律的な諸空間としては、それらは継起的に現れたのである。そして、空間がひとたび一貫した仕方で展開されれば、不可逆的なものとなるので、その空間は後に来る別の空間によって排除されることがない。それゆえ、一つの比喩、あまり長い間そこに閉じこもっているべきではない比喩に従うならば、私たちは、諸空間が地層の役割を演ずるような、一種の人類学的な地質学を手にしているのである。

さて、これらの地層は、その出現の時期とは独立に、ただ、それらの発する存在の性質から、もっぱらそれらを表示する記号に従って、またはそれらを生み出す原理によって、特徴づけられる。《大地》のシンボルは、球体、閉じていて、唯一で、完全な球体であり得よう。その原理は《世界を成す》ことであり、私たちにとっての一つの世界、一つの宇宙《コスモス》を成すことである。《領土》の記章(insigne)はピラミッドであり、それを組織する原理は超越性であろう。ネットワーク、あるいは循環は《商品》の空間のイコンであり、脱領土化がその原理であるだろう。《智慧の空間》に関して言えば、その紋章は〔分裂した〕知識と生とを再び合する樹であり、その原理は根本的内在性である。人類学的諸空間の形態と原理は年代順とは何の関係もなく、それらが成長させる存在様態によって定義される。それらの諸形態は、様々な程度、異なった割合においてではあれ、すべての時代におそらく存在し得たし、存在するし、存在するであろう。とりわけ、集合的諸知性体——第四の空間の主体——は様々な一貫性と強度の度合いに応じて、すでに幾度となく表現されていたのである。

各々の状況、各々の社会的活動力《ディナミック》は、諸空間の布置として、諸形態の組み合わせとして、諸原理の独特のアジャンスマンとして理解されるだろう。この意味において、人類学的諸空間は永遠である。しかしながら、もう一度言うが、私たちが、もはやそれらの特徴的要素や、姿、原理を考えるのではなく、不可逆的で自律的な人類学的空間として、人類的な出来事(l'aventure humaine)における主要な時代を根本的に組織するものとして、それらの展開を考えるならば、確かに諸空間の継起は存在する。概念的なものとしては時間の外にあるとはいえ、時間化するものとして、人類学的諸空間は生きた人間の活動によって生産され維持される。人間の諸々の活動、その諸々の思考、その諸々の関係こそが、それぞれの空間をアクチュアル化し、それを広げ、それに実在性を吹き込むのである。

それらが継起するとはいえ――ある意味において、私たちはそれをすでに見たが――どの空間も決して《乗り超えられる》ことはない。反対に各々は常に働いており、より強力に再活性化されるのを待っている。私たちの主体的な生において、一つのアナロジーを見つけることができる。時間は真に過ぎ去ってしまうわけではなく、情動のムード、実存の布置は蓄えられ、記憶されており、決して作用することをやめず、すぐにでもそのすべてが回帰しうるのである。全体は常に現前している。私たちは、《大地》に刻まれた足跡の諸線に従い、《領土》の囲いと門の中で、《商品》の流通に沿って、《智慧》の内的空間において、生きている。私たちは《大地》の太古性へと戻り、《領土》の緩慢さと遅延の中に存続し、《商品》のリアルタイムにまで加速し、知性的集合体の主体的な時間性にも従いながら成長するのである。

空間と層

上述したように、一つの層（strate）というものを私たちは、実在の分析の一つの観点、生きた、コスモポリタン的組織を切り分ける一つの仕方として定義した。この組織は《人間の領域》[1]のすべてを結び付けているものだ。それゆえ、人類学的空間は層と混同されてはならない。例えば、《大地》は生態環境（l'écologie）ではない。《領土》を都市と同一視することはできない。《商品の空間》は経済と重ね合わせることはできない。認識のすべての諸形態が《智慧の空間》に属するのではなく、また《智慧の空間》それ自身は厳密な意味において（stricto sensu）認知的な活動に限定されるわけではない。政治、経済あるいは知識は層であり、分析的諸カテゴリーである。そして、それらは、人間たちの活動によって不断に生成され、また再生成される生ける意味作用の諸空間ではまったくないのである。

先の諸章において、異なった諸空間が認識を再定義し変貌させる仕方を、私たちは特に詳述したのであった。それゆえ、智慧の層は諸空間との関係に関しては完全に横断的である。各々の層は、それがそれぞれの空間を裁ち直すのに従って、異なったある形姿を取る。私たちは特に、認識という場合に関してこの現象を検討した。なぜならばこの書物の対象が集合的知性だからである。別の諸層が、当の諸層の切り分ける諸空間によって再生成される仕方を述べることが残っている。私たちはここで、政治と経済とが四つの空間との間に持つ関係について簡単に素描するだけに留めよう。今のところ私たちの主たる目的は、一見したところ諸空間に対応しているように思われるこれら諸層と、諸空間そのものとを上手く区別することだからである。

経済的な層に関しては、決定的なポイントは、富に関して、《商業的空間》の形態とは別の諸形態が存在するのを理解することである。《大地》の経済は贈与、消費、ポトラッチ、共同体的分配によって組織されているが、同時にまた純粋で単純な捕食によっても組織されている。《領土》上では、経済は持続状態のうちで管理、運営される。その基礎は、土地と、そこに住みつき、耕す人々に対しての、定期的な課税である。すなわち、年貢、租税、十分の一税、小作料、地代である。経済は、当然のことながら、《商品の空間》においては資本主義的である。資本主義的であり、それゆえ交換的であり、生産第一主義であり、先立つ諸空間において優位にある贈与、捕食、あるいは地代とは対照的だ。最後に、《智慧の空間》は、認識の経済をおそらく出現させるであろう。そのことについては、別の書物ですでにいくつかの諸原理について述べたところである(2)。

人類学的な各々の空間において経済になる事柄——そこにおいて経済がこうむる質的諸変動——と、これらの諸空間への資本の諸々の投影とを混同しないようにしよう。例えば、《智慧の空間》への資本の投影は、明らかに労働であるのだが、それは知性的集合体の生命の劣化や衰弱でしかない。資本の投影においては、《領土》は不動産となる。第二の空間に固有の経済的な論理から引き離された、投機の対象となるのである。《大地》上への資本の投影は、先祖の《大地》、住まわれた《大地》を否定し、収用する天然資源［という捉え方］である。そして、明らかにそうした天然資源は、贈与とか分配とかはわずかな関係しか持っていない。旧石器時代の捕食の、非常に大規模な、ある種の凶悪な回帰となっているのではあるが。ある空間の他の空間への投影というこの観念は、この章の続きにおいて、より一般的な仕方で扱われることになるだろう。

独裁、官僚制度、代表制は《領土》においてのみ政治の主要な特徴をなす。こうした形態は、《大地》に特徴的な、部族もしくは氏族の共同体主義に対抗して構成される。今日、それは熱力学的民主主義、《商品の空間》における政治の根源的な形態と手を結んでいる。熱力学的民主主義は、多種多様な集合的な諸問題、諸理念、諸実践を、単純なやり方で総和された二者択一へと誘導する。――賛成か反対か、左派か右派か、共和党か民主党か、保守主義か進歩主義か、といったように。質的多様性や生き生きとした《有機的》な構成は、二つの対置される両極への量的な分配によって代表されてしまう。熱力学における熱さと冷たさのように、人は不可避的に未分化状態へと行き着くことになる。――〔熱いと冷たいとの中間である〕ぬるさ、統計的平均へと。すべてはついには互いに似ることになる。私たちが第四章で提示したように、《智慧の空間》における政治の標準形態は、コンピュータを援用した一種の直接民主主義であって、それはもはや統計的多数者の代表制ではなく、知性的集合体の自己‐組織化に基づいており、実験と少数派がイニシアチブを手に入れる可能性を伴うものなのである(3)。

倦むことなく、次のことを思い出そう。経済のこの諸形態のすべて、政治的な組織のこの諸形式のすべては、ある状況から他の状況へと変化する諸々の布置にしたがって今日もなお共存しているということを。

一般化された人類のエコロジーに向けて

誰もがそのことを感じているが、私たちの社会に影響を及ぼしている途方もない突然変異のような、人類が今日直面している諸問題の広がりと複雑さは、別の時代に、別の諸問題を解決するために作り出された経済的、政治的諸カテゴリーを改定することを要求している。私たちがここで、政治的なプログラムではなく、概念的な枠組みと哲学的なアプローチを提案するのはそのためである。それらが、私たちの生きている時代により適切な理解の手段と、社会的組織の難題を処理する手段を提供してくれることを、私たちは願っているのだ。

これから述べられる政治哲学の素描は、一種の人類のエコロジーであり、四つの人類学的諸空間の間における調和のとれた諸関係をしつらえる技術であろうとしている。次のことが理解されるだろう。この政治哲学は第四の空間の不可逆的な設立のための論陣を張るのだが、この空間は、諸々の特異性を押しつぶしはせず――そして促進しさえもする――諸集団の表現のあらたな技術的で社会的な諸手段を利用することで、直接的なイニシアチブと実験を可能にする一つの民主主義の場なのである。この第四の空間は布告されはしないだろう。というのも、第四の空間を生き生きとさせる集合的知性体の生命のリズムにおいて、それは広がり、成長するだろうからである。

しかし、私たちが自律的な《智慧の空間》への解放を前にしているということに、いかに愛着を感じるとしても、私たちの政治哲学は、他の人類学的諸空間の廃絶や抑圧といったいかなる考えもきっぱりと拒否している。私たちは今や、《タブラ・ラサ》とか暴力的な転覆とかいう企てがどこに至るかを知っている。――他の人類学的諸空間が否認されればされるほど、さらにもっと有害で恐るべきものとして、廃棄されたものが回帰してくるのである。革命を起こすこと、ゼロから再出発すること、新時代を定礎すること、そうした多くの企ては、明らかに《領土》の神話に属しており、それゆえ私たちが促進させようとしている政治哲学へと向かわせることができないのである。

私たちが既に述べたように、先の三つの人類学的空間は不可逆であり、ある種の関係の下で、永遠のものでさえある。それゆえ、私たちにはそれらの関係（お互いの間での、そして《智慧のヴァーチャルな空間》との関係）を思考する必要があり、単にそれらの実際的な関係、私たちが日常的に観察できるようなものとしての関係だけでなく、それらの望ましい関係も同様に思考する必要がある。実際、その名にふさわしい政治哲学は、好ましい解決策を示すというリスクを負うこともせずに、ある状況を分析し調査することだけでは満足しえないのである。

条件と制約

私たちは、どの空間も他の空間を還元したり、同化したり、破壊したりできないし、してはならないことを原則として提示しよう。この原則の主たる正当性は、人類学的な諸空間が互いに依存しあっているということにある。それらは相互に条件付けあっており、とりわけ、《下位の》あるいは《それ以前の》諸空間の充実し、完全で、自律的な存在は、《上位の》あるいは《それ以後の》諸空間の発展に対して、強力な制約となっている。

どんな国家も、それが、その国家の諸主体の——実践的で象徴的な——宇宙《コスモス》との関係を破壊するならば、恒久的に存続することはできない。どんな市場経済も、人々を世界に結びつける生物学的でもあり想像上のものでもある根を掘り崩してしまえば、長期にわたって発展することができない。こうしたことが示しているのは、ある初歩的な予測である。——国家の権力に関する、また経済的な繁栄に関する、（人類学的であると同様に環境的な意味での）エコロジックな諸条件があるのだ。《智慧の空間》に関して言えば、それは明らかに原型的な世界、宇宙的形象、感性的直観、そして《大地》の語りにおいて、育まれるのである。

《領土》の積極的な影響力は、今度は、商業の空間と知恵の空間の開花の条件となる。安定し尊重される法治国家がなければ、契約を尊重させる可能性がなければ、有益で公平な公共サービスがなければ、経済は飛躍を遂げることはできないだろう。学校なしに、大学、博物館、図書館などといった教育機関なしに、公共の研究施設や通信インフラなしに、《智慧の空間》が広がる可能性はあるだろうか？

最後に、《商品の空間》が《智慧の空間》の条件となる。それは、集合的知性体が存続したいと望むならば、何らかの管理規則、何らかの基礎的な経済的制約を遵守しなければならないだろう、という意味においてである。集合的知性体は一方で、《商品の空間》上に出現したリアルタイムの技術の恩恵に浴している。そして、とりわけ、《商品》によってすでに弱められ、多元化し、流通するものとなった超越性に直面して、《脱領土化の後に》集合的知性体の内在性が到来するのだ。おそらく集合的知性体は、《領土》と自分たちとの間に、強力な緩衝空間を必要とするのである。

ある空間の記号論的有効性が、どのように《下位の》諸空間に依存しているのか

意味作用の事例について、《下部の》諸空間が、どんな風に《上部の》ものを条件づけているかを見てみよう。先の章において、私たちは四つの人類学的諸空間にそれぞれ対応する記号論を描写した。しかし、現実の状況、人間がすべての諸空間に同時に入り込んでいる状況において、意味作用がいかに機能するかということを私たちはいまだ示してはいない。

いかなる記号論も、それに先立つ記号論なしには機能しない。《大地》（ここではつまり、記号、存在、そして事物の不可分的一体性（consubstantialité））は意味の土壌であり、土壌の状態にとどまる。《領土》はまさに、記号論的切断を強いることができる。象徴的なもの、つまりシニフィアンの超越的な支配を強いることができるのだ。それでもやはり、もし《大地》が常に活動的ではなかったとしたら、いかなる意味も決して到来しなかっただろうということに変わりはない。《大地》が下から活気づけている場合しか、言葉は言語としてコード化され得ず、諸コードに還元され得な

い。幼い子供たちにとって、言葉というものはまだ諸事物の実在的な属性である。おそらく、記号と事物との区別の不分明さにおいて、記号と存在の間に連続性を打ち立てる息吹、生き生きとした現前（présence）なしには、話すことを学ぶのは不可能である。《領土》が、記述し、区別し、切り離し、コード化し、その意味に対して規則を制定し得るのは、まさにこの連続性の排除不可能な土台の上にである。

放送に関していうと、《商品》のスペクタクル的機構は、つねに熱力学的未分化状態への途上にある《メディア領域》に多様性を導入するために、《大地》と《領土》における差異を取り入れる必要がある。受信について言えば、それがいかに真の表象とか首尾一貫した言論とかのどんな制約からも解放されているにしても、スペクタクルというものは、それを読み解く辞書や文法書を頼りにせざるをえない。テレビの視聴者（あるいは新聞の読者、あるいはラジオの聴取者等々）が知覚された諸記号を《領土》性に、諸事物との対応に持ち込むからこそ、たとえそれらメディアの固有の論理が表象のそれとは非常に異なっているとしても、メディアは聞き入れられているのである。そして《メディア的なもの》は、《領土》よりもさらにもっと《大地》に依存している。すなわち、《メディア的なもの》が最終的に意味をなすにいたるのは、公衆がその《メディア的なもの》を公衆の宇宙に統合するからでしかない。ラジオで聴いた外国語の歌が、いかに生き生きとしたどんな文脈から切断されたものであろうとも、私はその周りに、情感の反響《エコー》のある世界全体を創り直すのだ。先の二つの空間と関連した意味の深みがなかったら、スペクタクルというものは到底なかったであろう。私を、表象や書かれたものの真理の《領土》的な記号論に差し向けることによってしか、新聞は解読すべき何かを提供しているという錯覚を私に与えはしない。私たちの中に地上の存在を呼び覚ますという理由によってのみ、私たちは音楽もしくは映画によって感動させられるのである。

もし、伝播、束縛を解かれた循環、純粋な拡散という、ウィルス性の記号論が他のすべての記号論を排除したら、そのとき、しかしそのときにのみ、メディア的な支配は文化的な破局《カタストロフ》となるだろう。

最終的に、指摘できるのは次のことである。集合的知性体のシニフィアン的な生産性は《大地》の実存的な充実に深く根を下ろしており、《領土》の諸コードの制御を含み、《商品》の急増と拡散の技術をみずからのために流用するのであると。

接触なき因果性

このように、各々のあたらしい空間は先行する諸空間に《基礎を置く》。どんな人類学的空間も、みずからの《下部に》ある諸々の空間を解体するならば、自分自身を消し去る危険を負うことから逃れられない。ひとたびそうした依存関係が明確に表明されてしまうと、諸空間の関係の分析は完成からは遠のいてしまう。もし、私たちがそこに留まってしまうならば、人類学的な諸空間は諸層の積み重ね、条件と制約のあるヒエラルキー、下部構造と上部構造のシステムへとほとんど還元されてしまうだろう。しかし、人類学的な諸空間は、それらの関係についてのあまりに単純すぎることの説明とは別のやり方で係り合って（impliqués）いるのだ。

諸々の状況と具体的な存在たち（êtres）は、同時にいくつもの人類学的な周波数（fréquences）に浸っている。というのも、どんな現実的存在（être réel）も、ただ一つのエーテルにおいて存続することはないし、しかも諸空間の間でのどんなコミュニケーションもそうしたエーテルを供給したりはしないので、人類学的諸空間は互いに依存していると言い得るのである。しかし、それ自身において考えれば、各々の空間は絶対的に自律した仕方でみずからに向き合っているのであり、みずからに特有の原理に従ってしか他の諸空間を決して知覚もしないし、修正もせず、すべてをみずからに還元して、至るところに自分固有の形姿しか見出さないのである。

諸存在、諸々の具体的実体（entités）、コスモポリタン的な諸機械は四つの速度を横断するのだが、どれもが他のものに対して直接に影響を起こしえないし、他のものに触れえない。人類学的諸空間は関係しているが、しかし、接触のない因果関係に従ってなのだ。例えば、ある集合的知性体が知覚するすべてのもの、それを集合的知性体はみずからの世界へと統合し、それをみずからの基準によって評価し、それをみずからの固有の諸時間に従属させ、それをみずからに合わせることで変様させるであろう。その結果、その存在においては、他の人類学的環境に属するいかなるものも残っていないことになる。他を例にとってみると、《商品の空間》というのは、《智慧の空間》そのものを把握できない。ある集合的知性体の思考を、買うことや流通ルートに乗せることはできない。集合的知性体については、その《商業空間》への諸投影を《商品》化することしかできず、つながりのない記号《シーニュ》をメディア的市場において拡散することしかできない。集合的知性体とその世界との相互的な折り畳みは解消させられ、もはや重要なものではなくなってしまうだろう。ミダス王が触れた諸対象が金へと変化したように、《商品の空間》はその流通に入り込ませたすべてのものを脱領土化する。その状況というのは、リディアの王の状況よりもなお芳しくない。——自分自身とは別のものは何一つ手にすることができないのである。

そして、また《領土》についても同じことである。すなわち、他の空間から来たある存在を捕まえるやいなや、《領土》はその存在を、超越的な座標に従って固定し、コード化し、一つの伝統の中に登記する。《領土》は、歴史のすべての異なった時間、《領土》の定礎によって穿たれ、国境によって仕切られたのではないすべての諸空間を無視するように強いられているのである。

かくして、どんな人類学的周波数も、直接には他のものに作用しないのである。というのも、その周波数は自分自身にしか決して関わらないからである。アクターたちではなく、むしろ諸空間が問題なのである。接触のない因果関係、互いに無視し合う諸世界のあいだでの転調、人類学的な引力をどのようにして思考するのか？

すべてはまるで、一方で上昇し他方で下降する二つの流れが、諸空間の関係を規定するかのように進行する。下から上へと、もっとも緩慢でもっとも深い諸空間が、もっとも高くもっとも急速な諸空間によって引きつけられる。下位の諸空間は、欲望という様式のもとに、上位の空間によって動かされ、動揺させられる。こうして、例えば、ある種の関係において、《大地》はみずからを魅了し屈服させる《領土》を欲望し、あるいは《商品》はみずからを逃れ、みずからを動かす《智慧》を欲望するのである。

反対に、上から下へと人類学的なヤコブの梯子を下って行くならば、上位の諸空間は下位のものの上に溢れ、下位のものを上位のもののやり方で育む。下位のものを感知することなく、みずから固有の本質（substance）の内部に留まったままで、そうするのだ。しかし、《上り途と下り途とは一つにして同じものである》(4)。というのも、ある意味で《大地》はすべての溢出を受け容れる海のようであり、そこへと精神の様々な流れが合流しにやって来るからだ。しかし、システムの総体を逆転すれば、今度は《智慧の空間》が大洋となり、その大洋はあらゆる生きた知識の微細な波を吸収するのである。そして、隠れた天体であり、みずからだけのために輝く知性的集合体は、そこに意味という潮を引き起こすのだ。

溢出と欲望

たとえ、それがいまだ潜在的《ヴァーチャル》なものに過ぎないとしても、今日、《智慧の空間》、集合的な想像と創造の空間こそが、他のすべての人類学的周波数を育んでいる。それは、中世の宇宙論における神の溢出が、知性から知性へと、領域から領域へとあまねく地上世界を流れ、溢れていくのに似ている。

各々の人類学的なあらたな空間は、先立つ空間を包括し、それにみずからの諸々の意味作用、みずからの方向、みずからの速度を課す。帝国たちの歴史は《大地》における太古の諸々の循環を覆い、産業の加速されたリズムは、農民の社会のゆっくりとした時間を一変させる。続いて今度は、集合的知性体の主体的時間性が商業ネットワークのリアルタイムを転調し得るだろう。スペクタクル社会は中間的な時期であり、そこでは情報領域が、いまだ《商品》との関係にあってその自律性を手にしてはいないにせよ、すでに揺るぎなさの端緒を獲得しているのである。集合的な想像力、主体性の絶え間ない生産、存在のあらたな質の発明に奉仕するデジタル技術、メディア技術の力を思い描かなければならない。

集合的発明の空間の創設を恐れるような、《商品》的な、あるいは《領土》的な人々はいるだろう。そうした人々は、その創設が諸空間の間で生じうる競合ではない、ということを分っていないのだ。《智慧の空間》が自律的になるのを妨げることによって、彼らは商業的流通と《領土》から、エネルギーの途方もない源泉を奪っているのである。《智慧の空間》は、《商品》から解放されることができるだけ、いっそう《商品》を育むだろう。集合的諸知性体が《領土》から逃れるのが早ければ早いほど、その階級制、その官僚制、その歴史の下で息苦しくなっていた国家と制度は、よりよく機能することになるのだ。集合的知性体の自律に抵抗する近視眼的な人々は、みずからの存在を多くの空間の中へ広げることができずにおり、寓話のなかで語られている乱暴な人々のようだ。彼らは、金の卵を生む雌鳥を殺してしまって、みずから貧しくなるのである。

もし、《智慧の空間》が不可逆のものとなり、私たちが叙述しようと試みたような接触なき因果性のもとで《商品》を導くならば、その時おそらく、外的で暴力的な速度、すなわち循環の、インタラクションの、即時的な適合の、常軌を逸した流れ《フロー》としての速度が、強いられた破壊的な必然性として生きられるかわりに、生きられた時間が創作されるその余剰の産物、内的な必然性の発露〔としての時間〕がもたらされることになろう。《都会的なもの》が、《商品》の循環の外部へと、《領土》へと着地するのとまさに同じように、《商品》の諸々のネットワークが、今度は、集合的な知性体あるいは集合的に想像する人々の主体的時間性を具体化するだろう。

私たちは次のように述べた。各々の空間は、それに固有の用語において、それに固有の形姿によって、他の諸空間を思考し、そして欲望する。そのようにして、《大地》は《商品》を愛するのだ。——《大地》はカーゴ・カルト（積荷信仰）を抱き、技術によって魔法を創り、産業的でメディア的な宇宙を、奇妙な世界的住居をみずからのために築く。確かに、産業は《大地》を屈従させ続け、否認し続ける。というのも、産業は《大地》とは決して、真に出遭わないからだ。だがしかし、地球をメディア化し統合する《商品》が、《大地》にそれ自身の意識を、統合失調症《スキゾ》的で、分裂した、明滅的で調子の狂った意識を、与えるのではないだろうか。

そして《大地》は《智慧の空間》をもまた欲望する。というのも、ただ他の諸空間の間で、この《智慧の空間》こそが《大地》を知り、そして再認識するからである。《智慧の空間》の主体的な遊動《ノマディズム》は、微細なものの領域において、先祖の《大地》における原初の放浪を継続する。しかしながら、《智慧》は《大地》をそっとしておきはしない。すなわち、《大地》が唯一の閉じられた宇宙を不断に再構成する一方で、《智慧》は開かれた諸世界を発明し続けるからである。恋する《大地》は、《智慧の空間》によって動転させられ、異型発生させられ、受胎させられ、急激な変動状態におかれるのだ。

《領土》でさえもが、《大地》を脱領土化する、《商品》の空間を欲望する。メディア的なリズムに取り乱しながらも従うために、統治機構が歴史を忘却しようとするのを私たちは目撃しないだろうか？　都会と地方は、自分たちを生かす産業を保護するために、鉄道網や航空網の諸々の結節点を招き寄せるために、交換の多量な流通の通り道に位置しようとして、互いに争い合っていないだろうか？

諸国家は経済とマスメディアに掛かっているだけではない。──頭脳流出(5)、あるいはもっとまずい、国民の逃亡、集合的知性体と集合的想像力の停止を恐れる諸国家がそこにはあるのだ。他のファラオに取り替えてしまおうという敵対する多数の軍勢よりも、集団的な逃亡の方が間違いなくファラオを震え上がらせる。このようにして、《領土》は《智慧の空間》へと、不器用に、みずからのやり方で向かうのである。すなわち、テクノポリス、大学、シリコンバレー、情報公開……。

そして《商品》が、今度は、いまだ知られていない経済が他の空間において打ち立てられるのではないかと疑心暗鬼になる──［もっともそれが成立したところで］《商品》は決して理解できないであろうが。それは知識の経済であって、資本の領域からは独立しており、ドル支配から免れて、他の諸原理によって機能するのだ。《商品》は、呆然となりながら、次のようなことを発見する。すなわち精神的で、主体的なこの経済——知性的集合体の生——は、《商品の空間》を吸い上げ、巻き込み、生み出す。この経済は、《商品の空間》の、見えも触れもできない原動機《モトゥール》である。こうして、《商品》は《智慧の空間》を欲望するのである。

私たちは、人類学的な周波数の間に、もっとも調和のとれた一連の諸関係を想起したところである。《上部の》諸空間は、《下部の》諸空間の上にそれらの本質（substance）を広める。下位の諸空間は、上位の諸空間を欲望する。《智慧の空間》が自律性を手に入れ、不可逆なものとなるとき、集合的な諸々の想像者が人類学的な引力、溢出、そして循環の総体を分極化させるとき、理想は到達される。諸関係のもっとも流動的でもっとも自由な体制が、こうして根を張るのである。

《智慧》はつねに、欲望され、捉え難く、動き、生き生きとし、豊かで、多数であることによってのみ、奪われた至上権を維持するのであって、決して恐れられることによってではない。「智慧」という語が誤解を招いてはならない。明らかに《知識人》、科学者あるいは専門家に権力を与えることが問題ではないのだ。私たちはここで、哲学者という階級によって指導されるようなプラトン的国家とは、根本的に異なる理想を描いているのである。プラトンは領土的なユートピアを粗描きし、哲学的な天によって固定された《大地》を描写する。反対に、私たちの《智慧の空間》は場所なき場所であって、そこでは集合的諸知性体が遊動《ノマディゼ》し、存在の質が発明される。それは脱領土化の彼岸であり、無限で、そして開かれた内在平面である。それは、静的な完全性の理想を定義するのではなく、人間の諸共同体とそれらの世界による、恒久的な自己組織化、自己－創出の原理を定義するのである。

四つの基本方位

諸空間での調和的連関の形態を示してきたので、今度は不協和音としての関係について、見当をつけることができる。存在論的な創出を抑圧し生を押しつぶす、悪と隷属をほぼ確実に生み出す。そんな人類学的な布置を突き止めることができるのだ。もっとも悪しきことは下位の諸空間が上位の諸空間を指配し、捻じ曲げようと望むときに到来するのだ。

悪は《領土》を支配しようとする《大地》の欲望に由来する。諸部族が国家を掌握しようとして分裂するとき、氏族の長が政府の長になる時、悪は到来する。これは、南の国々（第三世界）において勢力をふるう不幸であり、その後に内戦、独裁そして飢餓を引き起こす不幸である。悪は《商品》を規制下に置こうとする《大地》の意志に由来する。産業と商業が氏族の手中に置かれ、純然たる略奪が交換に取って代わる時に悪は生じる。強盗やマフィアが別の《南》を支配するのだ。そして、《大地》が《智慧の空間》の支配に介入する時、それはニューエイジ、急進的エコロジスト、非理性的活動家……を生み出すのである。

《商品》と《智慧》を支配しようとする《領土》の意志を、私たちは二十世紀のヨーロッパを特徴付けた大氷期の記憶とともに東の悪と呼ぶ。《商品》に対する《領土》の絶対的な支配は統制経済、あるいは計画された貧しさをもたらす。そして、全体主義の定式とは、《スペクタクル》を《領土》に奉仕させることではないか？　《領土》の支配しようという意志に委ねられることによって、《智慧の空間》は萌芽状態を生き残ることすらできず、直ちに破壊されてしまうか、あるいは危険な非合法状態として非難される。しかし、上位の諸空間を支配しようとする《領土》的な企ては過ぎ去った過去にしか属していない。今日でもなお、至るところに《東》は存在する。大企業において（そして中小企業においてさえ）、なかば国家的な官僚主義が経済的なイニシアチブを阻害し、行政の慣例が発明をだめにし、権威的な命令と縦割りが集合的知性の広がることを妨げる。とにかく、大学、研究センター、学校の、官僚的で制度的な形態は、集合的諸知性体の開花にもっとも好ましいわけではない。それはまた、公式の教育と科学における《東》なのである。

最後に、北において、《商品》が《智慧の空間》を牛耳ろうとする。それは富める国の悪であり、スペクタクル社会、メディア的なもの、広告的なものの中に溺れた思考である。集合的知性体に代わって、《北》はテクノサイエンス、金融とメディア、大数と速度への熱狂、ブレーキもなく、外的で、暴力的で、主体的な再開を欠いた脱領土化しか提示できない。この《北》こそが、地球全体を覆っている。

現在の方向喪失はどこに由来するのか？　《北》における不満分子、脱領土化において傷ついたものたちは、ある超越性に呼びかけること、階級、伝統、歴史、《領土》の《価値》に回帰すること以外の別の解決を見つけていない。人は《東》へと行くことでしか、《北》を離れることができず、《東》はいつまでも生きながらえ、散らばり続ける。《東》に失望した人はどうかといえば、今度は《北》へと連れ戻される。《国家》と《資本》の間で揺れ動き、あたかも世界にはこの二つしかないかのようだ。他のものは《南》へと方向を変え、身の毛のよだつ《大地》の支配を想像する。しかし、誰が第四の方向を見出すだろうか？　そのような人々はほとんどいない。なぜなら、第四の方向は無人であり、その方向を既に進んだ人々は足跡を残さなかったからである。

このテキストの努力はすべては、西の方向を指差すことにある。私たちは空白の、踏査されていない大洋、大航海を示す。《西》、それは出発への召集であり、あらたな空間の開闢への静かな呼びかけなのだ。

空虚と充溢

慎重に人類学的な諸速度を区別し、それらの関係、それらの分節を検討した上で、私たちは人類の本質的な連続性を回復させなければならない。どのようにして、一つの空間から別の空間へと移行するのだろうか？　四つの空間を横断する個人たちと諸集団は、どこで合流し、それらが構成するすべての形態のうちで縫い目のない布を織ることができるのだろうか？　それらを分割する原理の異質性にも関わらず、どこでそれらは再会するのだろうか？
《領土》においては、国境を横断しなければならないとき、税関を作る。税関吏はみずからの詰所を大きくし、その障壁を飾り立て、手続きを煩雑にし、そうして税関を国境以上の、補足的な囲い地にする。あらたな《領土》を横断するためには、違った税関をつくり、違った仲介を見つけなければならないだろう。門、運河、水門、窓口に住み着くことで、寄食者（parasite）は循環を促進しようとするが、結局のところ自分固有の《領土》が構成されるだけである。つねに違った仲介者が必要となろう。――寄食者の氾濫という悪魔のような論理である。(6)

こうして、歴史と国家の夜明けからまもなく、迷宮、ミノスの宮殿が作られる。曲がり角、切妻の段、くぐり戸、回廊、そして部屋が錯綜する、塞がれた、出口のない《領土》という空間が作られるのだ。そしてミノタウロスが、犠牲《サクリファイス》的で、貪欲な、超越的なものの裏面が、すべての《領土》の中心に身を潜めるのである。

税関吏、寄食者のような人にたいして、私たちは通過させる者《パッサー》という人物を対置する。通過させる者は私たちに国境を秘密裏に越えさせる。彼は跡を残さず、一つの門を開けるということを口実としてあらたな壁を作ったりはしない。私たちには通過させる者が必要である。堅固な城たちのあいだ、《領土》の内部の囲い地や制度のあいだを通過させる者だけでなく、《領土》的な迷宮から抜け出すために、一つの空間から別の空間へと飛翔するためにも通過させる者が必要なのだ。ダイダロスは別の空間を開くことによってのみ、迷宮から脱出する。(7)通過させる者はどこにいるのか？

《商品》は、循環し、また循環させるが、そのネットワークにそれが巻き込んでいるものを、根こぎにし、脱文脈化し、暴力的に脱領土化する。一つの連続性を作り上げるよりもむしろ、それは隔離し、離脱させ、軌道に乗せる。《商品》はいまだ分離の形態なのである。《領土》は内部性に閉じ込めていたが、《商品》は外部性を強制する。

《智慧の空間》は、ただ《領土》的な迷宮の高所からの出口ではなく、先行する三つの空間の架け橋であることを目指している。それは、《大地》、《領土》そして《商品》を連絡させる。通過させる者とは思考である。個人のただ中での思考、分割された人々のあいだでの集合的知性体のただ中での思考なのだ。思考が、この役割を果たすことができるのは、それが私有化や惰性なしに、無限の内在平面の上にみずからを展開し、共存させ、その多様性において存在を受け容れるところにその特性があるものだからである。集合的知性体は知識と発明において進展するので、守るべきもの、売るべきものは何もない。その努力のすべては、受け容れること、自由に使えるようにすること、理解すること、それ自身の思考する生成変化を再発明することにある。集合的知性体は空虚を拡げることにいそしむ。それは、欠如や不在ではなく、道教的な無、開け、謙虚さであって、それだけが修習と思考を可能にするのである。

《大地》は満ちていて、常に満ちている。それは贈与の、無償性の、尽きせぬ豊富さの、けっして不足することのない意味の空間である。《領土》と《商品》、それらは欠如によって機能する。不在、去勢、遅延が《領土》を穿つ……。《商品の空間》はと言うと、欠如はそこで需要という形態をとる。

ところが、《智慧の空間》は、《大地》のようには、常に満ちてはおらず、領土的、商品的空間とは反対に、何も欠如してはいない。《智慧の空間》は空虚へと開かれているのだ。

私たちは人間について、その壊れやすく、不確かな統一性について、人間をそれ自身やその同胞たちと、囲いや超越性なしに、再結集できるものについて、語っている。

これまで、私たちは《大地》を、私たちの人類学的な地図作製法の中核の一つのようなものとして、他の諸空間を支える土台として、考えてきた。この地図上で《智慧の空間》は、そのもとで諸空間を導き動かす、太陽をもたない空として表現される。しかし、別の地図上では、別の投影にのっとって、《大地》が人間の周囲にあって、大衆《マス》が取り囲んでおり、それが人間世界の意味作用の宇宙を包んでいる。空間から空間へと、少しずつ中心に向かって、差異化され、明確になり、蓄積していく意味と形式の宇宙を包んでいるのだ。

そんなわけで、《智慧》はこのあらたな人類学的なコスモロジーの中核となっている。しかし、それは何らかのより重い基本要素、特定の種類の原子へと集中していくわけではない。それは空虚を受け容れる。すべての引力の焦点として、《智慧の空間》、発明の、そして集合的修習の空間は人類の宇宙全体を動かす、中心的空虚なのだ。空虚、それは移行の場そのものを占め、運動を可能にし、すべての人類学的諸空間の本質的連続性を確立するものである[8]。人間に固有の実存は——人類どうしの真の出遭いとして——生まれ、永続し、思考という基本単位のうちにその統一性を見出す。それは、空虚において宙吊りになっているのである。

集合的知性という企図《プロジェクト》は現実的なものだろうか？　不可能なユートピアを問題にしているのではないか、それは実行可能な地平に含まれているのだろうか？　この疑問に直接に答える前に、私たちは、実行可能なもの（faisable）、可能なもの（possible）、そして現実（réel）という言葉によって何を理解しなければならないかを、明らかにする必要がある。

可能なものたちとは無矛盾な事実の諸々の体系を含むもので、それらの体系はいかなる物理法則にも逆らわないが、目下の状況は考慮に入っていない。可能なものたちの全体よりも、実行可能なものたちの全体はずっと制限されている。それらの選別は今ここ（*hic et nunc*）において利用可能なリソースを統合し、状況によって課された技術的、経済的、社会的な制限を重視することによってなされる。

実効的な選択や決定とは、実行可能なものたちの中から諸事実（faits）を選び出すことである。行動（action）は実行可能なものと事実との境界《インターフェイス》に位置している。振動し透過性のある膜、活動的で繊細なフィルターとして、行動は実行可能なものたちを事実に転化し、実効性の領域を広げ、また逆に実現可能性の領域を変形する。

ところで、一つの行為はまた別の境界《インターフェイス》にも反響する。それは存在論的な流れのより川上にある、実行可能なものから可能なものを分離するものとしての境界《インターフェイス》である。技術的、経済的そして社会的条件こそが、実行可能性の諸制約から単なる可能なものを分離するのだ。私たちは、結果として可能なものと実行可能なものとの境界線を移動させるような、あらゆる出来事を、語の非常に大きな意味において、技術（technique）と呼ぶであろう。集合的知性の企図《プロジェクト》は技術の価値を引き上げる。しかしそれは無分別に幻惑されてではなく、それが行動の場を開くがゆえにそうするのだ。ノウハウと技術的装置は二重の資格において貴重なものである。第一に成果として、人類の活動の結晶化と記憶としてである。第二に知ること、感じること、行動すること、そしてコミュニケートすることの能力を増大する可能性を秘めた《ポテンシャルな》道具として、可能なものと実行可能なものの境界《インターフェイス》として、貴重なのである。不幸にも、潜勢力《ピュイサンス》を減少させ、社交性よりも排除を全面的にもたらすように、それが使用されることもあり得る。この道においては、人類の諸々の質は浪費されてしまう。すなわち、事物の中に置かれた知性を、破壊に奉仕させてしまったがために——生産者たちの質を浪費し、そして、その犠牲となるものたちの質を浪費してしまうのだ。自由に使える技術を開発しないこともまた、浪費を際立たせる。発明者たちは無駄に働き、可能な受益者たちは質の成長を欠くことだろう。つまりは、ある与えられた状況において活動している集合的知性の程度こそが、技術の人間的価値を条件づけるのである。人間が総体的に豊かになっていこうとする道において――実行可能なものの領域を広げる――実践的ノウハウと物質的装置に固有の潜勢力《ピュイサンス》の価値を引き上げるような集団の能力に、すべてはかかっているのである。

さらに行為は、そのいくらかの効果によって、別の限界、別の境界《インターフェイス》を移動させる。それは、不可能なもの（impossible）と可能なものとの間の分割を確立する境界《インターフェイス》である。こうした限界は動かすことが出来ない、不可能なものは――定義からして――常にそのようであって、常にそうであり続けるのであり、そうでなければ、真の不可能性が適切に問題にされていないのだ、と言い返されるかもしれない。しかしながら、中世のアリストテレス主義的で、合理主義的なある一人の天文学者を思い浮かべてみよう。彼にとって、月と大地は完全に区別された存在領域にあった。人にとって、生き死にする人間の体にとって（たとえ寓話や童話として想像することはできるにせよ）月の上を歩くことは不可能であると、確実な科学として彼は理解している。反対に、ガリレイの科学にとっては、月世界と地上とはもはや、自然の根本的な違いとして区別されていない。古典時代のニュートン主義の天文学者は、人が月の上を歩くのは可能であることを支持するだろう（たとえ、それがどうやって実行可能になるか分からないとしても）。二十世紀には、技術が可能なものを実行可能にする。そしてＮＡＳＡの活動が、実行可能なものを事実にするのである。しかし、最初の移動、不可能なものから可能なものへの移動は、《科学的な》行為であり、通用している表象の領域と説明の体系に関わるのである。今日、私たちは物体が光速を超えることは不可能であると知っている。私たちは、算術をモデル化するのに十分強力な形式的体系であっても、その体系の持っている諸手段だけでは、その一貫性とその完全性を同時に証明することはできない、と知っている（ゲーデルの定理）。制限的な定理と物理法則の点で、科学は不可能なものを取り囲んでいる。宇宙についての記述と説明に関しては、それが生成変化の驚くべき諸形式を明るみに出すがゆえに、既知と未知との間の境界を移動させるものとして、科学は、証明された知識という非常に広い意味において理解しなければならないが、可能なものを確立し、広げている。

　不可能なものと想像不可能なもの（inimaginable）を混同しないことは重要である。私は心から秒速三〇万キロメートルを超えることは不可能であると信じているが、にも関わらず、私はこうした不可能なものがごく普通となっているようなSF小説を書くことができる。想像不可能なものは、不可能なものとは別の秩序にある。私にとって想像不可能であることについては、何も知ることができないし、何も言うことができない。その限界を突き止めることもできない。私はただその限界が存在すると知っているだけだ。例えば、自動車に、飛行機、電話ネットワーク、テレビ、コンピューター、電気、原子力発電所と共にある現代世界、単に科学と技術の細目だけでなく、政治的そして宗教的な習慣、その《思考様式《メンタリテイ》》とともにある現代世界は、ガリア人にとって、あるいは十七世紀の人間にとってさえ、まさしく想像不可能なものである。その総体における文化的設備（équipement

世界の連続的変動

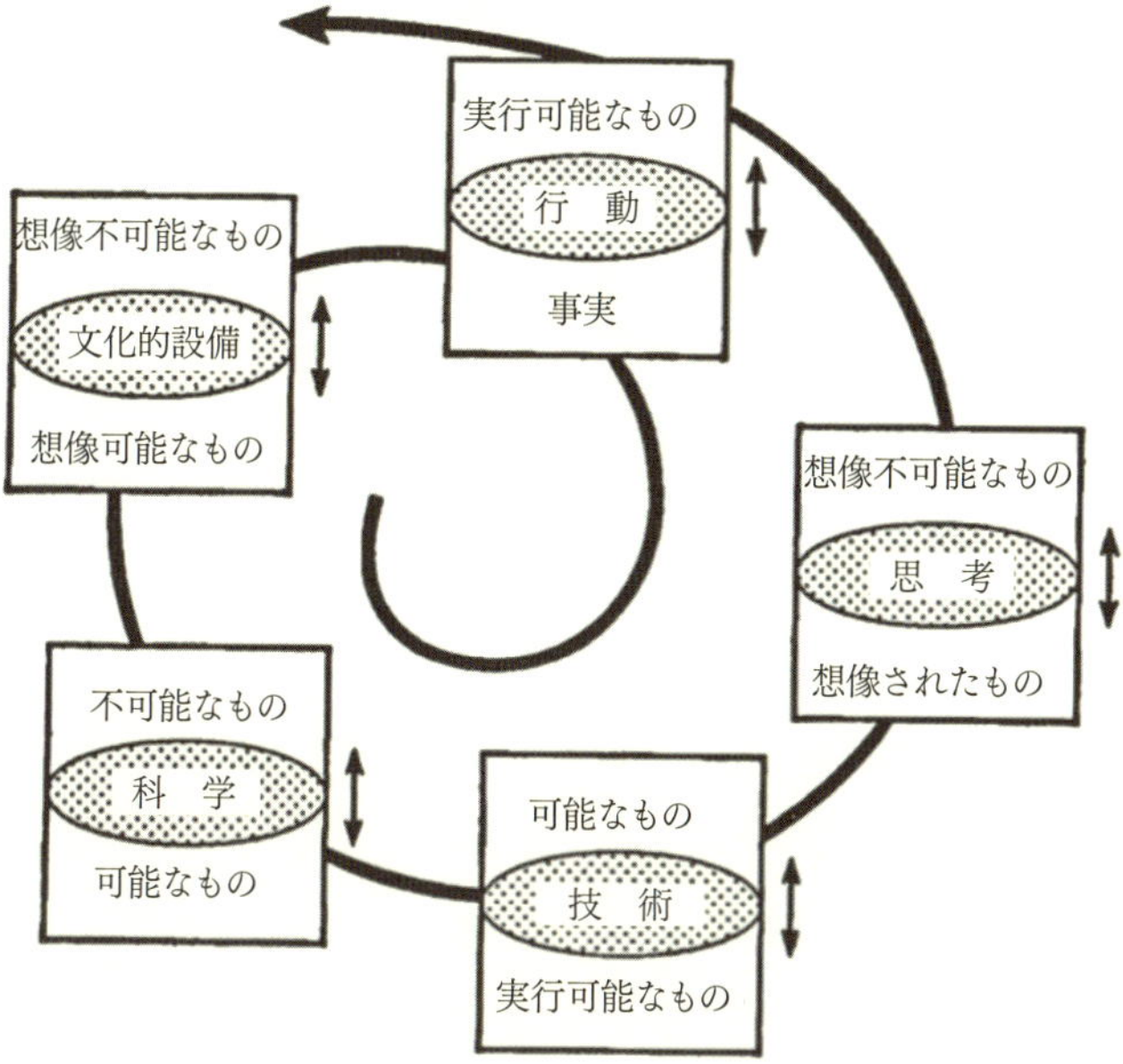
実行可能なもの
行　動
事実
想像不可能なもの
文化的設備
想像可能なもの
想像不可能なもの
思　考
想像されたもの
不可能なもの
科　学
可能なもの
可能なもの
技　術
実行可能なもの

culturel）こそが、想像可能なものと想像不可能なものとの間の境界を移動させるのである。ここで、文化とは、私たちの心的能力の態勢《ディスポジション》にとっての工具箱として考えられるものだ。すなわち、科学、技術、歴史的・社会的事実についての私たちの知識、利用可能な言語や語やイメージ、諸観念、思考の諸々の図式、気の利いた言い回し、それら知的道具が、そこに各々の貢献をもたらす。この設備のなかで、認識における、観察とシミュレーション、ナヴィゲーションの手段は、特に、想像可能なものの領域を広げ、この意味において、私たちの選択を改善するのに貢献するのである。

最後に、思考が想像可能なものと想像されたものの境界を動かす。思考、このイマージュ、記号、心的存在の生産者、それなしにはいかなる選択《オプション》もいかなる自由も可能ではないだろう。思考は想像されたもの（imaginé）の領域を拡大し、同時に他のすべての諸空間を多様化させる。不可能なもの、可能なもの、実行可能なものそして事実は、単に線形的な存在論的階梯に従った程度によって段状に並ぶわけではない。それらはまた、存在の真のオートポイエーシス的スパイラルを描く相互的で横断的な作用によって組織される。想像不可能なものと想像可能なもの、そして想像されたものは、ひたすら認識的（noétique）な階梯の三つの段階を構成するのではなくて、それら自身で想像力のダイナミックなスパイラルを形成するのである。私たちは、この《スパイラル》を無限の運動として、作動している諸プロセスの次第に精細になっていく相互浸透として思い浮かべるだろう。この図式において、科学、技術、行動、文化そして思考は実体的であったり、はっきりと同定される行為者《アクター》ではなく、行為（actes）あるいは出来事（événements）の諸々の面である。行為とは何か？　それは

（科学・技術・活動・文化・思考という）五つの境界線の一つを移動させるものである。もし、ある行為が可能なものと不可能なものの境を移すものとみなされるならば、それは《科学》に関与している。もし、それが可能なものと実行可能なものの境界《インターフェイス》を揺り動かすものと目されるならば、それは《技術》に関与する、などといったように。私たちは決して、ある出来事が《科学》を表すのか、《技術》《行為》《文化》《思考》あるいはこれら境界《インターフェイス》の複数を表すのかを、ア・プ・リ・オ・リに知ることはない。まずは、それが移動させる境界線を見なければならない。ある境界が変形される毎に、別の諸々の境界《インターフェイス》が割り当てられる。想像と現実存在のスパイラルは互いに生産されあい、人間の世界の流れを変える巨大な機械を全体で構成する。可能なものたち、実行可能なものたち、諸事実、集合的想像力と諸個人の思考の増大が絶え間なく再開される一つの機械、下部構造もなく、因果の最終的地盤もなく、根拠もない、匿名で特異な一つの機械、変動する機械。創発と流動そのものが人間の現実なのである。

それゆえ、集合的知性の企図《プロジェクト》が《ユートピア的》か《現実的》か、と問うのは大きな意味を持たない。それは開始されたのであり、その全般的な支配圏において、それがどんな限界をどこまで移動させるのか私たちはいまだ、知らないでいる。その最終目標は、存在論的で認識的な巨大機械の統御（le gouvernement）を、可能な限り、《ハイパーコーテックス》において構成された人類の手に引き渡すことにある。私たちが見たように、この本の中では、完全で生成変化を免れた、ある社会を詳しく記述することが問題なのではない。集合的知性は不安定なものの、そして多様なものの一つのユートピアである。それは善なるものの道徳よりもむしろ、最良のものの倫理に応じる。静的で決定的であり、文脈の外にある善は、状況に対して上からア・プリオリに課されるが、一方最良のもの（可能な限りでの最良のもの）は、位置づけられ、相対的で、動的で、暫定的である。善は変化しないが、最良のものは至るところで異なっている。善は悪に対立し、それを排除する。反対に、最良のものは悪を《含む》。というのも、論理的に最良のものは、最小の悪に等しく、悪を最小にすることで満足するからである。

　集合的知性のユートピアを提示することは、進歩の神話、常に最良のものであるような将来へと前進するような神話へと導くだろうか？　そうではない。というのも、線形的な進歩という考え方は、集団によるその環境の全面的なコントロールを前提とするからである。それはとりわけ、選択の基準の恒久性と一様性の仮説をもたらす。実際、連続的で単調な進展の観念は、善の道徳のわずかばかり改良された一つの異文《ヴァリアント》に過ぎない。各々の知性と各々の想像力を調整させながら、知的集団のメンバーは〔様々な〕最良のものを増大させ、常に新しく至るところで異なる一つの最良のものを発明する。最良のものは動くことをやめない。それは、ただ《客観的》な諸状況が進展するためだけでなく、状況への認識が洗練されたり、あるいは混乱したりするためであり（結果的に（ipso facto）、それがある状況の変化を構成する）、また、選択の基準が環境の変質と企図《プロジェクト》の進展に従って変化するからである。各々のあらたな選択は集合的修習とそれ自身の発明の独特で予見不可能な道においてなされるのだ。

集合的知性の企図《プロジェクト》は歓びを先送りにはしない。あらゆる犠牲《サクリファイス》の観念とは異なり、それは日常的に、それぞれの特定の状況において、個人と集団の自由の程度を拡大し、Win-Winな取引を配置し、知識と知りつつある人との相乗効果を横断的に起こすようにかりたてる。集合的知性は敵を持たない。それは権力とは戦わず、権力から離れる。それはどんな支配も追い求めないが、多数の萌芽を追い求める。それは、存在者の最大の多様性を生み出すことを目標とする。生の潜在力《ピュイサンス》と存在の質の拡張が、最良のものの選択という——もっとも一般的で、準‐存在論的な——最終的な基準へと立ち戻らせる。——破壊を遠ざけ、存在へと向かい、単に事実を含むのではなく、想像可能なもの、想像されたもの、可能なものそして実行可能なものにおいて、おぼろげに描かれているものすべてをも含むような一つの実存へと向かうこと。

集合的知性の企図《プロジェクト》とともに、私たちが追求するのは、啓蒙思想からの解放である。とはいえ、今一度繰り返しておくと、私たちはもはや線形的で、自動的で保証された進歩という虚構を維持することができない。この二十世紀末において、《近代性》に関して、並外れた規模の覚醒のようなものが起こっている。古代性、未開性はそこにあって、浮かび上がろうとしており、それらがかつて決してそうではなかったほどに、いっそう古代的で未開なのだ。すべては共存している。グローバリゼーション（それはあらゆる戦争を今後、一つの内戦にしてしまう）と国粋主義的熱狂の共存、マフィアの席巻と生命倫理の洗練の共存、都市の若者たちの横断的な文化の大陸、その記章《バッジ》や音楽と児童労働の共存、インタラクティヴな娯楽産業としての夢を生産する世界的な巨大機構と飢餓の共存、高度なテクノロジーの多国籍企業と水の欠乏の共存、サイバースペースと文盲の共存……。時間は線形的ではなく、多数であり、旋回し渦を巻いている。おそらく、私たちはポストモダンにあるのではなく、歴史の後ではなく、歴史の前にいるのである。そこでは、すべての持続はいまだ交じり合っていて、寓話的な時であり、いまだ流れはじめていない、来るべき一つの歴史の源泉としてある。私たちは《はじまりの時》を生きていて、起源《アルケー》そのもののなかにあり、神話の時間の内部、変身と言葉をしゃべる動物の偉大な時代を生きているかのようだ。リズム、空間、アイデンティティ、可能なもの、そのどれもが《時間》によって振られる象牙の骰子に刻まれた印である。その《時間》は、クロノスではなくアイオーン(一)である。みずからの子供を食べる恐るべき神であり、自分の父の去勢者であり、線形的継起の神であるクロノスではなく、諸時間の時間、永遠、無垢であるアイオーン。《時間》は骰子遊びをする子供である。どのような人間《ヒューマニティー》性がそこから出てくるのか。地球規模の内戦の世界が私たちの眼下に立ち上がり、犯罪とハイテクエリートたちのネットワークに支配され、人類の大多数が希望のない貧困を余儀なくされている。集合的知性の企図《プロジェクト》と共に、私たちは別の道を切り開きたいのだ。

　再び問おう、それは可能だろうか？　私たちは権力闘争や、支配の企て、戦争から逃れることができるだろうか？　ポレモス(二)こそ万物の父であり、王なのではなかったか？　ギリシャのヘラクレイトスによるこの裁定に、私は異議を唱える。そして、地獄の審判の前で控訴を申し立てよう。

古典時代に、都市国家の輝かしいギリシャが花開く前の幾世紀ものあいだ、古代ギリシャ世界を支配していたのはミケーネ文明であった。《イーリアス》の中で、トロイに対してアカイヤの軍勢を送ったのは、ミケーネの王、アガメムノンである。今日、旅行者が、考古学者たちによって発見された古代の要塞の遺跡を前にすれば、何メートルもの厚みをもち、巨大なブロックで築かれた、キュクロプス式の城壁を発見するだろう。この戦争の文明において、あらゆる人間の労力、あらゆる物質的な集積は外部から内部を隔離することに奉仕している。

ミケーネの要塞とは大きく異なり——そのもっと以前に——クノッソスの宮殿は七世紀の間、ミノア文明の威光の主たる中心であった。クレタ島の宮殿には城塞がない。ミノアの平和な文化はその労力を建築の複雑さ、部屋の装飾、内部の配置《アジャンスマン》の美しさと創意工夫へと向けた（下水道、浄水道、など）。ミケーネでは城壁の塊《マス》に投資されたエネルギーのすべてが、クノッソスでは生活の様式を洗練すること、計画を複雑にすること、建築的細部のあらゆる豪華さを豊富にすることに使われた。すなわち、階段、通路、柱、彫像、階、テラス、控えの間、華美な大広間、秘密の小部屋、宝物庫、曲がり角、切妻の段、袋小路……。クノッソスの宮殿は無限に複雑だ。しかし庭と明かり取りの窓によって空と太陽とに開かれ、扉と窓によって世界と街に通じている。それは、舗装道路によってクレタ島の大都市の別の宮殿に繋がれているのだ。戦闘的な文明に生きておらず、その精神を防御、攻撃、力と支配の関係とは別の問題に向けていたので、彼らミノア人たちは、おそらく《ギリシャの奇跡》に先立ち、それを条件付けた途方もない審美的な豊かさを繁茂させながら、芸術と通商によって他の社会に開かれるのと同時に、みずからの世界を自分自身の上に折り畳み、折り返していたのだ。というのも、ミノア人たちは、要塞を建てるのではなく、迷宮を発明したからである。つまり、文化的錯綜体、建築の空間に投影された集合的知性を発明したからである。

するといったい、ミノタウロスとは誰だろうか？　薄暗い洞窟の底で、若いアテネ人を貪り食う恐ろしい獣なのか？　このような解釈はギリシャのものである。しかし、論争的なギリシャ人たち、ミケーネ人の息子であり、イーリアスの読者である彼らは、クノッソス、調停的な文明という謎を理解することができなかった。ミノタウロス、牛－人とは、儀式に捧げられた雄牛の上で危険な跳躍を行う、ミノアの軽業師に他ならない。ミノタウロス、牛－人の混淆《ハイブリッド》は、まさしく迷宮の中心に出現するのだが、それはクノッソスの宮殿の中心に位置する庭なのだ。それは屋外で、軽やかに、優雅に、大きな吹き抜けから日の当たる場所で、舞台に立ったのである。

ミノア人たちは戦争に負けたのではない。彼らの文化は自然災害が続き、そのために島から遠く離れ分散した後に崩壊したのだ。焼失した宮殿の残骸のうちには、いかなる死体も発見されなかった。ギリシャ人はクレタ島に、もとの文明が衰退した後に入植したに過ぎない。

テセウスがミノタウロスを殺すこと、それはミケーネ人たちが、ミノア文明、つまり芸術家的で、技術者的な文明、しかし軍隊もなく、奴隷もいない文明を隠すということである。論争的なギリシャ人たちが調停的なクレタ島を覆う。平和に闘争が覆いかぶさる。ギリシャ人はミノアを抑えこみ、もっとも低いところに深く埋めた。地獄の裁きに委ねたわけである。ゼウスの見え透いた変装のもとで、エウロペ（ヨーロッパ）をもたらしたのはまさにミノアの雄牛である。

集合的知性の企図《プロジェクト》は権力という観点の放棄を前提とする。それは、他者性、キメラ化、そして迷宮的な複雑性の作用を可能にする、空虚な中心、採光の窓を開くことを望んでいる。ところで、光の宮殿、白い迷宮、生の歓び、麗しさ、至高の軽やかさの建築的痕跡は、自分自身を至るところに認めることしか出来ない論争的な目には、黒い迷宮、人喰いの怪物を隠した、致命的な罠となる。迷宮の伝説は、平和的な出口を見つけることができないことを表わしている。クレタ島の遠い過去と同じく、この地球の不確かな未来の地平においても、潜勢力《ピュイサンス》と平和の文化は不可解であるようにみえる。クレタ島のミケーネ人によって書かれた線Bは、正確に解読された。しかし、相変わらず、ミケーネ人による征服以前のミノア人の文字である線Aを解く鍵は見つかっていない。平和の謎はいまだ封印されている。だからこそ、線Aを解読しよう、あるいはむしろ、動《ダイナミック》的な表意文字、将来の文字、知性的集合体の超言語を発明しよう。権力の要塞を厚くする代わりに、サイバースペースの建築、究極の迷宮を洗練させよう。それぞれの統合された回路の上で、それぞれの電子チップ上に、秘密の数字、集合的知性の複雑な紋章、あらゆる風に乗って四散する調停のメッセージを、私たちは見るのだが、それを読むことが出来ないでいる。

原註

プロローグ

（1）　インターネットについては、Tracy LAQUEY et Jeanne C. RYER, *The Internet Companion (Plus)*, Addison-Wesley, Reading, Mass., 1993. を見よ。

（2）　Howard RHEINGOLD, *The Virtual Community*, Addison-Wesley, New York, 1993. という、コンピュータによって促進されたコミュニケーションの歴史を辿った素晴らしい著作を見よ。政治、社会、文化、遊びの様々な側面が示され、《電子ハイウェイ》の発展に結びつけられた文明化の問題点が完全に明らかにされている。

（3）　Joseph REICHOLF, *l'Émergence de l'homme*, Flammarion, Paris, 1991. を見よ。

イントロダクション

（1）　ベルナール・ペレの研究から私たちはこの仮説のインスピレーションを得た。Bernard PERRET et Guy ROUSTANG, *L'Économime contre la société. Affronter la crise de l'intégration culturelle et sociale*, Seuil, Paris, 1993. を見よ。

（2）《賃金制度の終焉》というこの未来予測的アプローチは、Robert REICH, *The Work of Nations. Preparing ourselves for the 21st Century Capitalism*, Random House, New York, 1991. によって示唆された。

（3）一九九二年トゥールーズでの《テレノイア》というタイトルの学会におけるＦＡＵＳＴ表明の際に言われたロイ・アスコットの見事な言葉による。Telenonia, in *Interactive Art, Intercommunication*, Tokyo, no. 7, 1994, pp. 114-123; et Telenonia, On Line, *Kunst im Netz* (Éd. R. Adrian), Steirischen Kulturinitiative, Graz, 1993, pp. 135-146. も見よ。

（4）私たちは、この見方をクレール・エベール＝シュフランとマルク・エベール＝シュフランによって推進された知の相互交換ネットワーク運動（MRERS）から得ていることを強調してもしすぎることはないであろう。例えば彼らの *Échanger les savoirs*, Desclée de Brouwer, Paris, 1991. を見よ。

（5）Michel AUTHIER et Pierre LÉVY, *Les Arbres de connaissances* (préface de Michel Serres), La Découverte, Paris, 1992. を見よ。この本は、今日、企業や学校や大学や街で成長する知の樹木の根元の欄外註でしかないが、集合的知性に関する私たちの提案に対して具体的に技術的および社会的意味を与えてくれる。

（6）繰り返すが、知の樹木とはこのようなプロジェクトの社会技術的な実行可能性の一例である。

第三章

（1）K. Eric DREXLER et Chris PETERSEN, *Unbouding the future, The Nanotechnology Revolution*, William Morrow & Company, New York, 1991. を見よ。

第四章

（1）このような統治構造や統治することについての適性の問題については、アレクサンダー・キングとバートランド・シュナイダーによる Club de Rome のレポート、*Questions de survie*, Calmann-Lévy, Paris, 1991.〔『生存の問題』〕（原題は *The First Global Revolution*）を見よ。特に、pp. 162-183 を参照のこと。

（2）このあらたな状況に関連した様々な社会的病理学のように、情報の増大に直面したコミュニケーション技術の領域の変動、その環境を統御し習慣的な途によって決定することの不可能性については、フランコ・ベラルディによって見事に分析されていた。この著者による *Mutatione e Cyberpunk*, Costa & Nolan, Gênes, 1994. および *Come si cura il nazi*, Castelvecchi, Rome, 1993. を見よ。また、フランコ・ベラルディとフランコ・ボッレリによる *Per una deriva felice*, Multipla, Milan, 1993. も参照のこと。

（3）　あるいはインタラクティヴ・コミュニケーションのデジタル・ネットワークのゲート。

（4）　私たちはとりわけレジス・ドゥブレの *Critique de la raison plitique*, Gallimard, Paris, 1981.〔『政治的理性批判』〕を念頭に置いている。彼の政治についての見解は、最近 *Manifestes médiologiques*, Gallimard, Paris, 1994.〔『メディオロジー宣言』〕で繰り返されている。*Vie et mart de l'image*, Gallimard, Paris, 1992.〔『イメージの生と死』〕、*L'État séducteur*, Gallimard, Paris, 1993.〔『魅惑的な国家』〕、*Cours de médiologie générale*, Gallimard, Paris, 1991.〔『一般メディオロジー講義』〕も参照せよ。政治的身体の必然的他律性についての主張は、この著者の《メディオロジー的》企てから大きな力を奪い去る。なぜ他律性は、集合的機能の他の面と同様に、コミュニケーションの技術と実践の状況に依存してしまうのだろうか？　なぜ、メディオロジーの領域では他律／自律という二者択一を取り除いてしまうのか？　人間の証そのものである技術と言語の生成変化を取り除いてしまう安定点において一つの人類学を確立しようとする意志は、根強いものである……。

（5）　とりわけ Alvin TOFFLER, *Les Nouveaux Pouvoirs*, Fayard, Paris, 1991.〔アルヴィン・トフラー『パワーシフト（上・下）』徳山二郎訳、中公文庫、一九九三年〕と、Alvin et Heidi TOFFLER, *Guerre et contre-guerre*, Fayard, Paris, 1994.〔アルビン・トフラー、ハイジ・トフラー『アルビン・トフラーの戦争と平和』徳山二郎訳、フジテレビ出版、一九九四年〕を見よ。

第五章

（1）　私たちの主要な典拠をここに記しておく。Henri CORBIN, *Histoire de la philosophie Islamique, tome 1, Des origines jusqu'à la mort d'Averroës*, Gallimard, Paris, 1964.〔アンリ・コルバン『イスラーム哲学史』黒田壽郎・柏木

英彦訳、岩波書店、一九七四年〕とりわけこの著作の、アル・ファーラービー、イブン・シーナー、アブル・バラカタル・バグダーディに割かれた第五章（«Les philosophes hellénisants»）を参照のこと。MAÏMONIDE, *Le Guide des égarés*, traduction de Salomon Munk, Verdier Lagrasse, 1979.〔マイモニデス『迷える者たちの導き』〕

（2） Pierre LÉVY «cosmos pense en nous», revue Chimères N.14,1992, pp. 63-79, reproduit in *Les Nouveaux Outils de la pensée*, (sous la direction de Pierre CHANBAT et Pierre LÉVY), Éditions Descartes, Paris, 1992.〔ピエール・レヴィ「私たちのうちで思考するコスモス」〕を見よ。

（3） マイモニデスによれば、卓絶した四つの天と四つの知性だけがある。能動知性はそれゆえ、四番目の智天使であって十番目ではないことになる。諸天と諸々の卓絶した知性の数（著者によって、十、七、あるいは四になる）は、ただ神秘主義的で神学的な思弁と結びついているだけではなくて、天文学的な考察をも同様に拠りどころとしている。他方で、流出のプロセスは無限に辿られうるものではないが、それは神的な流入の力が無限ではないからである（この章の冒頭で、プラトン学派とアリストテレス学派に起源をもつ哲学的伝統のうちでの、《無限への嫌悪》に注意を促しているのを参照）。

（4）「能動知性は、人間の可能的知性に対して、眼に対する太陽のようなものである。眼は、それが闇のうちにあるあいだは、潜在的視覚であるにとどまっている」（アル・ファーラービー）。

（5） アンリ・コルバンのすでに挙げた著作に加えて、マイモニデスの前掲書、*Le Guide des égarés*〔『迷える者たちの導き』〕第二部の四章を見よ。

（6） この主題については、マイモニデス『迷える者たちの導き』の第二部三七章を参照のこと。

（7） オートポイエティックとはすなわち、自己自身を継続的に作り出すということである。オートポイエーシスという概念は、とりわけウンベルト・マトゥラーナとフランシスコ・ヴァレラによって理論生物学で展開された。Francisco Varela, *Autonomie et connaissance*, Seuil, Paris, 1989.〔『自律性と認識』〕を見よ。

（8） 人は権力の問題から抜け出すことができるのだろうか？　この問いについては、本書のエピローグ「クノッソスへの旅」を見よ。

（9） ここから本章の最後まで続くすべては、主に、すでに引用したマイモニデスの『迷える者たちの導き』における「知性、知解可能なもの、知的なもの」の影響を受けている。イスラム文明の偉大な時代に開花した思考の豊かで長い伝統を、彼自身が引き継いでいるのだ。

（10） この主題については、Pierre LÉVY, *Les Technologies de l'intelligence*, La Découverte, Paris, 1990.(«Points-Sciences», Seuil, Paris, 1993. に再録）〔ピエール・レヴィ『知の技術』〕を参照のこと。そこにはこの観点からの詳細な論証が見られ、記号のシステムや、表象の手段、コミュニケーションの道具によって《増大された》認識プロセスの人類学や心理学にまつわる、豊富な書誌も見出されることであろう。

（11） Pierre LÉVY, *L'Idéographie dynamique, vers une imagination artificielle*, La Découverte Paris, 1991.〔ピエール・レヴィ『動的イデオグラフィー』〕を見よ。この著作は、コンピュータに支援された相互作用的な動的言語（シネランガージュ）の技術的、認識的、言語的可能性の諸条件を描いている。

第六章

（1） William GIBSON, *Newromancien, traduit de l' anglais par Jean Bonnefoy*, La Découverte, Paris, 1984. (réédition en poche: j'ai lu, Paris, 1988.)〔ウィリアム・ギブスン『ニューロマンサー』黒丸尚訳、早川書房、一九八六年〕

第八章

（1） 「私は多数の空間に住んでいるのだ」Michel SERRES, *L'interférence*, Minuit, Paris, 1972. p.151.〔ミシェル・セール『干渉』豊田彰訳、法政大学出版局、一九八七年、一四一頁〕

（2） Pierre CLASTRES, *La Société contre L'État, essai d'anthropologie politique*, Minuit, Paris, 1974.〔ピエール・クラストル『国家に抗する社会――政治人類学研究』渡辺公三訳、水声社、一九八九年〕

（3） Gilles DELEUZE, Félix GUATTARI, *L'Anti-Œdipe*, Minuit, Paris, 1972.〔ドゥルーズ＝ガタリ『アンチ・オイディプス――資本主義と分裂症』宇野邦一訳、河出文庫、二〇〇六年（とりわけ「野生人、野蛮人、文明人」の章を参照のこと)」

第九章

（1）ジル・ドゥルーズとフェリックス・ガタリは、『アンチ・オイディプス』の、特に「野生人、野蛮人、文明人」の章において、資本主義を家族に緊密に連接された一つの主体性と結びつける強いくびきを、申し分なく明らかにしている。

（2）Michel AUTIER et Pierre LÉVY, «La cosmopédie, une utopie hypervisuelle» in *Culture technique*, N. 24, avril 1992-04, numéro consacrée aux «Machines a communiquer», pp. 236-244.〔「コスモペディア、超－視覚のユートピア」「コミュニケーション機器」に当てられた号〕を参照のこと。

（3）前掲書 Michel AUTIER et Pierre LÉVY, *Les Arbres de connaissance*.〔『知の樹木』〕を参照のこと。

（4）紋章とは、コミュニティという知の樹木の上で、個人の修習の過程（履歴書）を得るためのイメージである。前掲書 *Les Arbres de connaissance*〔『知の樹木』〕を見よ。

（5）前掲書 Francisco VARELA, *Autonomie et connaissance*,〔『自律性と認識』〕、Humberto MATURANA, Francisco VARELA, *The Tree of Knowledge*, New Science Library, Boston 1987.〔H・マトゥラーナ、F・バレーラ『知恵の樹』管啓次郎訳、ちくま学芸文庫、一九九七年〕を参照のこと。また、この主題については私たちの «Analyse de contenu des travaux du Biological Computer Laboratory» in *Cahiers du CREA*, N. 8, 1986, pp. 155-191.〔『*Cahiers du CREA*』第八号所収、「バイオコンピュータ研究所の研究内容分析」〕という論文を参照のこと。CREA〔Centre de Recherche en épistémologie Appliquée 応用認識論研究センター〕（デカルト通り一番 75005 Paris）で入手可能である。

（6）知的な技術という概念については、前掲書ピエール・レヴィ『知の技術』を参照のこと。

第十章

（1）Charles BAUDELAIRE, «Correspondance», *Les Fleurs du mal*, 1857.〔シャルル・ボードレール「交感」『悪の華』〕

（2） Daniel BOUGNOUX, *La communication par la bande*, La Decouverte, Paris, 1991.〔ダニエル・ブーニュー『群れをなすコミュニケーション』〕

（3） フランソワ・ラスティエの注目すべき研究を見よ。Francois RASTIER, «La Triade sémiotique, Le trivium et la sémantique linguistique», coll. *Nouveaux actes semiotiques*, 9, 1990, p. 54.〔「記号論的三元論、三学（トリヴィウム）および言語的意味論」『叢書・記号論の新局面9』〕

（4） このテーマについては、Mikhail BAKHTINE, *Le philosophie du langage*, Minuit, Paris,1977.〔ミハイル・バフチン『マルクス主義と言語哲学』〕を見よ。

（5） Guy DEBORD, *La Société du spectacle*, Buchet-Chastel, Paris, 1967. (nouvelle édition: Gallimard, Paris, 1993.)〔ギー・ドゥボール『スペクタクルの社会』木下誠訳、ちくま学芸文庫、二〇〇三年〕

（6） Jean-Pierre BALPE, *Les Hyperdocuments*, Eyrolles, Paris, 1990.〔ジャン・ピエール・バルプ『ハイパードキュメント』〕、René LAUFER et Domenico SCAVETTA, *Les Hypertexts*, PUF, Paris, 1992.〔ルネ・ロフェール、ドメニコ・スカヴェッタ『ハイパーテキスト』〕、それと前掲書ピエール・レヴィ『知の技術』を参照のこと。

（7） Howard RHEINGOLD, *La Réalité virtuelle*, Dunod, Paris, 1993.〔ハワード・ラインゴルド『ヴァーチャル・リアリティ』〕を参照のこと。

（8） Christopher G. LANGTON(ed.), *Artificial Life 1*, Addison-Wesley, New York, 1989.〔クリストファー・G・ラントン編『人工生命1』〕、およびクリストファー・G・ラントンとチャールズ・テイラー、J・ドイン・ファーマー、スティーン・ラスムッセン編の *Artificial Life 2*, Addison-Wesley, New York, 1992.〔『人工生命2』〕を参照のこと。これらの書物は、複雑系科学研究のサンタフェ研究所が開催した国際会議の報告である。

（9） ピエール・レヴィの前掲書『動的イデオグラフィー』を参照のこと。

（10） 前掲書、ミシェル・オティエ、ピエール・レヴィ『知の樹木』を参照のこと。

第十一章

（1）ジャン＝ジャック・ルソー『不平等起源論』第二部、一七五四年。

（2）この主題については、Michel SERRES, *Rome, le livre des fondations*, Grasset, Paris, 1983.〔ミシェル・セール『ローマ――定礎の書』高尾謙史訳、法政大学出版局、一九九七年〕を参照のこと。

（3）そして昨今ではセシウム原子（アイソトープ133）の放射周期に同調している。

（4）チャーリー・チャップリンの有名な映画、『モダン・タイムス』において、労働者「チャーリー」は工場の機械と流れ作業に苦しめられ、大時計のは針に半ばはりつけにされる。

（5）「あなたたちの生において多数の持続がある。時間において混じりあう多くの水がある」(Christian BOBIN, *La Part manquante*, Gallimard, Paris, 1992, p. 29)〔『欠けた部分』〕

（6）前掲書 Michel AUTHIER et Pierre LÉVY, *Les Arbres de connaissances*.〔『知の樹木』〕を参照のこと。

（7）Norbert WIENER, *Cybernetics*, MIT Press, New York, 1961.〔ノーバート・ウィーナー『サイバネティックス――動物と機械における制御と通信』池原止戈夫・彌永昌吉・室賀三郎・戸田巌訳、岩波文庫、二〇一一年〕

（8）もし、今日、知への接近に多くの障壁があるとすれば、それはもちろん、学校、大学、学問領域が《領土》のように構造化されているからである。

第十二章

（1）この点については、Pierre LÉVY, *De la programmation considérée comme un des beaux-arts*, La Découverte, Paris, 1992.〔『芸術作品の一つとして考えられたプログラミングについて』〕、特に第一部「冒険の遊戯」を参照のこと。

（2）「逃走線」と対立する位置の概念については、Gilles DELEUZE et Félix GUATTARI, *Mille Plateaux*, Minuit, Paris.〔ジル・ドゥルーズ、フェリックス・ガタリ『千のプラトー――資本主義と分裂症』宇野邦一・小沢秋広・田中敏彦・豊崎光一・宮林寛・守中高明訳、河出文庫、二〇一〇年〕を参照せよ。

(3) 諸統計の歴史については、Alain DESROSIÈRES, *La politique des grands nombres. Histoire de la raison statistique*, La Découverte, Paris, 1993.〔『大数の政策——統計的理由の歴史』〕を参照せよ。

(4) 動的布置の概念については、François JULIEN による注目すべき著作 *La Propension des choses, une histoire de l'efficacité en Chine*, Seuil, Paris, 1992.〔『物事の傾向、中国における効力の歴史』〕を参照せよ。

第十三章

(1) Michel SERRES, *Les Origines de la géométrie*, Flammarion, Paris, 1993.〔ミシェル・セール『幾何学の起源——定礎の書』豊田彰訳、法政大学出版局、二〇〇三年〕

(2) Michel SERRES, *Hermès IV. La distribution*, Minuit, 1997.〔ミシェル・セール『ヘルメス〈4〉分布』豊田彰訳、法政大学出版局、一九九〇年〕

(3) 情報理論の創始者達の諸テクストは次のものである。Claude SHANNON, *The Mathematical Theory of Communication*, University of Illinois Press, 1949.〔クロード・シャノン『通信の数学的理論』植松友彦訳、ちくま学芸文庫、二〇〇九年〕、および Norbert WIENER, *Cybernetics, op. cit. Cybernétique et société*, UGE, Paris, 1964.〔ウィーナー『サイバネティックス』〕。ウィーナーは社会についてのあらゆる諸観念と、実際の、社会についての一つの包括的ヴィジョンの基礎を、教育的な仕方で分かりやすく述べている。

(4) Henri ATLAN, *Entre le cristal et la fumée*, Seuil, Paris, 1979.〔アンリ・アトラン『結晶と煙のあいだ——生物体の組織化について』阪上脩訳、法政大学出版局、一九九二年〕、そして同著者による *L'organisation biologique et la théorie de l'information*, Hermann, Paris, 1972.〔『生命組織と情報理論』〕

(5) これらの点においては、私たちが *La Machine univers*, La Découverte, Paris, 1987〔『機械宇宙』〕第四、五、六章で提示した、ここでよりもはるかに克明に描き出された分析を引き合いに出すことができる。

(6) Ilya PRIGOGINE, Isabelle STENGERS, *La Nouvelle Alliance*, Gallimard, Paris, 1979.〔I・プリゴジン、I・スタンジェール『混沌からの秩序』伏見康治・伏見譲・松枝秀明訳、みすず書房、一九八七年〕、および *Entre le temps*

et l'éternité, Fayard, Paris, 1988.〔『時間と永遠性の間』〕を参照のこと。

（7） James GLEICK, *La Théorie du Chaos*, Albin Michel, Paris, 1989.〔ジェイムズ・グリック『カオス――新しい科学をつくる』大貫昌子訳、新潮文庫、一九九一年〕を参照のこと。

（8） Benoît MANDELBROT, *Les Objects fractals*, Flammarion, Paris, 1975. フラクタルな対象に関する初期の諸研究は証券取引の動きに向けられていた！

（9） フランスで一般的な良き紹介〔書〕である Georges VIGNAUX, *Les Sciences cognitives: une introduction*, La Découverte, Paris, 1992.（『認知科学入門』）を参照のこと。そしてこの本は、集成的な一つの文献目録を含んでいる。もっと手軽な手引き書としては、Nicolas WITKOWSKI, *L'Etat des sciences et des techniques*, La Découverte, Paris, 1991.（『科学と技術の現在』）の「認知科学」の節を参照のこと。

（10） Michel AUTHIER et Pierre LÉVY, *Les Arbres de connaissances*（『知の樹木』）参照。

（11） これらすべての例については Pierre LÉVY, «L'univers aleph, pour une cinécartographie de l'information» in *Actes de la sixième école d'automne du Campus Thomson*, septembre 1992, p. 44.（「アレフ宇宙、情報のシネカルトグラフィーのための」）を参照。

第十四章

（1） Michel SERRES, *Les Origines de la géométrie*, op. cit.（ミシェル・セール『幾何学の起源』）

（2） Thomas KUHN, *La Structure des revolutions scientifiques*, Flammarion, Paris, 1983.（トーマス・クーン『科学革命の構造』中山茂訳、みすず書房、一九七一年）現代のエピステモロジー的な根本テーゼに対する優れた議論の一つとして、Isabelle STENGERS, *L'invention des sciences modernes*, La Découverte, Paris, 1993.（イザベル・スタンジェール『近代科学の発明』）を見よ。この最近の著作はおそらく、今日作られた科学（そして知識一般）の倫理学のもっとも洗練されたものの一つを含んでいる。

（3） テクノサイエンスのエピステモロジー（あるいはむしろ反－エピステモロジー）はブリュノ・ラトゥールと

科学と技術の人類学についてのあらたな学派によって為されている。例えば、Bruno LATOUR, *La Science en action*, La Découverte, Paris. 1989.（ブルーノ・ラトゥール『科学が作られているとき——人類学的考察』川崎勝・高田紀代志訳、産業図書、一九九九年）、Michel CALLON, *La Science et ses réseaux*, La Découverte, Paris, 1989.（『科学とそのネットワーク』）を見よ。現代科学における循環の問題については、Charles HALARY, *Les Exilés du savoir. Les migrations scientifiques internationales et leurs mobiles*, L'Harmattan, Paris, 1994.（『知の亡命者——科学の国際的流動とその動因』）が有益であろう。

（4）Michel SERRES, *Le Système de Leibniz et ses modèles mathématiques*, PUF, Paris, 1968.（ミシェル・セール『ライプニッツのシステム』）同じ作者の *La Traduction*, Minuit, Paris, 1972.（『ヘルメス〈3〉翻訳』豊田彰・輪田裕訳、法政大学出版局、一九九〇年）と *L'interférence*（『ヘルメス〈2〉干渉』豊田彰訳、法政大学出版局、一九八七年）もまた参照せよ。

（5）コンピュータによって支援された想像力の道具としてのCGシミュレーションについては、先に掲げたPierre LÉVY, *Les technologies de l'intelligence* を見よ。特に十章と十三章。そして同様に、前掲 *L'idéographie dynamique* も参照せよ。

（6）コスモペディアのさらに詳しい詳細については、先に揚げた Michel AUTHIER et Pierre LÉVY, «la cosmopédie, une utopie hypervisuelle» を見よ。

（7）それ自身によるある主体、あるいはオートポエーシスの形成の観念については、先に掲げた Francisco VARELA, *Autonomie et connaissance*（『自律性と認知』）を見よ。

（8）前掲、Pierre LÉVY, «Le cosmos pense en nous»（「我々の内で思考する宇宙」）を見よ。

（9）諸々の主観の折り畳みによる対象の構成については、Michel SERRES, *Statues*, François Bourin, Paris, 1990.（ミシェル・セール『彫像——定礎の書』米山親能訳、法政大学出版局、一九九七年）を参照のこと。

（10）異型発生の主要な概念については、Félix GUATTARI, *Chaosmose*, Galilée, Paris, 1992.（フェリックス・ガタリ『カオスモーズ』宮林寛・小沢秋広訳、河出書房新社、二〇〇四年）を見よ。異型発生——あるいは他者性の生成

——は、同質生成もしくは自身に似た、均質の物を生産または製造することにある均質化（私たちが《ホモジナイズ牛乳》を考えるところの）に対する。

第十五章

（1）　Cornelius CASTORIADIS, *Domaines de l'homme, les carrefours du labyrinthe*, II, Seuil, Paris, 1986.（コルネリュウス・カストリアディス『迷宮の岐路〈2〉人間の領域』米山親能・林秀治・関谷一彦・中所聖一訳、法政大学出版局、一九九八年）同じ作者の *Le Monde morcelé, les carrefours du labyrinthe*, Seuil, Paris, 1990.（『細分化された世界』宇京頼三訳、法政大学出版局、一九九五年）も参照せよ。

（2）　前掲書 Michel AUTHIER et Pierre LÉVY, *Les Arbres de connaissances* を参照。

（3）　Félix GUATTARI, *La Révolution moléculaire*, 10/18, Paris, 1980.（フェリックス・ガタリ『分子革命——欲望社会のミクロ分析』杉村昌昭訳、一九八八年）を参照せよ。

（4）　ヘラクレイトス〔ヒュッポリュトス『全異端派論駁』第四巻十章で引用されるヘラクレイトスの言葉〕

（5）　前掲' Charles HALARY, *Les exiles du savoir: Les migrations scientifiques internationales et leur mobiles*, L'Harmattan edition,1994. を参照。

（6）　Voir Michel AUTHIER et Rémi HESS, *L'Analyse institutionnelle*, PUF, Paris, 1981. と Michel SERRES, *Le Parasite*, Grasset, Paris, 1980.（ミシェル・セール『パラジット——寄食者の論理』及川馥・米山親能訳、法政大学出版局、一九八七年）を参照。

（7）　Michel AUTHIER et Marie THONON, *Secret et sécurité*, rapport SPES, France Télécom, 1982. を参照。

（8）　「〔三十輻共一轂　當其無、有車之用〕三〇本のスポークが輪心に集まって車輪は出来ているが、中央の空虚（車軸を通す穴）こそが、車を走らせるのである」(Lao-TSEU, *Tao tö king*, chap. XI, trad. Liou Kia-Hway, Gallimard, Paris, 1967).

訳註

プロローグ

（一）　原語は agencement。ドゥルーズ、ガタリが用いる概念。階層による組織付けや、静的な構造としてではなく、異質なレベル、諸要素を横断しながら、作動する限りにおいて生じる編成。邦訳『千のプラトー』（河出書房新社）では「アレンジメント」と訳されている。本書では、「アジャンスマン」と訳すのを基本とし、文脈によって別の訳語を採るが、その都度ルビで原語を示す。本書第六章「作品から組み合わせ《アジャンスマン》へ」参照。

（二）　主にドゥルーズ、ガタリによって使用される概念。「モル的」と対になる。「モル的」においては、個人が組織化された全体に、固定した役割を与えられ、諸特異性を切り捨てながら従属するのに対し、「分子的」においては、諸特異性が役割や固定集団から自由となり、それらの交流が新しい別の組織化を目指すことになる。

第三章

（一）　取り巻く環境の条件に「インテリジェントに」応答し、その環境に適した機能を発現する能力を持った材料。

第四章

（一）インテリジェント・ビルなどという時のニュアンスを読みとるべきであろう。

（二）原語は une harmonie préétablie で、当然のことながらライプニッツの「予定調和」が念頭にある。

第五章

（一）スピノザは『エチカ』において、人間の認識の形態を三種に分けている（第二部、定理四〇の備考二）。それによると、第一種の認識とは感覚を通じてもたらされる「漠然とした経験による認識」「諸記号を聞いたり、読んだりし、それに類似する者の観念を形成することから得られるもの」であり、第二種の認識は「事物の特質についての共通概念ないしは十全な観念を有することから得られる概念」である。最後に彼が挙げる第三種の認識は、直観知と呼ばれるもので、「神のいくつかの属性の形相的本質の十全な観念から、諸々の事物の本質の十全な認識へと進む」ものであるとされる。

（二）ここでの「知性」「知解可能性」「知的なもの」といった語のそれぞれの原語は、順に「l'intellect」「l'intelligible」「l'intelligent」である。

第七章

（一）Agadé は、古代メソポタミアのアッカド帝国の建国者サルゴンが創設した首都の名前であり、アッカドという地域名はそれに由来する。

（二）その当時知られていたすべての地方の王ということ。

（三）スペルト小麦のこと。古代エジプト時代から長きにわたって栽培されていた。堅い皮殻に包まれているため製粉の効率が悪く、次第に品種改良された現在の小麦に取って代わられたものの、殺虫剤や化学肥料を用いることなく自然に生長する。栄養面でもすぐれ、独特の風味が現在でも好まれている。

（四）　技術によって、人間とそれが造りだしたものによってますます満たされていく宇宙を表す造語。

第八章

（一）　恋の王国の地図（Carte du Tendre）は「恋愛地図」とも呼ばれ、十七世紀にその作成が流行したもの。架空の国の地形になぞらえて恋愛の過程、その波乱や成就のさまざまな関係がアレゴリー的に描かれたものであり、スキュデリー嬢の小説『クレリー』に挿入されたものが有名。

第十章

（一）　スペインの代表的な民俗舞踊。

（二）　フランスのオーヴェルニュ地方に由来する舞踊曲。リュリやラモー、ヘンデルらによってオペラやバレエや組曲などにも採り入れられ、十七世紀にはヨーロッパ全体で各階層に広く受け入れられた。

第十一章

（一）　日本で言えば、トヨタのカンバン方式が典型であるような方式。

第十二章

（一）　黒人アフリカの伝統的口承詩人。

エピローグ

（一）　クロノス、アイオーン共に、ギリシャ神話における時間の神。アイオーンはプラトンによって「永遠」の意味で用いられる。クロノスとアイオーンの対比については、レヴィが参照したと思われる、Gilles DELEUZE, *La logique du sens*, Minuit, 1969.（ジル・ドゥルーズ『意味の論理学』小泉義之訳、二〇〇七年）を参照。

（二）　戦の神。闘争の意。

解題

清水高志

この『ポストメディア人類学に向けて――集合的知性』(*L'intelligence collective, Pour une anthropologie du cyberspace* 原題直訳:『集合的知性――サイバースペースの人類学に向けて』、以下『ポストメディア』と表記)は、現代のデジタル技術が爆発的な進化を遂げつつあったまさにその時期、一九九四年に登場した情報哲学の基本文献であり、またピエール・レヴィの代表作の一つである。本格的な情報社会の到来を想定しつつ書かれたこの作品は、当時としてはなかば予言的な書物でもあったはずだ。しかし今日読んでも、本書が驚くほど斬新な印象を与えるのは不思議である。むしろ今世紀になって、ようやく作者の先鋭なヴィジョンが、私たちに身近に感じられるようになってきたように思われるのだ。

この書物を著したピエール・レヴィは、フランス語圏だけでなく、その著作が各国で翻訳、紹介されている世界的な思想家である。ネット社会や情報アーキテクチャ、サイバーカルチャーについての哲学的省察を最初におこなったパイオニアの一人というのが、彼の一般的な評価だろう。ただし、本書の読者なら分かるように、情報技術論は彼の思想のいわば玄関口であって、その奥では師であるミシェル・セール譲りの、多元論的かつ生成論的な哲学が、独特のスピード感を持って躍動しているのである。

チュニジアで生まれたピエール・レヴィは、パリで高等教育を受け、大学でミシェル・セールに学んだことをきっかけに、本格的に学問を志すようになったことはよく知られている。ソルボンヌで科学史の修士号を取得し、このときの指導教官もセールであった。レヴィは若年のころから、複数の文化圏を横断しつつ教養を積んだといっていい。出身からも分かるように、非西欧圏の文明そのものが、彼には身近な存在であり、本書で見られるイスラムへの関心なども、彼にとってはまったく自然なことなのだ。彼はその後、カストリアディスのもとで社会学博士を取り、またCNAM(フランス国立工芸技術院)で情報工学を学ぶなど、多方面で研鑽を積んだ。本文中に登場するミシェル・オティエと協力して、「知の樹木」、「コスモペディア」などの共同プロジェクトに携わるいっぽうで、イザベル・ステンゲルスと人工知能の歴史についての研究をおこない、一九九一年にはグルノーブル大学から、「情報とコミュニケーションの科学」の博士号を授与されている。これらの共同研究は、いずれもミシェル・セールの主導のもとで進められたものだ。

本書、『ポストメディア』の特色をなすのは、なんといってもその多彩な技術・文明論であろう。

そこに現れる主題は教育や人間の再定義から、アルカイックな諸文明や、領土的な国家、商品経済、イスラム神学といったものにまつわる考察、政治論、産業のイノヴェーションから芸術論、都市論にいたるまで、ありとあらゆる分野にわたっている。しかも、それらが抱える問題の根底にある構造を、レヴィは暴力的なまでの明快さで図式化し、読者の前であるときは解きほぐし、またあるときは別様に組み合わせて、人類文明のさまざまな層をこの書物で対話させているのである。

こうした対話を可能にしているのが、《集合的知性として展開する人類文明》についての彼の予見と、その壮大なヴィジョンである。とはいえいきなり今後の人類が《集合的知性》として生きる、と言われても、にわかに実感がわくとは思われない。むしろ今日確実に進行しているのは、その前段階であり、情報技術の発展を通じて、私たちがこれまで帰属していた特定の土地や組織から離れた、放浪する存在になりつつあるということだろう。今・ここにいる私たちは、同時に複数の場所とも繋がるようになっており、またあらたな情報をもとめて、お互いにつねにさまよっている。この放浪は、レヴィによってノマディズムと呼ばれているが、ただ決まった土地から離れるというだけでなく、決まった行き先を持たない、という二重の意味でも遊牧的《ノマド》である。

動くこととは、もはや地表のある点から別の点へと移動することではなく、諸問題の宇宙、生きられた諸世界、意味の諸風景を横断することである。人類の諸々の組織の中でのこのような逸脱によって、標識が設えられたコミュニケーションと輸送の回路の軌道は裁ち直されるかもしれないが、あらたなノマドたちによる横断的で異種混在の航行《ナヴィゲーション》は、別の空間を探査する。私たちは主体性の移民となるのだ。（本書、一五頁）

こうしたノマディズムの進行は、やがて私たちの社会的な絆のありかたそのものをも、大きく変化させていくだろう。旧来の繋がりが崩れていくという面だけでなく、新しい遭遇や関係の発生も、そこにはある。そもそもそうした関係が結ばれる場所そのものが、もはや変貌しつつあるのが今日なのだ。「あらたな遊動《ノマディズム》の空間とは、地理的な領土でも、制度や国家の領土でもなく、認識や知識や思考能力の眼に見えない空間である。」（同、一八頁）とレヴィは言う。私たちはこうした空間で、情報としての複数の他者と出遭い、インタラクティヴなやり取りをしながら、集団を形成していく。これからの人類は、お互いをそのような存在と認めつつ、ときには思いもかけぬ仕方で応答しながら、全体として巨大な「集合的知性」を形成する。こうした意味での「集合的知性」を、深い哲学的次元で洞察したのが本書なのだ。このあらたな情報の空間において本質的なのは、ある定まった一点から一点への情報の伝達ではなく、また知識の集約でもない。効果的な分散と、異質な主体たちの出遭いによって生まれる相互的な修習や創造である、とレヴィは言う。そしてそれはまた、終わることのない生成の過程を描き出すものでもあるだろう。

本書でレヴィが語っている、「ノマディズムの空間」、およびそれが織りなす「集合的知性」は、定まった始点（原因）も終点（結果）ももたない。またそこで情報を授受し、編集して活動する行為者《アクター》たちは、なかば智慧の主体でもあり、かつ対象でもある両義的な存在だ。そこで成立し、また加工・編集される情報は、それじたい別の複数の目的にさらに転用される可能性を秘めた道具＝媒体としてあり、かくしてみずからをどこまでもあらたな形に変容させる可塑性をもった素材である。「集合的知性」は、一言でいえば、こうした道具＝媒体をもたらす異質な行為者《アクター》たちの出遭いを通じて、その内部をポリフォニックに反響させながら成立している、うごめく巨大な思考の総体である。そこでは智慧は決して超越的なものではなく、あくまでもそのうちに内在してある。「集合的知性」は、それ全体として、いわばみずからを思考しつづけているのだ。この「集合的知性」の思考、もしくは内省のうちでは、個別の情報や技術的な制作物のあり方だけでなく、人類文明を築いてきた根本的要素までもが、おのずと以前とは違ったものとして見えてくる。それらは再考され、読み解かれ、そしてあらたな意味づけを与えられるだろう。

本書の第二部から実践的に展開されているのが、まさにそうした意味での文明論的な省察であるといえるだろう。ここでは複数の文明の形態が同時に交錯させて思考されることで、逆に「集合的知性」を形成する情報の空間（《智慧の空間》）そのものも、それが目指すべき倫理や陥りやすい陥穽までふくめて、きわめて明瞭に解読されることになる。

彼の文明論は、その多元的なネットワーク論や、帰属としてのアイデンティティを超えた自己の形成を大きな課題とする点で、ミシェル・セールからの影響を強く感じさせるものである。また実際に、本書の翌年に発表された、『ヴァーチャルとは何か？』において、彼はセール哲学の主要概念の一つである準‐客体と、それをめぐって成立するネットワークの理論を、情報の相互的修習の主題と結びつけて論じてもいる。一方で本書では、ノマディズムなどという用語に見られるように、ドゥルーズ＝ガタリの『アンチ・オイディプス』からも多くの用語を導入しており、それが《四つの空間》論という形で、独自の発展を遂げているのが特徴的である。晩年のフェリックス・ガタリと著者とは、相互的な影響関係もあったようだ。この「四つの空間」は、《大地》、《領土》、《商品の空間》、《智慧の空間》という風に腑分けされており、その内容自体はドゥルーズ＝ガタリとかなり異なっているが、第二部ではそれらがいよいよ具体的に論じられていくことになる。

＊＊＊

本書でのレヴィの論述に沿って、第二部の主要な論点である、この《四つの空間》の簡単な素描を試みてみよう。

まず、《大地》という名で語られているのは、「手つかずの地でも、発端となった時でもなく、発端を定めることができない太古よりの時空」、種にとって《つねにそこにある空間》であるとレヴィは言う。動物はそれが生きるためのニッチ（niche）な空間に暮らし、その環境を生み出すとともにみずからもそこに生存するが、遊動する太古の人類にとっては、《大地》そのものがそうした空間である。ノマドとしての人類が、その遊動の行程のなかで、さまざまに各所を意味づけ、記憶していくことによって、またその限りにおいて《大地》は開花する。

生物が外的環境のさまざまな箇所を、行動を導いたり、記憶したり、思考したりする足掛かりとしていることは、今日発展しつつある身体性生態学によってますます明らかになっている。また近年のロボティクス技術においても、そうした観点から外的環境を利用してロボットに複雑な行動をさせようとする研究が進んでいるが、人類が特異であったのは、外的環境と彼らの関係を、言語や文化によって集団のうちで共有していった点であろう。そしてそうした環境との関わりが、彼らの集団の形成にもまた寄与したのである。

人類の言語、技術、複雑な社会制度を通じて、そうした《大地》の記憶は共有され、繰り返され、さらには絶えず作りなおされていく。彼らが持つ文化的、社会的機構と、《大地》とはそれぞれが複雑な布置、ネットワークを持ちながら、お互いを生成させ、このような布置やネットワークそのものも変化させあっている。ノマド的な人類は「コスモスを撹拌し」(同、一七八頁)、そうして生まれた《大地》に住む。

次に論じられるのは、《領土》と呼ばれる空間である。これは定住者の世界であり、「囲い込まれ」、「所有される」空間である。農民が畑を境界づけ、王が街の周囲に壁を建て、聖職者が聖所をしつらえるように、閉ざされた境界の内部で占有される空間、《大地》を覆い、境界の外側に押し出して成立するのが《領土》空間である。それは外部と内部を分かち、内部を空間的に保護しようとするとともに、時間による浸食からも守ろうとする。「あらゆる要塞は消滅と忘却に対する城壁であ」

る（同、二三二頁）。備蓄や保存、記録は領土化の行為であり、書き物《エクリチュール》や登記もまた《領土》性を特徴づけるものである。《領土》空間においては、人間のアイデンティティはあくまでも、どこかへの帰属という意味で捉えられる。《領土》は国家や法、契約などを成立させ、その内部に人間を閉じ込めて従わせる。支配者と被支配者のヒエラルキーとその安定性、もしくは抑圧をもたらすのである。以前と以後、始点と終点といった線形的な方向づけも《領土》とともに生まれる。

三番目に現れるのは《商品の空間》だ。これは、一般化された商業的な交換、貨幣や投機によって結びつけられるどこまでも流動的な空間、《領土》を超えて刻々と移り変わる世界である。《商品の空間》は《領土》において内部にあったものを外部に流出させ、固定され保存されていたものを迅速に変化させる、とめどもない「脱領土化」を進行させる。それは貨幣やアルファベットの発明、世界市場を築き上げた大航海や印刷術、産業革命などを通じて発展し、ついにはグローバルな資本主義の全面的な展開のうちにすべてを引きずり込む。囲い込みや保存、登記、印をつけることが《領土》にとって重要であったのに対し、《商品の空間》では記号は交換や数量化、可換性をもたらし、境界の内部と外部は超えられる。その働きは不可逆的であり、資本の渦にすべてを巻き込むこの空間は、「三世紀この方ずっと、人類社会の発展の主要な原動力だった」（同、一八四頁）。しかしまた、消費文化のうちにあらゆる現実的なものが飲み込まれ、たんなる記号の流通になる。差異を追い求め、それを無化する記号の不可逆的な運動に翻弄されるまま、すべてがスペクタクル化されてしまうのが《商品の空間》である。ボードリヤールの消費社会論や、本書でも援用されるギー・ドゥボールのスペクタクル論が分析した資本主義社会の状況も、この空間に特徴的なものである。
そして来るべき第四の空間が、《智慧の空間》である。レヴィによれば、これは「集合的知性」の概念そのものを可能にする情報の空間であり、これまでの三つの空間が、少なくともその用語においてドゥルーズ＝ガタリの『アンチ・オイディプス』と重なるものであったのに対し、明確に異なる特性を打ち出している。脱領土化の運動のうちにあらゆるものを巻き込む《商品の空間》は、《領土》的な支配とは異なるとはいえ、個としての諸々の主体たちを吸収し、その想像力や情動を方向づけるものであった。

これに対し、《智慧の空間》における諸々の行為者《アクター》は離散的であり、それぞれに内的な時間を持っている。たとえばSNSやネットで成立する情報の取得やレスポンスは、特定の時間や場所においてそれが成り立つことを狙ったものでは必ずしもない。しばしばミシェル・セールが言うように、留守番電話で成立するコミュニケーションは、話し手がそれを話した時に起きたのか、それが聞かれた時に起きたのか、またいつ起きるのかすら予見できない。インターネットで共有される情報は、パソコンのハードディスクにあるのか、サーバー上にあるのか、それにアクセスする者たちの情報端末にあるのか。それらの情報は、時間的にも空間的にも宙づりの状態にあって分散している。

そこでは道具＝媒体としての情報の送り手と受け手、オリジナルと複製の境界は曖昧であり、情報を受けたり編集、加工して送り返したりする過程にも、必ずしも定まった終わりや方向がない。時間という面で、《領土》が緩慢さを、《商品の空間》がリアルタイムの速度をその特徴とするなら、

《知の空間》は遅延そのものの意味をなくす。そこではある種の無時間的な空間のなかで、活動する行為者《アクター》たちがめいめい固有の時間を作りだすことになるのだ。《智慧の空間》においては、彼らは客観的な時間に巻き込まれるのではなく、内的な時間を産みだしつつ、みずからの主体性を回復すると言ってもいいだろう。

《智慧の空間》を特徴づける最大の要素は、すでに述べたように、それが終わることのない相互的な修習の空間であるということである。むしろ、この空間を成立させているのが、相互的な情報つまり知のこうしたやり取りなのだ。「いたる所に分配された一つの知性。これが出発点となる私たちの公理である」（同、三八頁）とレヴィは述べている。《商品の空間》における、メディア的でスペクタクル的な情報発信や、《領土》化されて囲い込まれた知の伝授から脱するためには、こうした多方向に拡散し、またある意味で主体的な行為者《アクター》たちが前提とされなければならない。「誰もすべてを知っているわけではなく、誰もが何かを知っており、智慧の全体は人類の中にある」ことを、認めることから出発する必要がある、とレヴィは言う。他者の能力を正当に価値評価することの重要性が、ここからは生まれてくる。これまでの諸空間は、むしろ智慧の体現者としての他者への無知を、組織的に促進するものだった。《領土》においてそれは抑圧され、《商品の空間》にあっては知の対象そのものが記号的に消費されていた。こうした条件を取り払うことで、《智慧の空間》は知を編集し体現する複数の主体と、さらにはそこで語られる知の対象そのものをも再発見する。こうした再発見こそが、かろうじて《智慧の空間》を成立させるのだ。そして「集合的知性」

的なあり方を、より高い次元で取り戻すのである。

を形成する行為者《アクター》たちは、この空間を思うさま遊動し、《大地》をさすらったかつての人類のノマド

＊＊＊

これら四つの空間は、レヴィによれば決して歴史的な発展の各層ではなく、各々の空間が他の空間と共存し、それぞれに働きを及ぼすのだという。《領土》国家の安定した秩序がなければ《商品の空間》は成立せず、また《智慧の空間》も厳密な意味では認知的活動のみに携わっているわけではない。それは新しい経済や政治の形態を生み出しうるものでもある。四つの空間は、そのいずれかの空間から眺められるとき、「異なったある形姿を取る」(同、二九四頁)。

本書『ポストメディア』においては、その主題からも、《智慧の空間》から眺められた他の空間を描き出すことに重点があるが、反響しあう四つの頂点としてそれらを捉えることによって、始めて私たちはそれら個々の頂点について深く洞察することができるのだ。ミシェル・セールはその著作で、ジョルジュ・デュメジルの神話学における三機能説を援用しながら、聖性や智慧、暴力と秩序、経済の三つの要素が、今日にいたるまで人類文明の根幹でいかに分かちがたく、相互干渉しながら作用してきたかを、さまざまな角度から考察し続けてきた。レヴィが語る四つの空間も、その属性に関するかぎり、知と、経済と、暴力や抑圧をともなう秩序、それに遊動性という要素が加わって

成りたっており、本書でそれらの相互関係を扱う手つきは、ドゥルーズ＝ガタリに由来する用語を駆使しつつも、実にセール風である。

諸々の空間が、時間的な継起を超えて干渉しあうその流動的な場所で、同時代の――そして近未来の――技術と知が、人類とその集団が、《生成》する風景を語ろうとした、それが本書である。レヴィのこうした意図がたくまずして、この書物を今日、いっそう魅力あるものにしている、そう言えるのではないだろうか。

訳者あとがき

本書の内容に関しては清水高志さんの「解題」に任せ、またピエール・レヴィの業績などについては『ヴァーチャルとは何か？』（昭和堂、二〇〇六年）の「訳者あとがき」に譲るとして、翻訳の経緯を少々述べておくことにする。

以前、『ヴァーチャルとは何か？』を出版したときと同じく、本書も、名古屋大学大学院情報科学研究科のセミナーにおいて読み進めたものである。読み始めたのは二〇〇六年四月であるから、かなり前のことだ。基本的に、院生たちのフランス語力の向上を第一の目的としていたため、あまり急がずしっかりと予習してもらうと、一回で読み進むことのできる分量はかなり限られていた。やり方としては毎週の分担者の試訳をメール添付で参加者全員に送付した上で、私が訳文を検討して赤を入れ、セミナーのときにそれを基に皆で訳文と内容とについて議論するというものである。今回共訳者となった清水・曽我・井上の三氏ももちろんそのメンバーであったが、他にも何人もの院生が入れ代わり立ち代わり参加していた。二〇一三年のはじめに、やっと読み終わっている。その後、出版をめざして、読み直しを上述の三氏にお願いし、そこで出てきた修正提案を私が検討し、棒ゲラが出たところで私が再度見直し、初校ゲラに三氏が目を通した上で清水氏が全体を通して吟味した。

分担は、プロローグから第四章までが曽我千亜紀さん、第五章から第十章までが清水高志さん、第十一章から最後までが井上寛雄さんである。

本書も、すでにイタリア語・ポルトガル語・ドイツ語・英語・ブラジルポルトガル語・韓国語の翻訳がある。やっと和訳を出版できることを嬉しく思う。

二〇一五年二月六日

米山優

著者／訳者について——

ピエール・レヴィ（Pierre Lévy）　一九五六年、チュニジアのチュニスに生まれる。哲学者。ミシェル・セールに師事。フランス国立工芸技術院で情報工学を学び、グルノーブル大学で情報とコミュニケーション科学の博士号を取得。主な著書に、『ヴァーチャルとは何か？』（昭和堂、二〇〇六）などがある。

＊

米山優（よねやままさる）　一九五二年、東京都に生まれる。名古屋大学大学院情報科学研究科教授（専攻、哲学・情報学）。主な著書に、『情報学の展開』（昭和堂、二〇一一）などがある。

清水高志（しみずたかし）　一九六七年、愛知県に生まれる。東洋大学総合情報学部総合情報学科准教授（専攻、哲学・情報創造論）。主な著書に、『ミシェル・セール』（白水社、二〇一三）などがある。

曽我千亜紀（そがちあき）　一九七三年、愛知県に生まれる。大阪産業大学人間環境学部准教授（専攻、哲学・情報社会論）。主な共訳書に、『デカルト全書簡集 第一巻』（知泉書館、二〇一二）などがある。

井上寛雄（いのうえひろお）　一九七五年、広島県に生まれる。中京大学非常勤講師（専攻、哲学・情報創造論）。主な共訳書に、『ヴァーチャルとは何か？』などがある。

装幀——宗利淳一

ポストメディア人類学に向けて——集合的知性

二〇一五年三月二〇日第一版第一刷印刷　二〇一五年三月三〇日第一版第一刷発行
著者——ピエール・レヴィ
訳者——米山優＋清水高志＋曽我千亜紀＋井上寛雄
発行者——鈴木宏
発行所——株式会社水声社
東京都文京区小石川二—一〇—一　いろは館内　郵便番号一一二—〇〇〇二
電話〇三—三八一八—六〇四〇　FAX〇三—三八一八—二四三七
郵便振替〇〇一八〇—四—六五四一〇〇
URL : http://www.suiseisha.net
印刷・製本——精興社
ISBN978-4-8010-0090-2